생활과 윤리

# 20개 주제로
## 더 넓고 깊게 읽기

# 생활과 윤리
# 20개 주제로 더 넓고 깊게 읽기

**초판 1쇄 발행일** 2019년 5월 30일
**초판 3쇄 발행일** 2022년 11월 10일

**지은이** 문종길, 김상범
**펴낸이** 양옥매
**디자인** 송다희, 임흥순
**교　정** 조준경

**펴낸곳** 도서출판 책과나무
**출판등록** 제2012-000376
**주소** 서울특별시 마포구 방울내로 79 이노빌딩 302호
**대표전화** 02.372.1537　**팩스** 02.372.1538
**이메일** booknamu2007@naver.com
**홈페이지** www.booknamu.com
ISBN 979-11-5776-738 (03190)

생활과 윤리

# 20개 주제로
# 더 넓고 깊게 읽기

**문종길·김상범** 지음          실천과 응용으로서의 윤리학 │ 개정판

Life and Ethics

LAW

책과나무

# 인간성의 보편 영토 안에서 일어나는 삶과 도덕 문제들에 대한 윤리적 성찰

『20개 주제로 더 넓고 깊게 읽기』는 윤리 이론의 현실적 또는 실천적 적용을 통해 현실의 윤리·도덕 문제들의 해결책을 가치론적 차원에서 모색하려 한다. 이런 의도에 맞게 이 책의 내용을 조금 더 쉬운 표현으로 바꾼다면, 교실과 강의실에 있던 이론 중심의 윤리가 교실과 강의실 밖의 현실의 도덕 주제들에 대해 더욱 구체적이고 실천적인 관심을 갖고, 이들 도덕 문제들을 윤리적 차원에서 적극적으로 해결하려 하는 것이라 할 수 있다.

따지고 보면 우리가 사는 지금 시대는 근대 이전의 더디고 정체된 사회와는 비교 자체가 의미를 갖지 못할 만큼 새롭고 복잡할 뿐만 아니라 매우 빠른 속도로 도덕·윤리 문제들이 일어나고 있으며, 여전히 많은 문제들이 수습되지 않은 채 배회하면서 떠 있는 상황이다. 이런 상황 속에서 자칫 우리는 윤리에서의 상대주의, 즉 어떤 도덕 판단을 위한 보편적인 기준이나 원칙은 존재할 수 없으며, 문화에서의 다양성이 윤리적 판단에서도 단지 주관성과 다양성만이 존재할 뿐이라는 생각을 신념으로 삼고 살아가는 윤리적 공백의 삶을 자연스럽게 받아들이면서 부유(浮游)하는 삶 자체를 즐길 수 있을지도 모른다. 하지만 오직 자신만의 독립된 영토 안에서 이루어지는 삶이란 존재할 수 없고, 삶이란 언제나 인간성이라는 보편 영토 안에서 이루어지는 현상이라는 것을 조금만 생각해도 쉽게 받아들일 수 있을 것이다.

이러한 문제의식 속에서 이 책은 윤리적 공백이라는 '도덕맹(道德盲)'에서 깨어나는 데 도움을 주고, 우리 생활 전반이 곧 도덕·윤리 문제와 관련되어 있음을 일깨우며, 나아가 이와 같은 도덕 문제들에 대한 윤리적 성찰의 필요성과 능력을 키우는 데 도움을 주고자 했다. 글쓴이는 우리 시대의 새로운 도덕·윤리 문제들을 이 책에 실려 있는 환경, 동물, 생명, 죽음, 형벌, 사형, 성(性), 우생학, 생명의료 윤리, 낙태, 과학기술, 기업의 사회적 책임, 노동, 종교, 예술, 분배 정의, 적극적 평등 실현 조치, 국제 원조에 이르는 총 20개의 윤리 주제들만으로 모두 망라할 수 있으리란 생각은 처음부터 하지 않았다. 여기에 실린 20개의 도덕·윤리 주제들은 모두 고등학교『생활과 윤리』교과서에서 다루고 있는 것들이다. 물론, 교과서는 정보 윤리, 가족 윤리 등 더 많은 주제들을 포함하고 있지만, 20개의 주제로 한정하려는 글쓴이의 의도에 따라 그 중요성과 관계없이 여기에는 싣지 못했다.

그리고 독자들의 윤리 이론에 대한 간략한 이해와 이 책을 읽는 데 도움을 주기 위해 책의 맨 끝에 "실천과 응용으로서 윤리와 윤리학 이론들"이란 주제를 실었다. 이 책은 주제별로 구성되어 있기 때문에 반드시 순서대로 읽을 필요는 없다. 글쓴이 또한 읽는 순서를 염두에 두고 글을 쓰지 않았으며, 단지 편의상 순서를 매겼을 뿐이다.

돌이켜보면 운(運)이 좋았다. 롤스의 표현처럼 "자연적·사회적 우연성"의 혜택을 입었다. 여기에 실린 주제들의 도움을 필요로 하는 사람들에게 이 책이 도움을 줄 수 있다면, 이 '우연성'의 운을 글쓴이에게 준 사회에 대한 작은 보답이 될 것 같다. 윤리만이 힘을 갖는 시대는 어둡지만, 물질과 기술만이 힘을 갖는 시대는 최악이다. 이 책이 조금 더 균형 있는 삶의 실천에 작은 도움이 되기를 바라는 마음이다.

2019년 5월
지은이를 대표해 문종길 씀

엘리아데 ● 종교적 존재로서 인간은 항상 이 세계를 초월하면서도 이 세계 안에 자신을 현현(顯現)하는 '절대적 실재', 또 이를 통해 이 세계를 성스러운 곳으로 만드는[성화(聖化)] 절대적 실재가 있다고 믿는다.

플라톤 | 예기 | 니체 | 아도르노 | 대법원(2008)

플라톤 ● 어린아이는 무엇이 숨은 뜻이고, 무엇이 아닌지를 모르기 때문에, 그리고 (영향을 받아) 어린 나이에 갖게 된 생각은 좀처럼 씻어 내거나 바꾸기 어렵기 때문에 처음 듣는 이야기는 훌륭함, 특히 덕을 가장 훌륭하게 가르치도록 지은 것들을 듣도록 하는 것이 무엇보다 중요하다.

아리스토텔레스 | 롤스 | 노직 | 마르크스

아리스토텔레스 ● 서로 동등한 사람들이 동등하지 못한 몫을 할당받거나, 동등하지 못한 사람들이 동등한 몫을 할당받게 되면, 이것이 불평과 분쟁의 씨앗이 된다.

헌법재판소

헌법재판소 ● '적극적 평등 실현 조치'란 지금까지 차별받아 온 집단에 대해 그동안의 불이익을 보상해 주기 위해 그 집단의 구성원이라는 이유로 취업이나 입학 등의 영역에서 직접·간접적으로 이익을 부여하는 조치이다.

롤스 | 소로 | 간디 | 마틴루서킹 | 드워킨 | 싱어

롤스 ● 시민 불복종은 법이나 정부의 정책에 변화를 주기 위해 공공적이고, 비폭력적이며, 평화적이기는 하지만, 법에 반하는 정치적 행위이다.

# 환경을 바라보는
# 인간 중심의 몇 가지 시선

*PART 01*

### 아리스토텔레스

식물은 동물을 위해서 존재한다. 모든 동물은 인간을 위해서 존재한다.
만약에 자연이 어떤 목적을 지닌 것이라면,
그것은 확실히 인간을 위해서 존재한다는 것이다.

### 베이컨

인간은 자연의 사용자 및
자연의 해석자로서 자연의 질서에 대해 관찰하고,
고찰한 그만큼 무엇인가를 할 수 있으며 이해할 수 있다.

### 데카르트

우리 주변의 모든 물체의 힘과 작용을 명확하게 앎으로써
우리는 장인처럼 이 모든 것을 적절하게 사용하고,
이를 통해서 우리는 자연의 주인이자 소유자가 될 수 있다.

### 칸트

인간이 비인간인 다른 어떤 존재에 대해 의무를 지닌다고 한다면,
그것은 도덕적 성찰이라는 개념의 혼동으로부터 초래된 것이다.

선진국들이 배출한 온실가스에 가장 직접적인 피해를 입고 있는 곳이 있다. 남태평양에 위치한 피지 정부의 대변인은 기후 변화에 따른 사이클론으로 온전한 건물이 몇 채 남지 않아 코로섬이 납작해졌다고 발표했다. 이 지역의 주민들은 최악의 사이클론으로 8천여 명이 집을 잃었고, 20명은 목숨을 잃었다. 이외에 남태평양의 마셜제도와 키리바시 같은 국가들은 미국과 영국의 핵 실험장이 되면서 강제 이주와 질병의 후유증으로 고통을 겪고 있다. 특히 이들 지역은 산호초와 맑은 바닷물로 관광객들의 찬사를 받았지만, 현재는 선진국들에 의한 환경 파괴로 생존의 위기에 내몰리고 있는 실정이다. 이들 국가들이 배출하는 온실가스 배출량은 세계 전체의 0.1%에도 미치지 못하지만, 기후 변화의 피해는 가장 먼저 겪고 있다. 투발루는 기후 변화에 의한 기온 상승으로 9개의 섬 중에서 2개가 이미 물에 잠겨 버렸다. 이들은 기후 난민이 되어 현재 호주 등으로 주거지를 옮기고 있다.

식물은 동물을 위해서 존재한다. 모든 동물은 인간을 위해서 존재한다. 만약에 자연이 어떤 목적을 지닌 것이라면, 그것은 확실히 인간을 위해서 존재한다는 것이다.

― 아리스토텔레스

일반적으로 아리스토텔레스의 사고를 '목적론적'이라고 부른다. 그리고 이에 대한 근거로 그의 『니코마코스 윤리학』에 나오는 "모든 기능(기술)과 모든 탐구, 그리고 마찬가지로 모든 행위와 결정은 어떤 좋음(선)을 목적으로 한다. 따라서 좋음이란 모든 것이 삼고 있는 목적"이라는 주장이 제시된다. 그의 이러한 목적론적 사고는 인간과 자연의 관계에 대해서도 그대로 적용되는데, 그는 "자연은 무의미하고, 목적이 없는 것은 하지 않는다."고 함으로써 자연의 모든 운동의 바탕에는 언제나 형상, 즉 목적이 있다고 주장한다.

또 그가 영혼의 능력들을 말하면서 식물과 동물, 인간으로 구분한 다음, 영혼의 능력들 간에 위계질서를 설정하고 있는 것도 목적론적으로 이해할 수 있다. 즉, 상위의 영혼 능력은 하위의 영혼 능력을 '잠재적으로 포함'하고 있으며, 이것은 결국 "하위의 것은 상위의 것을 위해서 작용한다."는 의미를 이끌어 내게 한다. 이에 따르면, "식물은 동물을 위해서 존재한다. 모든 동물은 인간을 위해서 존재한다. 가축이 식량이나 기타 용도로 존재하는 것과 마찬가지로 야생동물 또한 그러하다. 야생동물은 식량이나 기타 다른 유용한 용도로, 다시 말해 의복이나 도구를 만드는 데 이용될 수 있다. 만약에 자연이 아무런 목적이 없는 것이 아니라는 관점에서 본다면, 즉 확실히 어떤 목적을 지닌 것이라는 우리의 믿음이 옳다면, 그것은 분명히 자연은 특별히 인간을 위해서 존재한다는 것이다."

자신의 목적론이 인간은 물론, 모든 자연 대상에 적용될 수 있을 것으로 믿었던 아리스토텔레스는 모든 사물들은 본성적인 활동과 기능을 지니고 있으며, 그것을 잘 수행할 때, 다시 말해 자신의 잠재 능력을 잘 실현할 때, 선이 실현된다고 생각했다. 그렇지만 그의 목적론에는 환경윤리와 관련된 주제인 자연에 대한 도덕적 고려와 배려의 관점에서 볼 때, 소크라테스의 생각과 다르지 않았음을 보여 준다. 왜냐하면 소크라테스는 "자, 우리가 음식을 필요로 할 경우, 땅은 그러한 음식을 수확할 수 있게 해 주며, 그러한 목적, 다시 말해 우리가 원하는 것은 물론 우리의 만족을 채워 줄 수 있는 여러 가지 풍부한 것들을 제공해 주기에 적절한 계절이 갖추어져 있다고 보아야겠지."라고 말한 바 있기 때문이다.

이렇게 보면, 이들의 진술에는 모두 공통적으로 자연이란 인간의 이익을 위해서 존재한다는 신념이 자리 잡고 있다. 따라서 우리가 이야기하고자 하는 도덕적 고려의 범위와 자격의 문제에서 자연은 배제되며, 그 대상은 이성과 사고의 영혼 능력을 지닌 인간만으로 한정된다. 서양에서의 이러한 전통은 중세의 토마스 아퀴나스를 거쳐 근대에는 데카르트와 칸트에 이르러 그 정점을 이루게 된다.

토마스 아퀴나스 또한 인간 중심주의적 관점에서 도덕적 지위와 고려의 문제를 이해했는데, 이는 그의 신학 이론에 그대로 제시되어 있다. 그는 "우리는 인간이 야수를 죽이는 행위가 죄라고 주장하는 사람들이 잘못을 저지르고 있음을 반박한다. 왜냐하면 신의 섭리에 의하면, 자연 대상의 진행 과정에서 동물은 인간의 이용을 위해서 질서가 정해진 것이기 때문이다. 따라서 인간이 동물을 죽이거나 다른 어떤 방식으로 동물을 이용한다고 할지라도, 그것은 부정의와는 관계없는 것이다. 왜냐하면 신은 노아에게 '나는 너에게 초지와 더불어 고기를 주노라'고 말했기 때문이다."라고 주장한다.

이처럼 서양의 자연관에는 '오직 인간에게 가치를 지니는가'라는 차원에서 자연의 가치와 지위가 이야기되고 있음을 알 수 있다. 이 때문에 자연의 가치란 인간의 편리와 이익에 봉사하는 정도에 따라서 도구로서의 가치 의미를 지니게 되고, 그것은 인간의 도덕성을 고양하는 데 기여하는 정도와의 관계 안에서만 설명될 수 있을 뿐이다. 이와 같은 자연관은 근대 기계론적인 자연관을 거쳐, 오늘날 정책 결정에 가장 큰 영향을 미치고 있는 결과주의 환경 윤리로 이어지고 있다. 왜냐하면 인간과 환경 사이의 갈등 문제를 해결하기 위한 주요 접근법으로 제시되는 비용–편익의 분석 또한 이와 같은 입장의 연장에 있기 때문이다. 이 모든 입장들은 궁극적으로 가치의 중심을 인간에 두고 부차적으로 환경의 가치와 이익을 고려할 뿐이다.

> 인간은 자연의 사용자 및
> 자연의 해석자로서 자연의 질서에 대해 관찰하고,
> 고찰한 그만큼 무엇인가를 할 수 있으며 이해할 수 있다.
>
> — 베이컨

서양에서의 인간 중심주의적 자연관은 근대에 이르러 그 정점에 이르게 되는데, 베이컨과 데카르트, 그리고 칸트의 동물에 대한 입장은 이를 가장 잘 표현하고 있다. 베이컨은 지식과 학문의 목적은 인간의 자연 지배를 위한 것이며, 이러한 목적은 인간의 자연에 대한 참된 지식을 통해 실현될 것이라고 믿고 있었다. 그는 『신기관』에서 "인간은 자연의 사용자 및 자연의 해석자로서 자연의 질서에 대해 관찰하고, 고찰한 그만큼 무엇인가를 할 수 있으며 이해할 수 있다. 그 이상은 할 수도 없고, 알 수도 없다. 인간의 지식이 곧 인간의 힘이다. 원인이 밝혀지지 않은 상태에서는 어떤 영향이나 결과가 나올 수 있는지를 알 수 없다. 자연을 지배할 수 있기 위해서는 반드시 자연의 법칙을 따라야 한다. 자연에 대한 고찰을 통해 발견된 원인은 자연의 조작과 운용을 위한 규칙이 된다."고 밝히고 있다.

　여기서 베이컨이 주장하려고 하는 것은 첫째, 인간의 지식은 곧 인간의 힘을 의미하며, 둘째 인간의 힘은 자연의 조작과 운용을 위한 규칙이 되며, 셋째 이러한 인간의 힘, 즉 자연을 지배하는 힘을 증대시키기 위해서는 자연에 내재하는 법칙성을 발견할 수 있는 학문적 방법이 반드시 필요하다는 것이다. 따라서 그에게 우리가 학문을 하는 목적은 자연에 대한 인간의 힘을 증대시켜, 자연에 개입할 수 있는 법칙을 발견하는 것이다. 그리고 이를 위해 과학과 기술의 발전은 반드시 필요하며, 이를 통해 자연의 품 안에 숨겨진 기상천외한 보물들을 찾아내고, 이를 인간이 유용하게 사용할 수 있도록 해야 한다는 것이다. 이처럼 베이컨은 자연과 동물을 깊이 연구하고, 이것들의 인과관계를 밝힘으로써 자연에 대한 인간의 예측 능력을 향상시켜 인류의 삶과 효용성을 높이고자 했는데, 그의 이런 기획은 『새로운 아틀란티스』에서 과학기술 중심의 이상적인 사회로 구체화된다.

우리 주변의 모든 물체의 힘과 작용을 명확하게 앎으로써
우리는 장인처럼 이 모든 것을 적절하게 사용하고,
이를 통해 우리는 자연의 주인이자 소유자가 될 수 있다.

– 데카르트

베이컨과 함께 인간 중심주의적 관점에서 환경을 바라보는 근대 서양의 또 한 인물이 데카르트이다. 특히 데카르트에 와서 인간 중심주의적 관점은 매우 강하고 확정적인 형태로 체계를 갖춘다. 그는 인과적 필연성의 원리를 자연은 물론, 인간의 신체에 대해서도 동일하게 적용한다. 그의 이런 관점은 인간의 신체를 기계적인 필연성과 인과성의 원리로 이해하고 있는 그의 입장에서 명확하게 드러난다. 그는 "인간의 심장 운동은 시계의 운동이 추와 톱니바퀴의 힘 그리고 위치와 모양에 따라서 필연적으로 일어나는 것과 같다. 즉, 심장의 운동이란 심장에서 우리가 눈으로 명확하게 볼 수 있는 기관들의 배치와 심장에서 손가락으로 감각할 수 있는 열, 그리고 실험을 통해서 알 수 있는 피의 본성(즉, 혈액의 순환) 등을 통해서 필연적으로 귀결된다는 것을 알 수 있다."고 주장한다.

데카르트가 우리 신체의 일부인 심장을 인과성의 지배를 받는 시계라

생활과 윤리: 20개 주제로 더 넓고 깊게 읽기

는 기계에 비유하고 있는 점은 매우 흥미롭다. 특히 그 심장이 인간의 신체에서 중심을 이루고 있다는 점에서 이것은 데카르트가 신체의 모든 부분들을 이와 같은 사유 원리, 즉 인과적 필연성에 기초하여 기계론적 관점에서 바라보고 있음을 추측하게 한다. 이것은 또한 데카르트가 신의 손으로 만들어진 인간의 신체는 물론 자연과 동물 또한 '스스로 탁월한 운동을 하는 기계'로 인식하고 있음을 드러내는 통로가 된다. 즉, 데카르트는 "자연의 힘은 매우 풍부하고 크며, 그 원리들은 너무나 단순하고 일반적인 것이다. 그렇기 때문에 나는 먼저 모든 특수한 결과들이 여러 가지 다양한 방식을 통해서 원리로부터 연역될 수 있다고 믿는다."고 주장한다.

그의 이런 주장은 우리가 자연을 탐구하는 목적에 대한 그의 언급과 정확히 일치한다. 그는 자연에 대한 탐구의 목적이 최종적으로 우리를 "자연의 소유자이자 주인"이 되게끔 하는 것이라고 규정한다. 즉, 우리가 자연을 탐구하는 가장 중요한 이유는 자연을 지배하고 있는 법칙을 발견함으로써 이 자연이 우리 인간을 위해 '유용'하게 쓰이도록 봉사하게 하는 것이다.

그런데 우리 인간이 자연의 소유자 및 주인이 된다는 데카르트적 사유의 기반에는 정신과 물질(신체)이라는 그의 이분법적인 사고방식이 있다. 그는 '정신 대 물질'이라는 이분법적인 구도로 인간과 동물의 차이를 설명한다. 그는 동물을 스스로 탁월한 운동을 하는 기계와 같은 것으로 묘사하면서 이 동물을 일종의 자동 기계, 즉 움직이는 기계들과 같은 속성을 지닌 것으로 설명한다. 이로써 '자연적 자동 기계'인 동물은 인간처럼 영혼이나 자율적인 능력을 지니지 못하기 때문에 동물의 지위는 인간의 이해관계에 따라서 결정되는 대상 또는 객체로서의 지위에 머무르게 된다.

이에 기초해 그는 만약에 원숭이나 이성이 없는 다른 동물들과 똑같은 기관과 모양을 하고 있는 기계가 있다면, 그것은 원숭이처럼 이성이 없는 다른 동물과 똑같은 본성을 지니고 있다고 할 수밖에 없다고 주장한다. 왜냐하면 그것은 자신의 생각을 이해시키기 위해서 언어를 사용하거나 다른 기호들을 조합할 능력이 없기 때문이다. 또 그것은 이성에 의한 인식이 아니라 전적으로 기관의 배치에 따라서만 작동할 뿐이기 때문이다. 달리 말해, 이성은 모든 상황에 적절하게 대응할 수 있는 보편적 도구이지만, 기계는 주어진 특별한 일만 수행하도록 결정된 기관들의 배치일 뿐이라는 것이다.

동물에 관한 그의 믿음은 자연 세계에도 그대로 적용된다. 그는 "동물은 정신을 전혀 가지고 있지 않으며, 각 기관의 배치에 따라서 작동하는데, 이것이 바로 자연이다. 이것은 마치 시계가 톱니바퀴와 태엽만으로 만들어지지만 우리가 가지고 있는 능력보다 더 뛰어나게 시간을 정확하게 가리키고 있는 것과 같다."고 주장한다.

동물을 태엽과 톱니바퀴만으로 움직이는 시계, 즉 자동 기계와 동일한 것으로 다루고 있는 그의 결론은 동물과 자연이 영혼, 즉 정신을 전혀 지니지 않은 대상으로 인정되고 있음을 보여 준다. 이로써 인간을 제외한 모든 자연물이란 그의 실체 이원론과 기계론적 세계관에서 볼 때, 기계적인 필연성의 운동 원리를 따르는 영혼이 없는 것으로 이해되고 있다는 점이 명확해졌다. 또 그는 비록 인간일지라도 정신, 즉 이성적 사유에 기초하고 있지 않은 인간의 행위에 대해서는 그것을 동물의 행위와 같은 것으로 이해한다. 그에 의하면, "우리가 특별히 주의를 기울이지 않아도 이루어지는 기계적 행위들, 예를 들면 영양의 흡수와 음식물의 소화, 잠자고 있을 때의 호흡과 일어나서 걷는 행위 등은 우리의 정신이 그렇게 하도록 욕구해서 하는 것이 아니므로 기계적인 작용과 유사"하다는 것이다.

그가 인간 대 자연이라는 이분법적 세계관을 통해 우리에게 제시하고자 했던 것은 명확하다. 그것은 그의 표현처럼, "우리 주변의 모든 물체의 힘과 작용을 명확하게 앎으로써 우리는 장인처럼 이 모든 것을 적절하게 사용하고, 이를 통해서 우리는 자연의 주인이자 소유자가 될 수 있다. 이것은 지상의 열매와 모든 유용함을 제공하는 수많은 기술의 발명을 위해서도 바람직하며, 또한 이것은 의심의 여지없이 우리 삶에서 최고선이며, 다른 모든 선의 기초인 건강을 유지하기 위해서도 바람직한 일이다." 그리고 인간 대 자연이라는 그의 논리적 흐름 속에서 자연과 동물은 도덕적 고려와 자격에서 배제되고, 인간을 위한 도구적 이용과 지배의 영역임이 명확해진다.


> 인간이 비인간인 다른 어떤 존재에 대해 의무를 지닌다고 한다면,
> 그것은 도덕적 성찰이라는 개념의 혼동으로부터 초래된 것이다.
>
> – 칸트


한편, 근대의 칸트는 인간이란 이성적 존재로서 인격체이며, 오직 이

러한 특성 때문에 인간은 존엄성과 그 자체 목적으로서 가치를 지닌다고 주장한다.[1] 칸트는 『실천이성 비판』에서 "인간, 즉 모든 이성적인 존재는 목적 그 자체로서 존재하며, 모든 행위는 자기 자신에 대해서 그리고 다른 이성적인 존재들에 대해서 항상 동시에 목적으로서 간주되어야 한다. 애착의 대상들은 모두 단지 조건부 가치밖에 지니지 못한다. 왜냐하면 애착에 대한 욕구가 없다면, 애착의 대상들은 무가치할 것이기 때문이다. 만약에 어떤 존재가 이성이 없는 존재라면, 그 존재는 수단으로서 상대적인 가치만을 지닐 뿐이기 때문에 '사물' 또는 '물건'이라고 부르고, 이성적인 존재에 대해서만 목적 그 자체로서 존재, 즉 '인격'이라고 부른다."고 강조한다.

칸트는 이에 근거해 "인간은 오직 인간에 대해서만 의무를 지니는데", 그 이유는 도덕적 의무의 관계는 오직 인격을 전제로 하기 때문이라고 주장한다. 칸트는 이것을 "경험에 비추어 볼 때, 우리는 의무의 대상이 될 수 있는 것으로 인간 이외의 다른 어떤 존재에 대해 알지 못한다. 만약에 인간이 비인간인 다른 어떤 존재에 대해 의무를 지닌다고 한다면, 그것은 도덕적 성찰이라는 개념의 혼동으로부터 초래된 것이

---

1  칸트에 의하면, "순수하게 이성에 따라 판단해 보면, 인간은 인간(자기 자신 또는 타인)에 대한 의무 이외에는 어떤 의무도 갖지 않는다. 왜냐하면 어떤 주체에 대한 사람의 의무는 자신의 의지를 통한 도덕적 강요에 의한 것이기 때문이다. 따라서 강요하는(의무가 있는 또는 의무를 당하는) 주체는 첫째, 인격체여야 한다. 둘째, 이 인격체는 경험의 대상으로 주어져 있어야 한다. 왜냐하면 인간은 인격체의 의지의 목적이 이루어지도록 노력해야 하기 때문인데, 이것은 단지 실존하는 두 존재 상호 간의 관계에서 일어날 수 있다.(왜냐하면 순수하게 상상의 존재는 목적 달성의 원인일 수 없기 때문이다.) 우리의 모든 경험에 의하면, 인간 이외의 어떤 존재도(능동적이거나 수동적인) 의무의 능력을 갖고 있지 않다. 인간이 다른 존재에 대한 의무를 갖고 있다고 생각한다면, 그것은 반성 개념의 애매한 이중성에 의해 그렇다. 흔히 말하는 다른 존재에 대한 의무는 순수하게 자기 자신에 대한 의무일 뿐이다.

생활과 윤리 : 20개 주제로 더 넓고 깊게 읽기

다. 그러한 다른 존재에 대한 의무는 단지 인간 자신에 대한 의무일 뿐이다."고 말한다. 이것은 칸트가 동물을 잔혹하게 대우하는 것에 대해 반대하지만, 그것은 동물이 도덕적 지위를 지닌 목적 그 자체로서 인격이어서가 아니라 인간이 동물을 거칠고 잔인하게 다룰 경우, 그러한 행동이 자신의 인격성은 물론, 다른 사람의 인격성을 해치는 방향으로 나타날 수 있기 때문이다. 결론적으로 인간은 오직 인간에 대해서만 직접적 의무를 지닐 뿐이다.

이처럼 칸트는 인간은 오직 이성적인 존재인 인격체로서 자기 자신 또는 다른 인격 주체들에 대해서만 직접적인 도덕적 의무를 지니며, 비인간인 동물에 대해서는 인격 주체인 인간의 자연적인 본성을 실현하는 것과의 관계 안에서 소극적 또는 간접적인 의무만을 지닐 뿐인 것으로 본다. 따라서 인간의 동물 대우 방식과 행위가 제약받아야 한다면, 그것은 전적으로 동물을 위해서가 아니라 목적 그 자체인 인간 자신을 위해서이다. 따라서 우리가 동물에 대해서 인간에 대한 의무와 비슷한 의무를 수행한다면, 그것은 곧 인간의 자신에 대한 의무의 이행이라는 관점에서 이해되어야 한다.

한층 심각해지고 있는 현재의 환경 문제에 대해 고찰하면서 그 가치론적 원인을 규명하는 학자들은 특히 베이컨과 데카르트의 자연관에 주목한다. 그리고 이들의 관점이 인간 중심주의적 입장을 강하게 드러내는 전형적인 입장이라고 지적한다. 이 때문에 인간 중심주의를 가지고서는 현재의 환경 상황을 극복할 수 없다는 비판이 더욱 힘을 얻게 되었고, 마침내 전통적인 인간 중심주의를 대체하는 새로운 윤리로서 환경

윤리를 정립해야 한다는 목소리도 함께 힘을 얻게 되었다. 하지만 이러한 주장에 대한 비판도 함께 제기되었는데, 그것은 지금까지의 '강한' 인간 중심주의 대신 '약한(온건한)' 인간 중심주의를 통해 해결 방안을 찾아야 한다는 주장이다.

예를 들어 노턴은 「환경 윤리와 약한 인간 중심주의」에서 인간 중심주의를 '강한 인간 중심주의'와 '약한 인간 중심주의'로 구분한다. 강한 인간 중심주의란 자연 대상의 가치는 인간의 '감각적 선호(felt preference)'와 욕구를 만족시켜 주는 정도에 따라서 그 가치가 결정된다는 입장이다. 감각적 선호란 한 개인이 자신의 구체적인 경험에 의해서 적어도 일시적으로 갖고 있거나 표현하는 어떤 욕구나 필요를 의미한다. 하지만 만약에 이익 또는 이해관계를 단순히 느낌에 따르는 선호나 욕구의 문제로 이해하게 된다면, 어떤 비판이나 이의제기 같은 심사숙고는 어렵게 될 것이다. 이러한 접근은 어떤 결정을 할 때, '가치 판단'을 회피하려고 하는 경제적 접근에서 자주 채택되고 있다. 이처럼 심사숙고나 반성이 결여된 강한 인간 중심주의에서는 자연을 단지 아직 가공되지 않은 자원의 저장 창고로서 이해하고 이용하게 될 뿐이기 때문에 인간의 이러한 선택과 행위에 대한 비판이란 어렵게 된다.

반면, 약한 인간중심주의에 의하면, 비인간 존재와 자연 대상은 감각적 욕구는 물론 심사숙고와 검토에 기초한 '반성적(성찰적) 선호(considered preference)'를 만족시켜 줄 수 있다는 강한 믿음에 기초해 있다. 반성적 선호란 인간의 욕구나 필요가 사려 깊은 검토에 기초하고, 이성적으로 채택된 세계관과 조화를 이루며, 건전한 형이상학에 의해서 구체화되며, 과학적 이론, 미학적 가치, 그리고 도덕적 이상에 기초한 것이라는 뜻이다. 따라서 약한 인간 중심주의는 자연 대상과 비인간 존재를 반성되지 않은 인간의 필요나 욕구를 충족시켜 주는 것에 이용하기보다 더 많은 가치 판단과 평가를 실행한다. 따라서 비인간 존재의 가치는 인간을 한층 더 풍요롭게 해 주기 위한 것이라는 측면에서 평가를 받게 된다. 노턴은 이에 기초해 인간의 욕망을 만족시키는 데 관심을 두는 '감각적 선호'보다는 이성적 심사숙고에 의한 '반성(성찰)적 선호', 즉 미학적이며 도덕적 가치까지 고려함으로써 인간과 자연 사이에 친밀하고 조화로운 관계를 만들어 가야 한다고 주장한다.

　그런가 하면, 맥클로스키는 "자연에 대한 인간의 의무를 설명하기 위해 새로운 윤리가 필요한 것은 아니"라고 주장하면서, 자연에 대한 인간의 도덕적 권리와 의무는 인간의 의무와 도덕적 권리 개념을 보완함으로써 만족스럽게 설명될 수 있다고 주장한다. 그는 "자연에 대한 인간의 의무는 인격 존중, 정의, 선(善)의 증진, 정직 등을 강조함으로써, 그리고 생명, 건강, 인격 존중, 신체적 온전성, 도덕적 자율성과 독립성, 지식과 교육(자기 계발) 같은 인간의 기본적인 도덕적 권리를 존중하는 윤리학을 통해서 만족스럽게 설명될 수 있다."고 강조한다. 이에 따르면, 환경 문제는 인간이 원인이 되어 발생했지만, 인간이 통제할 수 있고, 예방 가능한 문제라는 것이다. 따라서 그 책임 또한 인간에게 있으며, 인간의 권리와 의무 개념을 통해 규명해야 한다는 주장이다. 이것은 "인격을 존중하고, 공정하며 정직하라. 선을 증진하라."와 같은 직견적인 도덕적 의무와 "생명, 건강, 인격 존중, 도덕적 자율과 온전성, 정의, 교육" 같은 도덕적 권리를 생태학이 제공하는 지식에 적절하게 해석하고 응용함으로써 현재의 환경 문제를 해결해 나가야 한다는 입장이다.

이외에도 패스모어 또한 근대 서양 윤리의 확장을 통해 환경 문제를 해결하기 위해 노력해야 한다고 주장한다. 그는 소비 중심 사회의 근시 안적인 탐욕을 비판하지만, 동물과 식물, 자연 경관이 '생존권'을 지닌 다는 주장에 대해서는 '쓸데없는 혼란을 초래하는' 주장이라고 비판한 다. 왜냐하면 '권리'라는 개념은 인간에게만 적용되는 개념이기 때문에 동물을 학대하는 것은 잘못이라는 주장과 동물이 권리를 지닌다는 주장 은 완전히 다르다는 것이다. 패스모어의 주장에는 서양의 철학과 종교 적 전통이 인간의 자연에 대한 절대적 지배(강한 인간 중심주의)를 조장 하고 있다는 비판적 견해가 담겨 있다. 하지만 그의 견해는 여전히 인 간 중심적이기 때문에 자연의 가치는 인간이 자연을 가치 있다고 평가 하는 한에 있어서 가치를 지닌다. 따라서 그에게 자연의 본래적 가치는 인정되지 않는다.

패스모어의 이러한 생각의 배경에는 그의 다음 주장에 그대로 나타나 있다. "서양의 전통 도덕의 가르침(기독교, 공리주의)은 타인에게 해를 가해서는 안 된다는 것이다. 그런데 폐기물을 바다에 버리는 행위, 생태 계를 파괴하는 행위, 자식을 지나치게 많이 낳는 행위, 자원을 낭비하 는 행위 등은 모두 미래 또는 현재의 이웃들에게 해악을 입히는 행위이 다. 따라서 서양의 전통 도덕에 기초해 우리의 생태적 관심을 정당화하 는 일은 충분하며, 그렇기 때문에 다른 새로운 것을 통해 보충할 필요 는 없다." 비록 환경에 대한 그의 입장이 소비 중심 사회의 물질적 탐욕 을 비판하면서 '심미적 가치'를 느낄 수 있는 '감수성 있는' 태도의 중요 성을 강조한다고 할지라도, 여전히 인간 중심주의적 환경관인 이유가 바로 여기에 있다.

# 동물을 바라보는
# 몇 가지 시선

*PART 02*

**싱어**
어떤 존재가 쾌락과 고통을 감각할 수 있는 능력을 지닌다는 말은
그 존재가 자신의 이익을 지닌다는 말이다.

**베리건**
삶의 주체라는 기준을 만족시키는 개체들은
그들 스스로가 뚜렷한 차이를 드러내는 가치,
즉 내재적 가치(inherent value)를 지니며,
이러한 가치는 어떤 것에 담겨 있는 저장된 것으로 간주하거나
취급되어서는 안 되는 가치이다.

반려견에게 입힐 옷을 밍크나 여우의 모피를 사용해 만들고 판매하는 것을 어떻게 보아야 할까? 실제로 서울 강남의 한 백화점 애견용품 판매점에서는 모피 애견 옷을 100만~250만 원 정도의 가격에 판매하고 있으며, 침대의 경우에는 3천만 원을 넘는 경우도 있다고 한다. 이에 대해 개인의 취향이기 때문에 이해할 수 있다는 의견도 있지만, 동물을 사랑하는 애견인이 자신의 동물에게 입힐 옷을 마련하기 위해 죽인 동물의 모피를 입힌다는 것은 충격적인 일이라고 비판하는 의견들도 있다. 현재 세계의 패션 업계에서는 약 5천만 마리의 동물이 모피 의류를 만들기 위해 한 해 동안 도살되고 있는 것으로 추정하고 있다.

태국을 관광하는 사람들에게 코끼리 타기는 인기 있는 관광 상품으로 꼽힌다. 하지만 코끼리를 안심하고 타기까지 코끼리에게 가해지는 학대와 고통은 매우 충격적이다. 즉 '크러시'라고 불리는 혹독한 훈련 과정이 필요한데, 이것은 좁은 우리에 코끼리를 가두고, 발을 밧줄(쇠줄)로 묶어 제대로 움직이지 못하게 한 다음, 사람의 명령에 순응하도록 학대한다. 이것만이 아니다. '불 훅'이라 불리는 갈고리를 가지고 코끼리의 머리를 찍고 찌르면서 사람의 지시에 순응하도록 고문한다. 코끼리의 모든 자존감을 지속적으로 짓밟은 다음에야 비로소 관광객은 코끼리의 등에 탈 수 있다.

> 어떤 존재가 쾌락과 고통을 감각할 수 있는 능력을 지닌다는 말은
> 그 존재가 자신의 이익을 지닌다는 말이다.
>
> — 싱어

싱어(P. Singer)는 최근의 인터뷰에서 자신은 박사 논문(1970년대)을 준비하면서 근본적인 물음 하나를 갖고 있었는데, 그것은 "인간은 왜 동물의 권리를 존중하지 않는가?"였다고 한다. 물론, 그의 이런 생각에 영향을 미친 시대적 배경에는 당시 유행했던 급진적인 사고, 예를 들어 흑인 및 여성 인권 운동, 동성애자들의 해방 운동 등이 있었다고 그는 말한다. 실제로 그는 『동물 해방』에서 비유적 표현을 이용해 인종이나 성(性)에 근거해 차별을 정당화하는 인종차별주의나 성차별주의가 도덕적으로 정당화될 수 없다면, 단지 종(種)이 다르다는 이유로 인간이 다른 나머지 동물을 차별하는 종차별주의 또한 도덕적으로 정당화될 수

없다고 주장한다.

싱어는 자신의 동물 해방에 대해 "농장과 동물원, 그리고 실험실의 문을 열고 갇혀 있는 모든 동물을 풀어 줘야 한다고 주장하는 것이 아니"라고 말한다. 왜냐하면 그것은 동물 자신에게도, 그리고 생태계는 물론, 인간에게도 재난일 수 있기 때문이다. 그에게 동물 해방의 진정한 의미는 "우리가 동물에 대해 갖고 있는 잘못된 편견과 부도덕성으로부터 우리 자신을 해방"하려는 데에 있다. 동물 해방의 문제의식은 인간이 삶에 반드시 필요하지도 않는 제품을 시험하기 위해 동물 실험을 통해 불필요한 고통을 주는 것, 즉 자신의 필요 충족을 위해 다른 생명을 이용해도 좋은가에 있으며, 싱어는 이에 대한 성찰을 통해 우리 자신을 해방시켜 주려는 의도를 갖고 있다. 이를 위해 그는 동물을 공장과 같은 한곳에 밀집시켜 사육하는 '공장식 축산'의 근절을 주장하고, 건강하고 맛도 좋은 대안 육류 및 동물성 식품, 그리고 채식주의를 주장한다.

싱어는 자신의 이와 같은 주장의 근거로 벤담의 공리주의적 관점을 활용한다.[1] 벤담은 『도덕과 입법의 원리』에서 언젠가는 동물이 자신의 권리를 획득할 날이 올지도 모른다고 주장하면서, 그 근거로 이전까지 제시되었던 일반적인 기준, 즉 합리적인 사고나 대화 및 추론 능력이 아니라 고통이나 쾌락을 감각(경험)할 수 있는 능력을 제안한다. 그의 이런 주장은 싱어에게 두 가지 측면에서 중요한 의미를 함축한다. 하나

---

[1] 공리주의자인 밀 또한 "도덕은 인간만이 아니라 쾌락과 고통을 감각할 (느낄) 수 있는 존재들에게 영향을 미치는 인간 행위에 관한 규율"이라고 말한다.

는 어떤 존재에 대한 도덕적 배려(고려)의 기준이 이성이나 합리성이 아니라 고통과 쾌락을 감각할 수 있느냐 하는 것이고, 다른 하나는 어떤 존재가 고통과 쾌락에 대한 감각 능력을 지닌 존재라면 그 존재의 이익 관심(이해관계)은 인간과 마찬가지로 동등하게 배려받아야 할 자격이 있는 것으로 보아야 한다는 것이다. 첫 번째 주장을 '쾌고 감수 능력(쾌락과 고통을 감각할 수 있는 능력)'이라 말하고, 두 번째 주장을 '이익에 대한 동등한 고려의 원칙'이라고 말한다

이처럼 고통과 불행의 최소화라는 공리주의 원리는 싱어 스스로 말하듯이 인간의 행복을 말할 때 또한 동물도 포함해야 하고, 동시에 동물의 고통 유무도 함께 고려해야 할 중요한 요소이다. 싱어가 동물이 고통으로부터 해방되어야 할 권리를 갖는다고 주장한다고 해서 이것을 모든 생명체는 자신의 생명에 대해 동등한 권리를 갖고 있다고 해석해서는 안 된다. 또 동물에게 고통을 주거나 죽이는 행동이 그릇된 이유가 행위 그 자체에 있는 것이 아니라 그 결과에 있다는 점도 중요하다. 왜냐하면 싱어는 공리주의자로서 행위의 결과에 관심을 두기 때문이며, 또한 그렇기 때문에 생명이 있는 모든 존재가 아니라 동물이 겪는 고통에 관심을 둔다. 그러므로 공리주의자로서 싱어는 모든 생명체의 절대적 권리는 물론, 도덕적 권리를 주장하지는 않는다.

이러한 논리에 따라 싱어는 이제 우리는 인간의 생명만이 위대하다거나 존엄하다는 생각을 버려야 할 때라고 제안한다. 인간만이 존엄하다는 생각은 차별적이고 종족 중심적인 생각이기 때문이다. 이를 정당화하기 위해 싱어는 냉정하게도 복잡한 신경체계와 지각 능력을 갖추고 있는 일부 동물들의 반대편에 이제 갓 태어난 어린아이, 유전적으로 심

각한 장애를 지닌 사람들, 오랜 동안 식물적 상태에 빠져 있는 성인 인간('가장자리 인간')을 내세운다. 그런 다음, 이런 경우들에 대해서도 인간이 복잡한 신경체계를 갖추고 있는 동물보다 더 훌륭하고 존엄하다고 주장하는 것은 확실히 종차별로 밖에 이해되지 않는다고 비판한다. 싱어는 여기서 한 걸음 더 나아가 지독한 고통 속에서 삶을 마감해야 하는 환자를 앞에 두고, 안락사는 '인간의 존엄성'을 해치기 때문에 허용하지 않으면서도 같은 경우에 처한 동물에 대해서는 편안한 죽음을 맞이하도록 '안락사'를 시행하는 것은 인간에게 더욱 고통을 주는 모순된 행위라고 비판한다.

물론, 싱어는 인간만이 높은 수준의 이성적 · 합리적 사고 능력을 지닌 존재라는 사실을 인정한다. 하지만 그렇기 때문에 "인간만이 존엄하고 절대적 가치를 지니며, 다른 동물의 고통받지 않은 권리를 박탈해도 좋다고 결론지을 수는 없다."고 주장한다. 왜냐하면 이성적 추론능력이 있는 인간이 언제나 동물(침팬지, 고래 같은 포유동물들)보다 정신적으로 우월하다고 말할 수는 없기 때문이다.

싱어의 생각을 정리하면, 만약에 어떤 존재가 고통을 느낄 수 있고 일정한 수준의 의식이 있다면, 그 존재는 도덕적 고려의 대상이 된다. 이에 근거해 인간을 포함해 그러한 능력을 갖고 있는 동물들의 이익은 인간과 동등하게 고려되어야 한다. 그의 이런 주장은 확실히 칸트 같이 동물의 도덕 지위를 인정하지 않는 인간 중심주의적 동물관과는 근본적인 차이를 보인다. 싱어의 논리는 아래와 같이 재구조화할 수 있다.

1   이해관계에 대한 평등한 고려가 기본적인 도덕 원리이다.

2   고통과 쾌락을 감각할 수 있는 능력은 모든 존재들이 이해관계를 갖기 위한 필수적인 전제조건이다.

3   이러한 능력은 우리에게 이해관계의 평등한 고려에 대한 권리를 부여하도록 요구한다.

4   이러한 능력을 지닌 모든 존재는 그와 같은 권리를 가지며, 따라서 이에 상응한 대우를 받아야 한다.

5   일부 동물은 이와 같은 능력을 갖고 있다.

6   그러므로 일부 동물은 우리가 그들을 어떻게 대우할 것인지를 결정할 때, 이해관계의 평등한 고려에 대한 권리를 가진다(즉, 우리의 행위가 그들에게 고통이나 쾌락이라는 결과를 가져올 가능성이 있는 경우).

싱어의 동물 해방은 도덕의 영역을 '감각 능력'을 기준으로 인간은 물론, 동물의 차원까지 확장했다는 점에서 중요한 의미를 갖는다. 하지만 인간과 동물이 갖고 있는 이익(이해관계, 이익관심)들 사이에는 질적인 차이가 있음에도 이를 고려하지 않고 서로 동등한 것으로 취급한다는 비판을 받고 있다. 또 쾌락과 고통에 대한 감각 능력을 결여하고 있는 인간이나 동물, 그리고 식물(생명)들에 대한 관심과 이들의 도덕 지위에 대해서는 별다른 관심을 두지 않는다는 비판도 받는다. 이보다 급진적인 비판은 생태주의자들에 의해 전개되는데, 이들은 싱어의 동물 해방이 전체론적 관점을 결여한 채 개별적인 동물들에만 관심을 두는 개체론에 묶여 있다고 비판한다.

하지만 이런 비판에 대해 '효율적 이타주의'를 주장하는 싱어는 "자연은 본질적으로 가치를 지닌다."는 레오폴드의 대지 윤리에 대해 "효율적 이타주의자들은 자연의 본질적 가치에 대해서는 크게 관심을 두지 않는다. 효율적 이타주의자들은 정의, 자유, 평등, 지식 등의 가치들이 본질적으로 선하다고 믿기보다 그것들이 사회 복지에 미치는 긍정적인 영향 때문에 선하다고 본다. 자연에 대한 입장도 비슷하다. 이들은 자연이 그 자체로 소중하다고 말하지 않는다. 대신 자연 보존이 동물과 인간에게 좋을지 나쁠지를 생각한다. 심지어 어떤 효율적 이타주의자들은 야생 동물이 겪는 엄청난 양의 고통 때문에 자연을 부정적으로 보고, 야생 동물의 고통을 줄일 수 있는 세상을 꿈꾼다."고 강조한다.

삶의 주체라는 기준을 만족시키는 개체들은
그들 스스로가 뚜렷한 차이를 드러내는 가치,
즉 내재적 가치(inherent value)를 지니며,
이러한 가치는 어떤 것에 담겨 있는 저장된 것으로 간주하거나
취급해서는 안 되는 가치이다.

– 리건

싱어처럼 공리주의적 관점에서 동물의 도덕 지위를 주장하지 않고, 의무론적 관점에서 동물의 도덕 지위를 주장하는 인물이 있는데, 그가 리건(T. Regan)이다. 그는 동물에 대한 직접적인 의무를 인정하지 않는

칸트와 달리, '삶(생명)의 주체'라는 개념을 의무론과 결합해 동물의 권리와 인간의 의무를 강조한다. 칸트는 자율적인 판단과 행위 능력에 기초한 인간의 도덕적 의무를 말하지만, 리건은 비록 동물이 자율적 행위 능력을 갖추지 않은 '도덕 (행위에 관한 한) 무능력자(moral patient)[2]일지라도, 자신의 삶에 대해 신념과 욕구를 지닌 '삶의 주체(subject-of-a-life)'이기 때문에 존중받아야 할 자격, 즉 내재적 가치를 지닌다고 주장한다.

리건에게 '삶의 주체'란 말은 단순히 살아 있는 존재 이상을 의미하며, 또한 단순히 의식이 있는 존재 이상을 말한다. 그것은 자신의 신념과 욕구에 따른 행위 능력, 자신의 미래에 대한 의식, 정서적 특성, 개체로서 선호와 복지에 관한 이해관계, 즐거움과 고통을 함께 느낄 수 있는 정서적 삶, 지각과 기억 능력, 타자에 대한 자신의 유용성이 그것과는 독립적으로 구별된다는 것 등을 포함한다. 따라서 "삶의 주체로서 이러한 기준을 만족시키는 개체들은 그들 스스로가 뚜렷한 차이를 드러내는 가치, 즉 고유한 가치(inherent value)를 지니며, 이러한 가치는 어떤 것에 담겨 있는 저장된 것으로 간주하거나 취급되어서는 안 되는 가

---

**2** 리건은 동물의 권리를 주장하기 위해 도덕 행위자와 도덕 무능력자의 구분을 제시한다. 그에게 도덕 행위자는 정교한(세련된) 다양한 능력을 지닌 개체를 의미한다. 그리고 이러한 능력이란 공정한 도덕 원리를 개체가 적용할 수 있는 능력을 의미한다. 따라서 이것은 도덕적으로 무엇을 해야 할 것인지, 도덕적 결정을 내릴 수 있는 능력, 도덕성에 따라서 자유롭게 선택할 수 있는 능력 또는 무능력, 행위자의 도덕성에 대한 인지 능력 등을 모두 포함한다. 따라서 도덕 행위자들은 이러한 능력들을 갖고 있기 때문에 그들이 하고 있는 것에 대해서 도덕적으로 책임 있는 주장을 할 수 있다고 말하는 것은 적절하다. 하지만 도덕 행위자와는 달리 도덕 무능력자는 자신이 하고 있는 것에 대해서 도덕적으로 책임질 수 있는가의 견지에서 볼 때, 자신의 행위를 통제할 수 있는 필수적인 능력을 결여하고 있다. 도덕 수동자는 체계적이고 명료하게 설명할 수 있는 능력을 결여하고 있을 뿐만 아니라 가능한 다양한 행위에 대해서 바람직하거나 적절한 도덕 원리를 심사 숙고하여 적용하고 수행할 수 있는 능력 또한 결여하고 있다.

생활과 윤리: 20개 주제로 더 넓고 깊게 읽기

치이다.”

리건에 의하면, 도덕 무능력자는 어떤 옳은 행동도 할 수 없지만, 그렇다고 어떤 그릇된 행동도 할 수 없기 때문에 우리가 그들의 도덕적 지위나 도덕적 권리를 무시해도 좋다는 뜻은 아니다. 비록 이들이 자신의 행위를 통제할 능력이나 행위에 관한 적절한 도덕 원리를 심사숙고하여 적용할 능력을 결여하고 있을지라도, 우리가 삶 또는 생명의 주체라는 개념에 기초해 이들의 도덕 지위와 권리를 존중해야 한다는 것이 그의 논리이다. 즉 인간이 '삶(생명)의 주체'로서 내재적 가치(inherent value)를 지닌다면, 동물 또한 자기 생명에 대한 주체로서 고유의 가치를 지닌다는 뜻이다. 또 인간이 생명의 주체로서 침해받지 않아야 할 권리가 있다면, 동물 또한 생명의 주체로서 동일한 권리가 있다는 뜻이다.

리건은 정의(justice)란 우리에게 고유한 가치를 지닌 모든 존재들을 존중하여 대우할 것을 규정한다고 주장한다. 고유한 가치를 지닌 개체들에 대한 평등한 가치의 고려라는 그의 관점은 '존중의 원리(the respectprinciple)'를 통해 구체화된다. 즉, 우리는 고유의 가치를 지닌 개체들을 그들의 고유한 가치를 존중하는 방식으로 그들 개체를 대우해야 한다는 것이다. 따라서 우리가 고유한 가치를 지닌 개체들에 대해 존중하여 대우하는 행위는 단지 '친절'에 따른 행위가 아니다. 그것은 '정의'에 따른 행위이다. 또 우리가 동물 개체를 포함하여 어린이들, 정신 지체인, 치명적인 노인들, 그리고 다른 도덕 무능력자들에 대해서 갖는 정의의 의무(duty of justice)는 도덕 행위자의 '정서적인 이해관계' 때문이 아니라 이 모든 이들의 내재적 가치를 존중하기 때문이다. 하지만 리건은 도덕적 고려의 대상과 삶의 주체 범위를 너무 좁게 선정하고 있다는 비판을 받는다. 왜냐하면 그가 삶의 주체의 범위를 "정신적으로 정상적인 1살 이상의 포유동물"에 적용하고 있기 때문이다.

또 생태주의자들은 리건의 주장이 '권리' 개념에 기초하기 때문에 전통적인 윤리 이론의 확장이라고 비판하면서 '전일적인 생태적 사유'를 결핍하고 있다고 비판한다. 이에 대해 리건은 오히려 생태 중심주의자들의 관점이 생태 전체의 선(善, 좋음)을 위해서 개체의 희생을 정당화하는 '환경(생태) 파시즘'이라고 반박한다.

한편, 동물 중심주의에 대해 (온건한) 인간 중심적 관점을 지지하는 매클로스키는 '이익 관심(이해관계)'과 '도덕적 권리' 개념을 문제 삼아 비판한다. 그는 프레이의 "이해관계와 권리"라는 글을 인용해 "유기체들 가운데 인간만이 이해관계를 갖는다는 주장은 잘못된 것이다. 식물, 나무, 개구리, 고양이, 인간은 모두 이해관계를 지닌다. 식물의 이해관계에 기여하는 것이 인간의 이해관계에 기여하는 것과 다르기 때문에 식물은 이해관계를 지니지 못한다는 생각은 잘못된 것이다. 물을 말라 버리게 하거나 뿌리를 잘라 버리는 행위는 확실히 식물의 이해관계에 반하는 행위이다. 또 개구리가 살고 있는 연못의 물을 말라 버리게 하는 것도 개구리의 이해관계를 저버리는 행동이다. 따라서 동물과 식물은 이해관계를 가질 수 있다."고 주장한다.

싱어는 공리주의에 기초해 동물이 인간과 마찬가지로 '이익 관심'을 지니기 때문에 동물에게 '고통으로부터 해방될 권리'를 인정해야 한다고 주장한다. 하지만 맥클로스키는 '이익 관심'이란 인간과 동물은 물론, 식물 또한 갖고 있다고 주장한다. 즉, 이익 관심을 싱어의 주장처럼 '고통과 쾌락'으로만 이해하는 것은 '도덕 권리'에 대한 잘못된 이해라는 뜻이다. 맥클로스키는 "동물에게 권리가 부여되더라도, 우리는 동물이 자신의 도덕적 권리를 어떻게 행사하는지 알 수 없다."고 지적한다. 왜냐하면 '도덕적 권리' 개념은 "도덕적 자율, 도덕적 자기 정향성(self-direction), 도덕적 자기 결정 능력"과 관련된 개념이기 때문이다.

맥클로스키는 동물이 도덕적 권리를 갖지도 않고, 가질 수도 없다고 말하는 것이 인간은 동물에 대해 아무런 의무도 지지 않는다는 말은 아니라고 주장한다. "인간은 동물을 다루고 돌보는 데 있어 분명히 중요한 의무를 지니지만", 그 의무가 동물의 '권리' 개념에 기초할 수는 없다는 것이다.

# 생명을 바라보는
# 몇 가지 시선

*PART 03*

**슈바이처**

생명에 대한 경외는
성장 가능성이 있는 생명을 보존하고, 생명을 촉진시키며,
생명을 가장 고귀한 가치로 고양시키는 행위를 선(善)으로 받아들인다.

**테일러**

의식이 있든 없든 생명이 있는 모든 존재는
자기 보존과 행복을 향해 움직인다는 점에서 모두 동등하며,
또한 목적 지향적인 활동을 하는 체계라는 점에서
'생명의 목적론적 중심'이다.

브라질에서 처음으로 보고된 이후, 중남미의 거의 모든 나라를 비롯한 전 세계에 소두증의 공포를 일으킨 지카 바이러스, 그리고 이것의 주요 전파 경로로 알려진 '숲모기(우리나라의 흰줄숲모기)'에 대해 경계와 박멸(모조리 잡아 없앰)을 위한 살충 노력이 일상화되고 있다. 최근 (2016.02.) 발표에 의하면, 콜롬비아에서는 6천 3백여 명의 임신부를 포함해 총 3만 7천여 명이 지카 바이러스에 감염된 것으로 확인됐고, 가장 많은 피해를 입은 브라질에서는 약 150만 명이 감염된 것으로 보고되고 있다.

　　실학자 홍대용의 『의산문답』에는 "동물은 지혜가 없고, 초목은 감각이 없으므로 오직 인간만이 귀하다."는 허자(虛子)의 주장에 대해 "인간의 입장에서 보면 인간이 귀하고 사물(자연)은 천하지만, 사물의 입장에서 보면 인간이 천하고 사물은 귀하다. 하지만 하늘의 입장에서 보면 인간과 사물은 균등하다. 왜 하늘의 입장에서 보지 않고, 인간의 입장에서 보려 하는가?"라고 하면서 실옹(實翁)이 그를 꾸짖는 부분이 나온다. 하늘[천(天)]을 자연 그 자체로 보아야 할지, 아니면 모든 생명 존재들로 보아야 할지에 대해서는 더 검토를 필요로 하지만, 적어도 허자가 말하는 모든 '풀과 나무, 동물, 인간'이 공통적으로 생명 존재라는 점을 전제로 실옹의 천(天)을 이해한다면, 거대한 생명 공동체를 이루고 있는 모든 생명들은 평등하다는 주장은 가능해진다.


생명에 대한 경외는
성장 가능성이 있는 생명을 보존하고, 생명을 촉진시키며,
생명을 가장 고귀한 가치로 고양시키는 행위를 선으로 받아들인다.

— 슈바이처


슈바이처는 『나의 생애와 사상』에서 "생명에 대한 경외(敬畏, 공경하면서 두려워함)란 무엇이며, 어떻게 해서 우리 마음속에 일어나는가?"라고 물음을 제기한 다음, 곧바로 "인간이 자신과 세계에 대한 자신의 관계를 알고 싶다면, 자신의 사고와 잡다한 지식에 기초하지 말고, 자기 의식의 가장 근원적이고 직접적인 사실에 기초해야 한다."고 주장한다. 그런데 이것은 근대 데카르트와 같은 추상적인 정신적 실체 개념으로는 전혀 알 수 없다. 왜냐하면 "그것은 의식의 가장 직접적인 사실, 즉 '나는 살려고 하는, 생명에 둘러싸여 살려고 하는 생명이다.' 바로 이것이

인간 의식의 직접적인 사실이다. 인간은 언제나 자신을 생명 의지의 한 가운데 서 있는 생명 의지로 자신을 파악한다." 따라서 이 생명 의지에 대해 어떤 태도를 취할 것인지를 결정하는 것이 중요하다. 그리고 인간 자신이 생명 의지라면, 이 생명 의지를 긍정하는 행위는 자연스럽고 참된 것이다. 즉, "생명의 긍정은 생명 의지의 심화요, 내면화요, 상승"이며, 이것이 생명에 대한 경외이다.

'생명에 대한 경외'로 표현되는 슈바이처의 사상은 환경 윤리에서 가장 전형적인 생명 중심주의적 관점으로 이해되고 있다. 생명을 선과 악, 즉 도덕의 원리로 삼은 그의 생명에 대한 경외(외경) 사상은 '생명 활동을 촉진하는 행위는 선이고, 그것을 억압하거나 파괴하는 모든 행위는 악'이라는 말로 요약할 수 있다. 그리고 이로부터 인간의 생명들에 대한 도덕 의무가 도출된다.

그에 의하면, "생각하는 존재인 인간은 그가 그 자신에게 부여하고 있는 생명에 대한 경외를 똑같이 모든 살려고 애쓰는 존재들에 대해서도 부여하려고 하는 충동을 강하게 깨닫는다. 그는 다른 생명을 자기 안에서 경험하는 것이다. 그는 성장 가능성이 있는 생명을 보존하고, 생명을 촉진시키며, 생명을 가장 고귀한 가치로 고양시키는 것을 선으로 받아들인다. 반면, 성장 가능성이 있는 생명을 파괴하는 것, 생명에 해로움을 주는 것, 생명을 억압하는 것을 악으로 받아들인다. 바로 이것이 도덕에 관한 절대적이고 근본적인 원리인 것이다."

하지만 우리는 자신의 생명 활동을 유지하기 위해 다른 생명의 희생을 전제하지 않으면 안 된다. 이 때문에 슈바이처는 "매일 나의 책임 아래에서 하나의 생명을 구하기 위해 다른 생명을 희생시켜야 하는 일은 괴로운 일"이라고 말한다. 즉, 불가피한 생명의 희생을 피할 수는 없지만, 그렇다고 도덕적 책임성까지 면할 수 있는 것은 아니라는 의미이다. 그의 이러한 주장으로부터 우리는 그의 진정한 의도가 생명에 대한 경외에 기초해 진실되고 도덕적인 삶을 실천해야 한다는 것에 있음을 알 수 있다. 그에게 윤리적 행위란 곧 생명에 대한 경외의 행위이며, 모든 생명이 공통적으로 갖고 있는 그들 자신의 생명을 향한 의지를 긍정하고 고양시켜 주는 행위 이외에 아무것도 아니다. 그러므로 "생명에 대한 경외의 윤리는 (생명에 대한 신성성과 무한한 책임의 체험을 주장하기 때문에) 사랑, 헌신, 동정, 공동의 기쁨, 협력 등으로 불릴 수 있는 모든 것들을 포함한다."

> 의식이 있든 없든 생명이 있는 모든 존재는
> 자기 보존과 행복을 향해 움직인다는 점에서 모두 동등하며,
> 또한 목적 지향적인 활동을 하는 체계라는 점에서
> '생명의 목적론적 중심'이다.
>
> ― 테일러

싱어와 리건의 동물 중심주의와 지금 검토하고 있는 생명 중심주의는 개체론에 기초한 탈인간 중심주의라는 점에서 서로 공통점이 있다. 하지만 생명 중심주의는 동물 중심주의보다 도덕적 배려의 범위를 한층 더 확장한 환경 윤리이다. 슈바이처에서 보았듯이 생명 중심주의는 생

명을 도덕적 고려와 도덕적 가치 판단을 위한 기준으로 삼는다. 다시 말해, 생명이 있는 모든 존재는 합리성이나 쾌락과 고통의 감각 능력과 상관없이 모두 도덕의 범위에 포함된다.

특히 테일러에게 생명의 도덕적 고려의 문제는 그것이 살아 있는 유기체로서 자연적으로 주어진 자신의 목적을 추구할 수 있는 능력(a natural goalseeking ability)에서 비롯된다. 하나의 유기체로서 생명은 그것이 인간이든, 동물이든, 식물이든 상관없이 환경과 관계하면서 자신의 목적에 비추어 어떤 것은 추구하고, 어떤 것은 거부한다. 예를 들어, 식물의 줄기와 잎은 빛을 향해 굽어 자라고 뿌리는 빛의 반대 방향으로 굽어 자라는데, 식물의 이러한 능력은 그것이 자신에게 주어진 고유한 목적을 향해 자신의 능력을 전개하고 있음을 보여 준다. 테일러는 이것을 가리켜 "의식이 있든 없든 모든 생명 존재는 자기 보존과 행복을 향해 움직인다는 점에서 모두 동등하며, 또한 목적 지향적인 활동을 하는 체계라는 점에서 '생명의 목적론적 중심(teleological centers of life)'"이라고 설명한다. 즉, 모든 생명 있는 존재는 자신의 생명 보존과 성장, 발전, 번식이라는 목적을 갖고 있으며, 이러한 목적을 추구한다는 점에서 목적 지향적이라는 말이다.

테일러는 생명체의 목적 지향적인 속성으로부터 가치의 근거를 마련한다. 다시 말해, 어떤 생명이 내재적 목적을 추구하고 지향한다는 말은 그 생명에게 인간의 의도와는 무관한 객관적인 가치가 존재하고 있다는 의미로 해석해야 한다는 뜻이다. 그리고 인간 또한 하나의 내재적인 고유한 목적을 추구한다는 점에서 다른 생명과 동일한 성질을 갖기 때문에 인간이 다른 생명에 대해 부당하게 간섭하는 행위는 정당화될 수 없다.

이러한 논리적 흐름에 따라 정립된 그의 생명 중심적 환경윤리는 다음과 같은 내용을 담고 있다. 첫째, 인간은 다른 생명체들과 마찬가지로 지구 생명 공동체를 이루는 구성원이라는 믿음이다. 둘째, 전체로서 지구의 자연 생태계는 상호의존적인 관계적 요소들의 복잡한 그물로 이해할 수 있다는 믿음이다. 셋째, 각각의 개별 유기체(또는 생명체)들은 자신의 고유한 방식대로 자신의 선을 추구하는 생명(또는 삶)의 목적론적 중심으로 이해된다는 믿음이다. 넷째, 우리가 내재적 가치 개념에 관심을 갖든 아니면 장점(merit, 빼어난 특성)을 지닌 기준들에 관심을 갖든, 인간이 다른 나머지 종들보다 우월하다고 주장하는 것은 위의 세 가지 믿음에 비추어 볼 때, 근거 없는 주장이라는 믿음이다.

테일러는 위에 제시된 생명 중심주의에 관한 믿음에 기초해 네 가지 도덕적 실천 규범을 제시한다. 첫 번째는 해악 금지의 의무이다. 이것은 생명들에 대한 근본 의무로, 자신의 고유한 선을 갖고 있는 유기체에 해를 끼쳐서는 안 된다는 것이다. 두 번째는 불간섭의 의무이다. 이것은 개별 유기체와 전체 생태계의 진행 과정에 간섭하는 조작이나 통제, 개조를 해서는 안 된다는 것이다. 세 번째는 성실(충실)의 의무이다. 이것은 인간의 즐거움을 위해 야생 동물의 서식지를 파괴하거나 그들을 사냥 및 기만해서는 안 된다는 것이다. 마지막으로 보상적 정의의 의무이다. 이것은 도덕 행위자와 도덕 고려 대상이 되는 주체 사이에 균형이 깨졌을 때, 도덕 행위자가 이를 보상해야 한다는 것이다.

그렇지만 이와 같은 규칙들에도 불구하고, 충돌을 회피할 수 없는 곳에서 우리는 그의 주장에 따라 우선성의 원리를 적용할 수 있을 것이다. 예를 들어 인간의 기본적 이해와 야생 동·식물의 이해가 충돌할 때 '자기 방어 원칙'에 따라 인간의 이해관계를 우선할 수 있다. 또 새를 새장에 가두거나 덫을 놓아 야생 동물을 포획하는 인간의 부차적인 이해관계는 야생 동물의 기본적인 이해관계와 충돌하는 문제이기 때문에 '비례와 균형의 원칙'에 따라 금지되어야 할 것이다. 이외에도 '최소악의 원칙', '분배적 정의 원칙' 등을 상황에 따라 적용할 수 있을 것이다.

테일러는 지금까지의 일반적인 도덕 체계, 즉 인간이 다른 생명들에 비해 본래부터 우월하다는 주장을 근거 없는 편견으로 인식하고, 모든 생명이 고유한 목적을 지향한다는 점에서 동등하다고 주장한다. 하지만 그의 생명 중심주의는 현실적으로 실천하기가 매우 어렵다는 한계와 함께 인간 중심주의로부터 비판을 받는다. 인간 중심주의에 의하면, 가치와 존엄성은 인간이 어떤 대상에게 부여하는 것이지, 생명 중심주의자들의 주장처럼 본래부터 고유한 객관적인 속성(즉, 삶의 목적론적 중심)에 의해 규정되는 것이 아니기 때문이다. 그뿐만 아니라 그의 생명 중심주의(생명 평등)를 따르게 될 경우, 인간의 삶 자체가 매우 어렵게 되는 상황에 직면하게 된다. 왜냐하면 그의 네 가지 의무를 충실히 따를 경우, 우리가 일상 속에서 할 수 있는 일이 별로 없기 때문이다. 이외에도 생명 중심주의는 생태 중심주의로부터 무생물이나 종(種), 생태계 그 자체에 대한 배려가 결여되어 있다는 비판을 받을 수 있다.

# 환경을 전일적으로
# 바라보는 몇 가지 시선

## PART 04

**레오폴드**

대지 윤리는 인류의 역할을 대지 공동체의 정복자에서
그것의 평범한 구성원이자시민으로 변화시키며,
인류에게 동료 구성원에 대한 존중,
그리고 공동체 자체에 대한 존중을 필연적으로 수반한다.

**폭스**

존재의 전체 장(場)에서 명확한 존재론적 구분이란 불가능하다.
그것의 경계를 인정하는 그만큼 근본적이고
심층적인 생태 의식이 부족하다는 것을 표현한다.

'가이아'란 한마디로 생물들의 가장 거대한 조형물이다. 그렇지만 우리가 우리의 몸을 이루고 있는 세포들과 다른 것처럼, 가이아 또한 가이아를 이루고 있는 동식물과는 다른 존재이다. 지구 역사의 초기, 즉 생물이 지구상에 태어나기 이전에는 지각과 대기, 그리고 해양은 물리 화학적 법칙에 따라서 진화했을 것이다. 또 물리 화학적 상태에서의 진화와 변화가 일어나는 과정에서 일시적으로 생물체의 탄생에 유리한 조건들이 형성되었을 것이다. 이렇게 해서 생겨난 세포들의 출현은 지구 환경에 커다란 변화를 일으켰을 것이고, 이들이 크게 번성함으로써 물리 화학적 평형 상태로만 나아가던 지구의 평형 상태는 잠시 중단되었을 것이다. 바로 이 순간 생물들과 암석, 대기, 해양은 서로 협력하여 새로운 실체로서 가이아를 형성하였을 것이다. 마치 정자가 난자에 유입되어 새로운 생명체를 탄생시키는 것처럼 그렇게 가이아는 탄생하였을 것이다.

러브록의 가정처럼 실체로서 가이아가 이렇게 탄생했다면, 가이아는 생명이 있는 존재라고 할 수 있을 것이다. 그리고 생명이 있는 존재로서 가이아는 그 탄생 과정이 보여 주는 것처럼, 범지구적인 총합적 존재라고 할 수 있다. 가이아에 관한 러브록의 주장에 따라 모든 생물체들이 살아 있는 여러 부분들의 집합체라고 한다면, 인간은 여러 기관(organs)과 조직(tissues)으로 구성되어 있는 존재가 된다. 가이아 가설에 따르면, 지구의 생물들, 대기, 대양, 지표면은 모두 함께 하나의 복잡한 시스템을 형성하고 있는 하나의 생물로 간주할 수 있으며, 그 자체가 이 지구를 생명이 약동하는 쾌적한 장소로 만들고 있다는 것이다.

> 대지 윤리는 인류의 역할을 대지 공동체의 정복자에서
> 그것의 평범한 구성원이자 시민으로 변화시키며,
> 인류에게 동료 구성원에 대한 존중,
> 그리고 공동체 자체에 대한 존중을 필연적으로 수반한다.
>
> – 레오폴드

윤리적 관점에서 볼 때, 인류의 역사는 곧 도덕적으로 배려받을 자격이 있는 존재의 범위를 확장해 온 역사라고 할 수 있다. 오디세우스가 트로이 전쟁에서 돌아와 자신의 여자 노예 12명을 죽였지만, 그것이 도덕적으로 아무런 문제가 되지 않을 수 있었던 이유는 그 당시에 도덕이란 노예의 주인에게만 관련된 문제였고, 주인이 소유한 것들(노예와 토

지 같은 모든 재산)에 대해서는 적용되지 않았기 때문이다. 이후 도덕의 역사에서 여성을 포함하는 확장이 있었지만, 여전히 노예는 소유물로 인식되어 도덕의 영역에 편입되지 못했다. 더 많은 시간이 흐른 다음, 마침내 노예제의 폐지와 인종의 차이에 관계없이 오직 인간이라는 사실만을 가지고 도덕 공동체의 구성원이 될 자격을 부여받기까지 오랜 시간과 인간의 도덕적 진보가 함께 필요했다.

인종차별과 성차별의 부도덕성이 싱어의 종차별주의에 대한 비판과 동물 해방론에 도덕적 영감을 제공했듯이, 이보다 훨씬 더 일찍 레오폴드는 '샌드 카운티 연감(A Sand County Almanac, 1949)'에서 '대지(land)'가 진화론적인 관점에서 볼 때, 그리고 생태학적인 필연성의 관점에서 볼 때도 도덕·윤리의 대상과 자격이 된다는 것을 주장한다. 윤리를 진화론적 관점에서 이해했던 다윈[1]의 영향을 받은 레오폴드는 이제 '대지 그 자체'가 윤리의 대상이어야 한다고 생각했다. 즉, 윤리는 최종적으로 대지와 그 위에서 살아가고 있는 모든 존재들 사이의 관계를 다루는 방향으로 진화할 것이라 본 것이다.[2]

그의 표현을 빌리면, "최초의 윤리는 개인 간의 관계를 다루었고, 그

---

1 진화론은 인간과 자연의 이분법을 부정하고, 인간을 자연의 지배자로부터 다른 동물과 혈족 관계에 있는 '하나의 종(種)'의 지위로 바라보게 했다. 진화의 세월을 돌이켜 보면 모든 생명체는 거대한 혈족 관계이다.

2 레오폴드는 다윈의 이론, 즉 도덕으로서 동정심은 진화의 산물이며, 그 범위는 모든 인간으로부터 동물에 이르기까지 점점 확장될 것이라는 주장의 영향을 받았다. 또 그는 생태학자였던 엘튼의 이론, 즉 먹이사슬과 에너지의 순환, 생태적 지위, 생물 피라미드, 군집으로서 생명 공동체 같은 생태학적 개념의 영향을 받았다. 이와 함께 그는 러시아의 신비주의철학자 우스펜스키의 이론, 즉 "토양, 산, 하천, 대기와 같은 지구의 일부는 각각 정해진 기능을 수행하는 어떤 통합된 전체의 기관으로 간주할 수 있다. 지구는 살아 있는 존재로서 존중받을 수 있다. '죽은' 지구라는 개념이 아니라 지구가 어느 정도의 생명성을 지닌 하나의 유기체라고 보아야 한다."는 주장으로부터 중요한 영감을 받았다.

다음 개인과 사회의 관계로 확장되었다. 그러나 아직 인간과 대지, 그리고 그 위에서 살아가는 동식물과의 관계를 다루는 윤리는 없었다. 토지는 오디세우스의 여자 노예들과 마찬가지로 아직 재산일 뿐이다. 하지만 윤리가 인류 환경의 이 세 번째 영역으로 확장되는 것은 진화론적 가능성이며, 또한 생태학적 필연성이다." "아직 우리에게 대지 윤리는 없지만, 적어도 경제적 이익과 상관없이 새들이 생명에 대한 권리를 갖는다는 수준까지는 이르렀다. (여기서 더 나아가) 대지 윤리는 인류의 역할을 대지 공동체의 정복자에서 그것의 평범한 구성원이자 시민으로 변화시킨다. 대지 윤리는 인류로 하여금 동료 구성원에 대한 존중, 그리고 공동체 자체에 대한 존중을 필연적으로 수반한다."

그런데 레오폴드의 훌륭한 도덕적 영감에도 불구하고, 문제는 개별 생명들의 이익과 복지가 대지라는 전체 생명 공동체의 이익과 충돌할 때, 즉 개체의 이익과 공동체 전체의 이익이 충돌할 때, 무엇을 우선해야 하는가에 있다. 이에 대해 레오폴드는 동식물과 토양, 물을 포함하는 '생명 공동체 전체의 존속'을 지지한다.

"대지 윤리가 (동식물과 토양, 물 같은) 이들 '자원'의 개조와 관리 및 이용을 (완전히) 막을 수는 없다. 하지만 대지 윤리는 그들도 존속할 자격이 있음을, 그리고 좁은 구역이나마 자연 상태로 존속할 수 있음을 천명한다. (결론적으로 대지 윤리의 관점에서 볼 때,) 생명 공동체의 통합성(온전성)과 안정성, 그리고 아름다움을 보전하는 데 기여한다면 그것은 옳다. 그렇지 않으면 그것은 그르다."

이를 통해 우리는 레오폴드가 궁극적으로(최종적으로) 개체론적 입장이 아니라 공동체 자체에 대한 존중과 중요성을 중시하는 전체론적(전일주의적) 입장을 채택하고 있음을 확인할 수 있다. 또 대지 윤리는 생명 공동체 자체를 도덕적 배려의 대상으로 삼고 있으며, 공동체를 이루고 있는 구성원들(개체들)에 대한 배려가 '대지 피라미드'라는 유기적 체계, 즉 생명 공동체의 통합성과 안정성, 그리고 아름다움의 보전에 우선하지 않는다는 것도 확인할 수 있다. 왜냐하면 대지 윤리에서 중요한 것은 구성원 각자의 복지가 아니라 대지 공동체의 전체 건강이기 때문이다.

하지만 레오폴드의 표현, 즉 대지 윤리는 "인류의 역할을 대지 공동체의 정복자에서 그것의 평범한 구성원이자 시민으로 변화시킨다."는 생태 중심주의적 주장은 '동물 권리론'을 주장했던 리건으로부터 '환경파시즘(생태 파시즘)'이라는 비판을 받는다. 그럼에도 그의 급진적이고 새로운 의미의 환경관은 인간과 자연의 관계를 생태 중심적이고 전일주의적 관점에서 바라보고, 오늘날의 환경 운동에 사상적 기초를 제공했다는 점에서 높은 평가를 받고 있다.

존재의 전체 장(場)에서 명확한 존재론적 구분이란 불가능하다.
그것의 경계를 인정하는 그만큼 근본적이고
심층적인 생태 의식이 부족하다는 것을 표현한다.

– 폭스

심층 생태론(근본 생태론, Deep Ecology)은 레오폴드의 대지 윤리보다 더욱 실천 지향적인 생태중심주의로 알려져 있다. 내스의 심층 생태론은 현대 생태학과 동양의 선불교 전통, 미국 인디언들의 고유 문화와 서양의 스피노자와 루소, 소로, 린 화이트 등의 영향을 받았다. 심층 생태론은 내스와 세션스가 합의한 8가지 근본 강령에서 잘 표현되고 있다.

1  인간과 함께 지구상에 존재하는 모든 생명체의 번성은 내재적 가치를 지닌다. 생명체의 가치는 인간의 유용성과는 무관하다.

2  생명의 풍요와 다양성은 그 자체로서 가치를 지닌다.

3  인간은 필수적인 필요를 충족하는 데 필요한 것을 충족시키는 경우를 제외하고 생명의 풍요로움과 다양성을 해칠 어떤 권리도 지니지 않는다.

4  인류의 번영을 위해, 그리고 자연계의 번영을 위해서도 인구의 감소가 필요하다.

5  인류의 자연계와 동식물에 대한 간섭은 지나치며 상황은 급속하게 악화되고 있다.

6  더 나은 삶의 조건을 위해 정치적 변화가 필요하며, 이는 경제·기술·이데올로기의 근본적인 변화에 영향을 미칠 것이다.

7  이데올로기(이념)의 변화는 생활 수준 향상이 아니라 삶의 질이 될 것이며, 이는 '거대함'과 '위대함'의 차이를 깊이 깨닫게 할 것이다.

8  이에 동의하는 사람들은 변화를 위해 각자에게 필요한 행동을 할 의무가 있다.

이와 같은 근본 강령의 실천을 위해 심층 생태론은 자신들의 입장을 피상적인 생태 운동('피상 생태론')과 엄격하게 구별 짓는다. 내스에 따르면, 피상적인 생태 운동은 선진국 국민의 건강과 풍요를 보호하려는 것을 목표로 하기 때문에 인구나 오염 문제, 자원 고갈에 대한 반대에 집중하지만, 심층 생태론은 전체론적이고 '관계 중심적이며 전체 장(total-field) 중심적인' 입장에서 출발한다. 따라서 피상적인 환경(생태) 운동이 단기적이고 현상(증상)으로 나타나는 표면적 치료에만 관심을 갖는 반면, 심층 생태 운동은 '인간과 동물, 식물, 지구적 통일성'을 추구하는 근본적이고 영적인 특성을 띤다. 이 때문에 심층 생태론에 기초한 환경 운동은 환경 문제에 책임이 있는 인간의 근본적이고 철학적인 세계관 및 가치관의 변화를 통해 우리가 '생태 지혜'를 지녀야 한다고 강조한다.

심층 생태론의 이런 특성을 폭스(심층 생태론자)는 "존재의 전체 장(場)에서 명확한 존재론적 구분이란 불가능하다. 즉, 인간과 비인간적인 영역의 구분이라는 이분법은 존재하지 않는다. 그것의 경계를 인정하는 그만큼 근본적이고 심층적인 생태 의식이 부족하다는 것을 표현"하는 것이라고 주장한다.

심층 생태론자들이 우리가 갖고 있는 세계관과 가치관에서의 근본적인 변화를 통해 우리에게 일깨우려고 하는 것은 이른바, '큰 자아실현(Self-realization)'과 '생명 중심적 평등(Biocentric equality)'이다. '큰' 자아실현이란 자기 존재가 자연과의 상호 연관성 속에서 존재함을 깨닫는 것이며, 생명 중심적 평등이란 모든 생명이 상호 연관된 전체의 평등한 구성원으로서 본질적 가치를 갖는다는 의미이다. 즉, 내스의 '큰(대문자 S)' 자아란 '작은(소문자 s)' 자아 개념이 아니라 우주라는 '생명의 그물'

속에 그들 각각의 자아를 모두 담아내는 자아로 '자연과의 일체화를추구'하는 자아이다. 따라서 '큰' 자아는 개체주의적 자아가 아니라 관계적 자아이며 전체론적인 자아로, "모든 자연과의 일체화를 추구"하는 자아이다. 또 생명 중심적 평등이란 "모든 유기체와 생태권에 존재하는 모든 실재는 상호 연관된 전체의 한 부분이기 때문에 본질적 가치에서 동등하다."는 뜻이다.

하지만 대지 윤리처럼 심층 생태론 또한 생태 파시즘이라는 비판에서 자유롭지 못하다는 비판을 받는다. 즉, 생명 공동체의 선을 우선하기 때문에 환경 파시즘 또는 인간 혐오주의로 비춰진다는 것이다. 또 인도의 한 생태학자는 심층 생태론을 후진국의 빈민과 농부들에게 적용할 경우 끔찍한 결과를 초래할 것이라 비판한다. 예를 들어, 생명 중심적 평등에 기초하여 야생 자연 지역을 보전하기 위한 정책을 도입하면 인도의 가난한 사람들은 그 지역에서 쫓겨날 것이다. 이 때문에 심층 생태론은 서구 제국주의 논리라는 비판도 함께 받는다.

생활과 윤리: 20개 주제로 더 넓고 깊게 읽기

# 죽음을 바라보는
# 동양의 몇 가지 시선

---

## PART 05

**공자**

아직 삶을 모르는데 어떻게 죽음을 알겠는가?

**장자**

진인(眞人)은 삶을 즐거워할 줄도 모르며
싫어할 줄도 몰라서 삶을 기뻐하지도 않지만,
죽음을 부정하지도 않는다.

**석가모니**

태어남이 괴로움이고, 병듦과 늙음도 괴로움이며,
죽음 또한 괴로움이다.

〈백세인생〉(이애란)이란 대중가요가 있다. "육십 세에 저세상에서 날 데리러 오거든 아직은 젊어서 못 간다고 전해라. (중략) 구십 세에 저세상에서 날 데리러 오거든 알아서 갈 테니 재촉 말라 전해라. 백 세에 저세상에서 날 데리러 오거든 좋은 날 좋은 시에 간다고 전해라." 노랫말 그대로 지금은 백 세를 이야기하는 것이 자연스럽다.

그렇더라도 이제 십대 후반을 살아가고 있는 우리 학생들에게 죽음이란 낯선 주제일 수 있다. 물론, 할머니·할아버지의 죽음, 예상치 못했던 부모님의 죽음이나 친구의 죽음처럼 이미 주변에서 간접적으로 죽음을 경험한 학생도 있을 것이다. 그런데 우리는 죽음을 뜻밖에도 논리를 주제로 한 학교 수업이나 독서를 통해 이미 익숙하게 이야기해 왔다. 즉 "모든 인간은 죽는다. 소크라테스는 인간이다. 그러므로 소크라테스는 죽는다."처럼 우리는 '죽음'이란 용어를 우리가 의식하지 못하는 순간에 수시로 사용해 왔다. 그럼에도 죽음이 우리에게 상대적으로 낯선

이유는 '죽음'이란 단어가 연역 논증(또는 삼단논증)이라는 논리 공부에 가려져 우리의 주요 관심사가 되지는 못했기 때문이다.

하지만 생명(삶)이란 단어와 함께 죽음이란 단어는 동·서양을 가리지 않고, 고대로부터 지금까지 우리의 주요 관심사였다. 여기에 기대수명이 늘어나면서 최근에 와서는 죽음을 학문적으로 연구하는 '죽음학'까지 새롭게 등장하고 있다. 누구나 예외 없이 단 한 번 맞이할 수밖에 없다는 점에서 일회적이고 보편적이며, 평등한 사건인 죽음을 이 장에서는 동양의 죽음, 서양의 죽음, 그리고 사형제도로서의 죽음을 통해 살펴본다.


### 아직 삶을 모르는데 어떻게 죽음을 알겠는가?

– 공자


서양 사상과 달리 도가·도교를 비롯한 유학·유교의 동양 사상은 현세 지향적 성격이 강하다. 이 때문에 유일신을 중심으로 현세의 삶은 물론, 죽음과 내세의 삶까지 설명하려는 서양 종교와 달리 동양 사상에서는 죽음에 관한 이야기가 덜 언급되어 있다. 이는 죽음 자체에 대해 공자가 『논어』에서 적극적으로 언급하고 있지 않다는 점에서도 확인할 수 있다. 죽음에 관한 공자의 생각은 감히 죽음에 대해 묻는 제자 자로의 물음에 "아직 사람을 섬기지 못하는데 어떻게 귀신을 섬길 수 있으며, 아직 삶을 모르는데 어떻게 죽음을 알겠는가?"라는 답에 잘 드러나

생활과 윤리: 20개 주제로 더 넓고 깊게 읽기

있다. 공자의 이 말은 그가 죽음을 소홀히 했다거나 부정했다는 뜻이 아니라 삶을 살아가는 우리에게 죽음보다 더욱 중요한 문제가 있는데, 그것은 지금 여기에서 우리의 삶을 도덕적으로 완성하고자 하는 태도라는 뜻이다. 공자의 "아침에 도(道)를 들으면 저녁에 죽어도 좋다."는 이것을 두고 한 말이다.

공자는 70세가 되어서 비로소 "내가 하고 싶은 대로 해도 도리(규범)에 어긋나지 않았다."라고 했는데, 이는 공자가 살아 있는 동안, 그리고 사람으로서 추구해야 할 것이 무엇이었는지를 잘 보여 준다. 그것은 그가 추구하고 실현하고자 했던 도덕적 인간으로서 도덕적인 삶, 즉 인간다움으로서 인(仁)의 실현이었다. 따라서 그에게 죽음보다 중요한 가치를 지니는 것은 삶의 도덕성이었음을 알 수 있다.

그렇다고 공자가 죽음(귀신)을 무시하거나 죽음으로부터 도망(또는 부정)하려 한 것은 아니다. 오히려 공자는 제자 안회의 죽음에 대해 "아! 하늘이 나를 버리시려 하는구나. 하늘이 나를 버리시려는 거야."라고 탄식하면서 제자들이 듣기에도 지나치다고 말했을 정도로 슬프게 곡(哭, 울다)을 했다. 이에 대해 공자는 "지나치다고? 내가 이 사람을 위해서가 아니면 누구를 위해서 슬퍼하겠는가."라고 말했다. 우리는 공자의 곡을 통해 되돌릴 수 없는 죽음이라면, 하늘의 뜻[천명(天命)]이기 때문에 공손하게 받아들여야 하지만, 죽음 앞에서 우리가 지녀야 할 태도는 무엇보다 진정으로 슬퍼하는 마음가짐이라는 점을 배울 수 있다.

이 때문에 공자는 "예(禮)는 사치하기보다는 차라리 검소해야 하고, 상(喪, 초상)에는 잘 치르기보다는 차라리 슬퍼해야 한다."고 가르쳤다. 또 이 말에는 죽은 사람일지라도, 마치 산 사람을 대하듯 예를 갖추어 한결같이 섬겨야 한다는 뜻의 '사람으로서 근본 도리'가 담겨 있다. 공자가 3년상이 너무 길다고 불평하는 제자 재아를 두고 "어질지 못하구나." 하면서 안타까워했던 것도 사람의 기본 도리[예(禮)]를 염두에 두고 있었기 때문이다.

삶과 죽음에 대한 공자의 이러한 태도는 그가 이 두 문제에 대해 '지나치거나 모자라지 않으려고' 했던 모습을 보여 준다. 다시 말해 죽음과 귀신, 죽음 이후의 세계를 완전히 부정하게 되면 죽은 자(조상, 스승, 친구 등)를 추모하지 않아 사람의 도리를 잊게 되고, 죽음 이후를 지나치게 강조하게 되면 현실의 삶을 가치 없거나 헛된 것으로 여길 수 있는 문제를 경계한 것이다. 그리고 죽음에 대한 그의 태도에서도 그가 한결같이 추구했던 사람됨의 도리, 즉 인간다움으로서 정명(正名)과 인(仁)을 발견할 수 있다.

이처럼 삶과 죽음의 문제를 도덕성(또는 인간다움)과 연계해 이해했던 공자의 생각은 "뜻이 있는 선비[지사(志士)]와 어진 사람[인인(仁人)]은 삶에 연연하여 인(仁)을 해치지 않으며, 오히려 자신의 죽음을 무릅쓰고 인(仁, 올바름)을 이룬다[살신성인(殺身成仁)]."는 선언에 잘 표현되고 있다.

진인(眞人)은 삶을 즐거워할 줄도 모르며
싫어할 줄도 몰라서 삶을 기뻐하지도 않지만,
죽음을 부정하지도 않는다.

– 장자

공자의 유가가 죽음에 대해 인간의 '자연적 감정'의 표현으로서 애도(哀悼, 사람의 죽음을 슬퍼함)와 그에 따른 형식으로서 예(禮)를 강조한 반면, 도가의 장자는 오직 자연의 순환이라는 자연적 질서 개념으로 받아들일 것을 주장한다. 장자에게 가장 이상적인 삶이란 "인위(人爲)로 자연(自然)을 조장하지 않는 진인(眞人)의 삶이다." 그리고 그에게 진인, 즉 "참된 사람이란 삶을 즐거워할 줄도 모르고, 죽음을 싫어할 줄도 몰라서 자신이 생겨난 것을 기뻐하지도 않고, 자신이 죽음의 세계로 들어가는 것에 저항도 하지 않으며, 단지 걸림이 없이 가고 조용히 올 뿐인 사람이다."

왜냐하면 자연이란 "나에게 몸을 맡겨 주고, 나를 생명을 통해 나를 수고롭게 하고, 늙음으로써 나를 편안하게 하고, 죽음으로써 나를 쉬게 하는 것이기 때문에 내 생명이 좋은 것이라면, 그 때문에 내 죽음 또한 좋은 것으로 여겨야 한다." 따라서 삶(생명)에 대해서 즐거움과 슬픔의 감정이 필요하지 않듯이, 죽음에 대해서도 슬픔과 즐거움의 감정이 개입할 필요가 없다. 왜냐하면 삶과 죽음이란 자연 또는 도(道)의 관점에서 보면, 단지 존재하는 방식이 다른 것일 뿐이기 때문이다. 장자의 이런 입장은 자상호, 맹자반, 자금장이라는 세 친구가 함께 생활하다 일찍 죽은 자상호를 앞에 두고 두 친구가 "아, 상호여! 그대는 이미 참된 세계로 돌아갔는데, 우리는 여전히 사람일 뿐이네." 하면서 가야금을 뜯고 노래를 불렀던 것도 죽음을 유가의 애도와 예(禮)의 관점이 아니라 자연의 관점에서 바라보아야 한다는 역설적 가르침이다. 즉, 유가의 입장에서 보면 죽음이 마땅히 슬퍼해야 할 일이지만, 도가의 입장에서 보면 자연스런 하나의 과정이기 때문에 유가의 슬픔과 반대되는 노래 부르기를 통해 죽음이 계절의 순환처럼 자연적인 과정임을 일깨우는 것이다.

장자의 이런 의도는 자신의 아내가 죽었을 때 항아리를 두드리면서 노래를 불렀던 자신의 행위에서도 그대로 드러난다. 자신의 이런 행동을 꾸짖던 친구 혜시에게 장자는 "처음에 삶이란 없었고, 몸도 없었지. 아니, 몸을 이루는 기(氣)도 없었어. 그런데 언제 무엇인지 알 수 없는 것이 저절로 혼합되고, 그것이 변화하여 기(氣)가 되었고, 그 기가 변하여 저 사람(아내)의 몸이 된 것이네. 그 몸이 생겨 삶이 시작되었고, 그 삶을 살던 저 사람은 이제 다시 변하여 죽은 것이지. 이것은 봄 · 여름 · 가을 · 겨울이라는 계절의 순환처럼 자연스런 변화이지. 그래서 슬픔을 멈춘 것이라네. 저 사람은 대자연의 큰 쉼터에서 쉬고 있는 거야." 라고 답한다. 그에게 참된 삶, 즉 "성인(聖人)의 삶이란 살아 있을 때는 하늘이 정해 놓은 대로 무심하게 행동하고, 죽을 때는 물(物)의 변화에 따라 자연스럽게 사라져 가는 삶이다." 달리 말하면, 자연의 때에 맞추어 오고, 자연의 때에 맞추어 가는 것이 천명(天命, 자연의 흐름)을 따르는 삶이다.

그렇기 때문에 "때에 맞추어 살아 있을 때 편안하고, 자연에 따르면 슬픔과 즐거움의 감정이 들어오지 못하게 되며", 이러한 삶을 살아가는 이상적인 사람인 "지인(至人)은 무기(無己)하고, 신인(神人)은 무공(無功)하며, 성인(聖人)은 무명(無名)한 것이다." 그러므로 사람의 삶과 죽음에는 기쁨과 즐거움 같은 우리의 마음이나 생각이 조금이라도 들어설 여지가 없고, 그것은 단지 자연스런 변화 과정일 뿐인 것으로 바라보아야 한다. 장자가 일반 대중들이 삶을 좋아하고, 죽음을 싫어하는 것에 대해 반대로 죽음은 좋은 것이고 삶은 고통스런 것이라는 역설의 논리를 통해 삶과 죽음에 관한 일반인들의 잘못된 생각을 꼬집어 일깨우는 우화가 있다.

장자가 뼈만 앙상하게 남은 해골을 보고, "살고자 했던 지나친 욕심에 잘못된 양생법을 따라서 그렇게 되었느냐? 아니면 나라를 위기에 빠뜨린 죄를 지어 그렇게 되었느냐? 그것도 아니라면 죄를 지어 부모님을 욕되게 하지 않으려고 스스로 목숨을 끊어 그렇게 되었느냐?"라 묻는다. 그런데 그날 밤 장자의 꿈에 해골이 나타나 "네가 말하는 그것들이 모두 세상에 살고 있는 인간들의 괴로움이다. 죽으면 아무것도 없지. 너는 죽은 자의 기쁨에 대해 들어 보았느냐? 죽으면 섬길 임금도 없고, 부릴 신하도 없어 유유히 마음 내키는 대로 영원한 천지를 수명으로 삼지. 내가 어찌 왕의 즐거움보다 더 훌륭한 이 즐거움(지극한 즐거움)을 버리면서까지 다시 인간세계로 돌아가 그 고통을 겪겠는가?"라는 말로 우리를 깨우친다.

이미 노자는 『도덕경』에서 "반대 방향을 향해 움직이는 것이 도(道)가 운동하는 모습"이라고 했는데, 이는 기(氣)의 운동, 즉 만물을 생성하고 소멸시키는 부단한 변화 과정을 설명하는 적절한 표현이라 할 수 있다. 삶과 죽음에 문제에 대해서도 노자와 장자는 오직 "자연의 균형[천균(天均)]", 즉 '도(道)와 일치하는가'만을 염두에 두었다.

태어남이 괴로움이고, 병듦과 늙음도 괴로움이며,
죽음 또한 괴로움이다.

− 석가모니

불교에서 죽음의 의미는 불교의 근본 원리인 연기(緣起)와 무아(無我)를 토대로 이해할 수 있으며, 이와 함께 업(業)과 윤회(輪廻)와도 관련된다. 초기 불교에서는 '죽음 그 자체(마라나)'란 "중생들로부터의 없어짐, 옮겨 감, 단절(나타나지 않음), 사라짐, 죽음, 행위의 순간(수명을 다함), 쌓임[모임, 온(蘊)]의 부서짐(파괴), 신체의 포기, 목숨 기능의 단절"을 의미했다. 여기서 죽음을 '신체의 포기'나 '목숨 기능의 단절'이라는 "하나의 생명 기능이 끊어지는 것"으로 이해하는 것은 우리가 일반적으로 말하는 죽음, 즉 생물학적인 죽음을 가리킨다. 그런데 '한 곳에서 다른 곳으로 사라져 옮겨 감', '쌓임의 부서짐'을 의미하는 죽음은 생물학적인 죽음 그 이상의 의미를 지닌다.

이 때문에 불교 대사전(Buddhist dictionary, 1998)에서는 죽음을 "사람 · 동물 · 자아처럼 개념적으로 이름이 있는 것들의 생명 기능이 사라지는 것을 의미한다. 그러나 더 정확히 말하면, 죽음이란 육체적 · 정신적 조화가 매순간에 사라지고, 소멸하는 것의 지속적인 반복을 말한다. 따라서 죽음은 매순간 일어난다."고 설명한다. 그러므로 우리 마음이 일어나고 사라지는 순간(瞬間, 극히 짧은 시간)마다 삶과 죽음은 마치 수레바퀴가 굴러가는 것처럼 반복적으로 순환하는 연속적인 과정이기 때문에 찰나(刹那, 어떤 일이나 사물 현상이 일어나는 바로 그때)처럼 짧은 것이라 할 수 있다. 이처럼 의식이 존재하고 사라지는 그 짧은 순간마다 삶과 죽음은 반복되는 것이다.

하지만 우리는 '죽음'에 대해 말할 때, 생물학적으로 한 존재가 태어나 일정한 시간 동안 기능을 지속하다가 마침내 그 활동을 영원히 마치는 것으로 이해하는 경향이 강하기 때문에 불교에서 말하는 찰나로서 죽음들을 깨닫지 못하는 삶을 살면서 윤회를 연속하고 있는 것이다. 이러한 이유 때문에 초기 불교에서는 "궁극적인 의미에서 인간의 수명은 매우 짧다. 그것은 오직 하나의 마음이 일어나는 동안 만큼이다. 그것은 마치 수레바퀴가 계속해 굴러가면서 땅을 딛고 있는 바로 그 순간만큼 짧은 것이다." 또한 그렇기 때문에 우리가 일반적으로 말하는 '태어나서 죽을 때까지' 변함없이 연속적인 과정으로서 삶이란 주장은 불가능하다.

그렇다면 왜 우리는 찰나의 순간이 바로 우리의 삶이라는 사실을 깨닫지 못하고 고통 속에서 또 다른 고통 속으로 빠져드는 악순환을 계속하는가? 그 이유를 초기 불교에서는 12연기와 윤회(輪廻)로써 설명한다. 12연기란 우리 인간이 안에 갖고 있는 6가지 감각 요소[눈, 귀, 코, 혀, 몸, 의(意)]와 이것에 대응하는 밖의 6가지 감각 요소[형색, 소리, 냄새, 맛, 감촉, 법(法)]를 말한다.

그런데 이 12가지는 모두 조건으로 발생하기[연기(緣起)] 때문에 단지 무상(無常)한 것인데, 오온(五蘊, 색수상행식)으로서 인간은 "탐욕을 버리지 못하고, 성냄을 버리지 못하고, 어리석음을 버리지 못하여" 연속하여 끊임없이 흐르는 무아의 윤회로부터 자유롭지 못한 삶을 살아간다. 이를 두고 부처는 "괴로움을 말하는 성스런 진리가 있으니, 태어남이 괴로움이고, 늙음 또한 괴로움이며, 죽음 또한 괴로움이다. 싫어하는 대상과 만나는 것도 괴로움이고, 좋아하는 대상과 헤어지는 것도 괴로움이다. 원하는 것을 얻지 못하는 것도 괴로움이다. 요컨대 취착(取着, 좋아하는 것을 취하고 싫어하는 것을 버림)의 대상이 되는 오온 자체가 괴로움이다."라고 가르쳤다.

초기 불교에서 윤회란 지금 여기의 삶이 다음 삶으로 연결되어 다시 태어나는 것, 즉 재생(rebirth, 다시 존재함)을 가리킨다. 따라서 우리가 5온과 12연기에 대한 갈애(渴愛)와 무명(無明)으로부터 자유롭지 못하는 한 끊임이 없는 연속적 재생으로서 윤회를 피할 수 없다. 그리고 윤회가 무아(無我)인 것들이 서로를 조건 지으면서 일어나고 소멸하는 연기적 흐름의 연속이기 때문에 '진정한' 죽음을 통해서만 자유, 즉 해탈에 이를 수 있다. 이 때문에 부처는 우리에게 "오염을 일으키고, 재생을 야기하고, 근심을 수반하고, 고통스런 결과를 초래하고, 미래의 태어남과 늙음, 죽음을 가져오는 악하고 올바르지 못한 것들을 버리도록" 가르쳤다. 즉, 고통의 원인이 되는 물질적·감각적 욕망인 탐진치(貪瞋痴)를 쌓는 [온(蘊)] 행위[업(業)]를 완전히 소멸하게 함으로써 아라한과(수행을 완수하여 모든 번뇌를 끊고 다시 생사의 세계에 윤회하지 않는 아라한의 자리로서, 소승 불교의 궁극에 이른 첫 번째 지위)에 이를 것을 가르친 것이다.

부처의 가르침처럼, "태어나서 죽지 않을 수 있는 방법은 없다. 다익은 과일이 떨어질지 모른다는 두려움에 처하듯, 잘 빚어낸 옹기가 마침내 깨어지게 마련이듯 모든 생명의 운명은 이런 것이다." 죽음이 피할 수 없는 것이기는 하지만, 죽음으로부터 벗어날 수는 있다. 즉, 팔정이다. 붓다의 열반에 이르는 여덟 가지 방법[팔정도(八正道)]을 줄이면 세 가지 공부, 즉 '계정혜'가 된다. 이는 깨달음에 이르려는 자가 반드시 닦아야 할 세 가지 수행으로, 계율을 지켜 실천하는 계(戒), 마음을 집중·통일시켜 산란하지 않게 하는 정(定), 미혹을 끊고 진리를 주시하는 혜(慧)가 그것이다. 더 쉽게 말하면, 계는 몸과 마음으로 잘못을 저지르지 않으려는 노력으로 정과 혜의 기초가 된다. 정이란 번뇌가 들어오지 못하도록 고요한 가운데 진리를 관찰하는 것이며, 혜란 연기의 이치에 따라 세계의 진실된 모습을 있는 그대로 깨닫는 것이다.

이를 실천함으로써 연속적이고 반복적인 죽음과 윤회의 고통으로부터 벗어날 수 있다는 것이 또한 부처의 가르침이다. 부처는 "주시[마음챙김(새김), 념(念)]와 집중[정(定)], 그리고 지혜[혜(慧)]의 능력을 가지고 (윤회의 원인이 되는) 태어나고, 늙고, 죽는 것의 소멸(끝)"을 깨우쳐 주었다. 반복적인 태어남과 죽음의 멈춤(끝), 즉 감각적·물질적인 것에 대한 탐욕을 없애고, 이것에서 벗어나는 것을 가리켜 해탈(열반)이라고 부른다. 열반이란 "탐냄의 소멸, 성냄의 소멸, 어리석음의 소멸이다."


많은 생을 윤회하면서 집 짓는 자를 찾아 나는 부질없이 치달려 왔다.

거듭되는 태어남은 괴로움이었다.

집 짓는 자여! 마침내 그대는 드러났구나.

그대 다시는 집을 짓지 못하리라.

그대의 모든 골재들은 무너졌고, 집의 서까래는 해체되었도다.

이제 마음은 업 형성을 멈추었고, 갈애의 부서짐을 성취하였다.

# 죽음을 바라보는
# 서양의 몇 가지 시선

|

## PART 06

### 플라톤
철학자란 죽는 일의 실천에 몰두하는 사람이며,
따라서 모든 사람 가운데 죽음을 가장 덜 무서워하는 사람이다.
그는 순수하게 지혜를 인식(발견)할 수 있다는 굳은 확신을 가진 사람이다.
그에게 죽음이란 육체의 쇠사슬로부터 영혼이 해방되고 정화되는 것이다.
그러므로 죽음은 두려운 것이 아니다.

### 에피쿠로스
우리에게 죽음이란 아무것도 아니다.
분해되고 해체된 것에는 감각이 없고,
감각이 없는 것은 우리에게 아무런 의미를 지니지 않기 때문이다.

철학자란 죽는 일의 실천에 몰두하는 사람이며,
따라서 모든 사람 가운데 죽음을 가장 덜 무서워하는 사람이다.
그는 순수하게 지혜를 인식(발견)할 수 있다는 굳은 확신을 가진 사람이다.
그에게 죽음이란 육체의 쇠사슬로부터 영혼이 해방되고 정화되는 것이다.
그러므로 그에게 죽음은 두려운 것이 아니다.

– 플라톤

"영혼에 관하여"라는 부제가 붙은 플라톤의 『파이돈』은 죽음과 '영혼의 불멸'을 주제로 하고 있다. 그 배경은 소크라테스에게 사형이 집행되기 하루 전날, 그가 갇혀 있는 감옥에서 그에게 울부짖는 그녀의 아내 크산티페를 나가게 한 다음, 동료들과 나눈 대화의 내용들이다. 소크라테스의 죽음이 있은 후, 그가 죽음 앞에서 어떤 모습이었는지를 묻는 물음에 파이돈(소크라테스의 도움으로 노예에서 자유인이 된 후 그 아래에서 철학을 공부함)은 "그분은 조금도 두려운 빛이 없이 죽었고, 그의 말과 태도는 너무나 고귀해서 신의 축복을 받은 것처럼 느껴졌으며, 만약 그곳에 행복한 사람이 한 사람이라도 있었다면 그것은 분명 소크라테스였을 것"이라고 전한다.

철학은 죽음을 향한 연습이라는 소크라테스의 명제는 자살에 관한 그의 입장에서부터 시작한다. 소크라테스는 "철학의 정신을 지닌 사람은 누구나 죽기를 원한다. 그렇다고 이것이 자기 목숨을 스스로 끊어도 된다는 것을 말하는 것은 아니다. 왜냐하면 그것은 옳지 않기 때문이다." 또 그것이 옳지 않은 이유는 "신은 우리의 보호자이고, 우리는 신의 소유물이기 때문이다." 소크라테스는 자살을 하면 안 되는 이유에 대해 자신(주인)의 소유물인 소나 당나귀가 주인의 허락 없이 자살을 할 경우, 어떤 주인이든 벌을 줄 수만 있다면 반드시 벌을 줄 것이라고 주장한다. 마찬가지로 자신의 주인인 신이 부를 때까지 인간은 마땅히 기다려야 하고, 그렇기 때문에 자살은 안 된다는 것이다.

그런 다음, 소크라테스는 동료들에게 나는 "죽음 후에도 어떤 미래가 기다리고 있으며, 특히 선인(善人)에게는 악인(惡人)보다 훨씬 더 좋은 미래가 기다리고 있다고 확신한다."고 전한다. 이것은 그가 죽음 앞에서 의연하고 평온했던 이유이기도 하다. 이런 신념에 따라 소크라테스는 "나는 그대들에게 진정한 철학자라면 죽음이 왔을 때 기쁜 마음을 지녀야 할 충분한 이유가 있고, 또 죽은 후에는 저세상에서 가장 큰 선을 얻을 것이라는 희망"을 품을 줄 알아야 한다고 가르친다.

이러한 믿음을 갖도록 하기 위해 소크라테스는 먼저 죽음에 대해 올바로 이해할 것을 요구한다. 그는 진정한 철학자라면 영혼의 활동을 방해하는 의복 같은 겉치레에 신경 쓰지 않아야 한다고 강조한다. "철학자란 누구보다도 가능한 한 영혼을 육체와의 결합으로부터 떼어 놓으려는 사람"이기 때문이다. 즉 육체에 관해 생각하지 말고, 영혼에 관해 생각하라는 것이다. 이러한 생각의 바탕에는 참된 것의 모습은 겉으로 드러나는 것이 아니라 사유를 통해 드러날 수 있다는 생각이 깔려 있다.

왜냐하면 사유란 감각(시각·청각)이나 고통/쾌락이 정신을 전혀 괴롭히지 않게 될 때 가장 확실하게 가능하기 때문이다. 달리 말해 "영혼이 육체적 감각이나 욕망을 전혀 갖지 않고, 오직 참된 존재만을 갈망할 때, 가장 잘 사유할 수 있기 때문이다." 이처럼 철학자는 영혼을 육체로부터 자유롭게 함으로써 '아름다움 자체', '선 자체', 즉 '정의(올바름, 본질, 진리)' 자체를 탐구하려는 사람이다. 이 때문에 소크라테스는 우리에게 육체로 인해 나오게 되는 정욕, 어리석음, 전쟁, 공포, 돈처럼 "진리를 보지 못하게 하는" 방해물에서 벗어날 것을 주문한다. 즉 "순수하게 인식하려면 육체를 떠나야 한다."는 가르침이다. "영혼이 그 자체로 돌아갈 때 비로소 사물들을 올바로 인식할 수 있다. 바로 이 지혜가 우리의 애인이다."

하지만 우리는 이와 같은 지혜에 살아 있는 동안이 아니라 죽은 후에 이를 수 있다. 왜냐하면 영혼이 육체와 함께 있는 동안은 순수한 인식을 가질 수 없기 때문이다." 즉, 영혼은 육체의 어리석음에서 벗어날 때 순수하게 밝은 빛을 얻을 수 있는 것인데, 이것은 영혼이 육체에서 분리되고 독립되는 죽음 이후에야 가능하다는 뜻이다. 이처럼 정화(淨化, 즉 지혜)는 영혼이 육체의 무지로부터 해방(자유롭게)될 때, 즉 육체의 사슬로부터 완전히 벗어남으로써 가능하다. 그러므로 철학자는 누구보다 죽음을 두려워하지 않아야 하고, "죽음을 연습하는 일에 몰두해야" 하며, 이를 통해 순수한 지혜를 발견할 수 있다는 확신을 지녀야 한다. "죽음을 주저하는 자는 지혜를 사랑하는 자가 아니다." "모든 것들과 바꿀 수 있는 유일하고도 진정한 화폐는 지혜이다. 우리는 이것을 지님으로써 용기와 절제, 정의라는 참된 덕을 지닐 수 있다."

소크라테스는 육체와 영혼의 분리를 정당화하기 위해 '상기(想起)'[1] 개념을 도입하고, 이로부터 영혼 불멸로 논의를 진전시킨다. 예를 들어 어떤 사람이 '무엇인가를 떠올렸다'고 한다면, 이것은 그가 그 이전에 배워서 안 것이 이미 있었음을 전제하고 있는 것이다. 이 때문에 그는 이전의 것과 '닮은 것(또는 잘못하여 닮지 않은 것)'을 보고(감각) 이전에 배운 것을 떠올릴 수 있었던 것이다. 우리의 생각을 좀 더 확장하면, 즉 일상에서의 '닮음', '같은 것'보다 훨씬 멀리 밀고 나가게 된다면, 우리는 '닮은 그 자체', '절대적 같음'을 의미하는 '본질'에 대한 '인식'을 갖고 있다고 가정해야 할 것이다. 왜냐하면 이 '본질'을 전제하지 않고서는 인식이 사실상 불가능하기 때문이다. 또 만약에 이 본질을 전제하게 된다면, 지금 여기의 현실에서 보고 느끼고 감각하는 것들은 모두 '절대적 같음' 그 자체가 아니라 그것을 '닮아 있는' 것이라고 해야 한다.

어찌 되었든 우리는 '그 자체'로서 본질을 전제해야만 지금의 현실에 존재하는 것들을 판단하고 평가할 수 있는 기준을 갖게 된다. 그리고

---

1  상기란 인간의 영혼이 참된 지식인 이데아를 얻는 과정으로, 소크라테스와 플라톤은 인간의 영혼은 태어나기 전에 보아 온 이데아를 되돌아봄으로써 참된 인식에 도달한다고 주장한다.

우리가 감각하고 있는 현실의 것들은 모두 그것(본질)을 닮아 있는 것이지, '그것 자체'일 수는 없다는 결론이 나온다. 이 때문에 우리는 '본질'을 말하기 위해 우리가 태어나기 전으로 거슬러 올라가야 한다. 그리고 태어나기 이전부터 우리의 영혼은 이미 모든 관념(개념)들을 갖고 있다고 가정해야 한다. 그것이 사물이든, 아름다움이든, 선이든 상관없이 '그것 자체'를 지니고 있었다는 것이다. 그러므로 우리가 "어떤 것을 떠올린다."는 말은 곧 본래 가지고 있던 지식을 회상 또는 상기하는 것이라고 받아들여야 한다. 또 우리가 태어난 다음 배워서 알게 되는 것은 모두 단지 '닮은' 지식이지, '그것 자체'에 관한 지식일 수는 없다.

왜냐하면 어떤 것을 '그것'이라고 말하기 위해서는 '그것 자체'라는 절대적 기준을 전제하지 않으면 불가능하기 때문이다. 그러므로 우리의 '영혼'은 우리가 태어나기 이전부터 이미 '그것 자체'에 대한 인식을 갖고 있었다고 해야 할 것이다.

이러한 논리에 기초해 소크라테스는 영혼 대 육체라는 이분법을 활용해 영혼 불멸에 대한 신념으로 자신의 논의를 확장해 나간다. 소크라테스에 의하면, 존재하는 것들은 두 종류가 있는데, 하나는 감각 기관을 활용해 보고 느낄 수 있는 것(유형)들로, 이것들은 모두 '불완전', '변화', '소멸하는 것', '닮은 것'들에 속한다. 그리고 이것들과는 반대되는 것, 즉 '눈에 보이지 않는 것(무형)', '변하지 않는 것', '영원한 것', '신적인 것'이 있다. 이것을 인간에게 적용하면, '육체'는 전자에 속하고, '영혼'은 후자에 속한다. 그런데 현실적 삶에서 영혼은 앎(인식)을 위해 육체를 수단으로 활용하기 때문에 육체에 이끌리고 휩쓸리게 되어 방해받고 방황할 위험성이 매우 높다. "그러나 영혼이 제정신으로 돌아와 고요하게 생각할 때면, 순수하고 영원불멸하는 세계, 즉 불변하는 세계로 들어가게 된다. 영혼이 자기 본연의 모습으로 돌아간다면, 이것은 곧 영혼과 동일한 것이므로 영혼은 언제나 불변하는 것들과 함께 있게 된다. 이로써 영혼이 잘못된 길(미망)에서 벗어나 영원한 것과 접촉하게 되는데, 이런 상태를 '지혜'라고 부른다."

이렇게 볼 때, "영혼은 신적인 것을 가장 닮고 영원불멸하며, 예지(叡智, 사물의 이치를 꿰뚫어 보는 지혜롭고 밝은 마음)적이며, 분해되지 않고 불변하는 것이지만, 육체는 사멸할 인간을 닮아 분해(썩음, 소멸)되고 변화하며, 가변적인 것이다." 그러므로 영혼은 죽음이 오면 "순수하고 영원한 곳, 선하고 지혜로운 신이 계신 곳으로 간다." 이처럼 일생을 육체의 감옥으로부터 자유롭고자 했던 영혼, 즉 진정으로 철학적인 영혼은 언제나 죽음을 연습해 온 영혼이다. 이것이 "철학은 죽음을 연습하는 것"이라는 말의 의미이다.

소크라테스는 영혼이 가장 자유롭지 못한 때를 육체에 의해 쾌락과 고통의 감정이 격렬하게 일어나 영혼을 속박하고 있는 상황으로 묘사한다. 그는 "모든 쾌락과 고통은 마치 뾰족한 못과 같아서 영혼을 육체에 결박해, 마침내 영혼을 육체와 닮게 함으로써 영혼을 육체가 이끄는 대로 따라가게 한다."고 지적하면서, 이를 물리치기 위해서는 "참으로 지식을 사랑하는 사람으로서 절제, 용기가 필요"하다고 강조한다.

"나의 벗들이여, 영원불멸하는 영혼을 소홀히 하는 것은 매우 위험한 일이다. 만약에 죽음으로 모든 것이 끝나 버린다면, 악인(惡人)은 오히려 죽음 때문에 더 많은 이익을 얻게 된다는 말이 된다. 왜냐하면 죽음과 함께 육체와 영혼이 모두 끝나 버리기 때문이다. 하지만 영혼이 불

생활과 윤리: 20개 주제로 더 넓고 깊게 읽기

사라면, 구원을 얻는 길은 가장 선하고 가장 지혜롭게 되는 것밖에 없다. 영혼이 하데스(unseen, 보이지 않는)에게 갈 때는 그의 교양과 그가 수련한 것만을 가지고 갈 것밖에 없기 때문이다."

이 때문에 소크라테스가 마지막으로 자신의 벗들에게 부탁한 것은 "자신을 돌보라."는 것이었다. 또 "내가 독약을 마시고 죽으면 축복받은 사람들이 있는 곳으로 가서 그 기쁨에 참여하게 될 것"이기 때문에 내가 죽은 다음, 매장할 때는 단지 "나의 육체만을 묻은 것이라고 말해야 한다."고 주문한다. 즉, 자신의 죽음에 대해 슬퍼하거나 고통스러워할 필요가 없다는 뜻이다. 마침내 독약이 소크라테스의 심장에 퍼졌을 때, 그가 남긴 마지막 말은 "크리톤, 아스클레피오스에게 닭 한 마리를 빚졌네. 기억했다가 갚아 주게."였다. 의술의 신에게 닭 한 마리를 바친다는 그의 마지막 말은 육체에 갇힌 영혼이 비로소 영원한 세계에 들어 불변하는 것들과 함께하게 된 것, 즉 영혼의 치료에 감사한다는 의미로 이해할 수 있다. 이것이 소크라테스가 탈옥을 통해 죽음에서 벗어날 수 있는 기회가 있었음에도, 기어코 의연한 모습으로 죽음을 맞이한 가장 근본적인 이유이다.

우리에게 죽음이란 아무것도 아니다.
분해되고 해체된 것에는 감각이 없고,
감각이 없는 것은 우리에게 아무런 의미를 지니지 않기 때문이다.

— 에피쿠로스

에피쿠로스는 죽음을 신(神)의 영향으로부터 완전히 벗어나게 함으로써 죽음을 두려워할 필요가 전혀 없는 것으로 만들었다. 그리고 그로 하여금 이것을 가능하게 해 주었던 것은 유물론자로서 그의 물질에 관한 믿음이었다. 그는 인간의 정신을 아무런 흠도 잡을 수 없을 만큼 매끈한 가장 작은 둥근 물질이라고 묘사한다. 그런데 둥근 원자인 이 물질은 감각적이고 합리적인 부분도 갖고 있다. 에피쿠로스에 의하면, 우리의 몸 전체를 이루고 있는 이 물질로서 원자는 죽음이 왔을 때 자기 기능을 완전히 상실하게 된다. 이를 달리 표현하면, 원자들의 결합이 해체되어 감각과 지각을 더 이상 할 수 없게 된다. 즉, 죽음과 더불어 우리의 삶도 끝난다는 그의 이러한 생각은 원자론적(유물론적) 사고로부터 자연스럽게 도출되는 결론이다.

그렇다면 영원한 존재이자 인간과 모든 생명을 만들었다는 신(神)의 존재는 어떻게 되는가? 이에 대해 에피쿠로스는 신은 아름답고 행복하지만, 인간의 일에는 관심이 없으며, 먹고 마시고 그리스어를 사용하면서 생활한다고 말한다. 따라서 우리는 살아가면서 신을 염두에 두고 두려워하거나 내세를 생각하면서 걱정할 필요가 없다. 단지 우리 자신의 삶을 건전한 사고에 기초해 충실하게 살아가면 그것으로 되는 것이다. 그러므로 그는 신에 대해 사용하는 '경건함'이란 자신의 삶 속에서 자신이 하고 있는 올바른 생각에 있다고 주장한다. 즉 "경건함이란 신전을 방문해 절하고, 신전의 주위를 돌면서 팔을 들어 올려 숭배하며, 동물의 피를 제단에 뿌리는 행동을 하면서 신에게 서약하는 것에 있는 것이 아니라 오히려 평온한 정신으로 모든 사물을 관조하는 데에 있다."

에피쿠로스에게 지혜로운 사람이란 신을 섬기지 않는 사람이며, 또한 죽음도 두려워하지 않는 사람이다. 왜냐하면 신이란 인간의 삶에 관여하지 않으며, 인간을 징벌을 할 수 없을 뿐만 아니라 죽음이란 곧 사라짐일 뿐이기 때문이다. 삶에서 진정으로 중요한 것은 건전하고 평온한 마음과 정신으로 삶을 유쾌하게 관조하는 것이다. "우리에게 죽음이란 아무것도 아니다. 분해되고 해체된 것에는 감각이 없고, 감각이 없는 것은 우리에게 아무런 의미를 지니지 않기 때문이다." 달리 표현하면, 우리가 삶을 살아가고 있을 때 죽음은 우리와 함께 있지 못하며, 죽음이 우리에게 이미 왔을 때 우리는 그것을 전혀 느낄 수 없기 때문이다. 그러므로 감각의 상실로서 죽음은 우리에게 아무것도 아니다.

# 형벌과 사형제도를 바라보는 몇 가지 시선

*PART 07*

### 베카리아
형벌의 목적은 오직 범죄자가 시민들에게
새로운 해악을 입힐 가능성을 미리 방지하고,
일반인들이 유사한 범죄 행위를 할 가능성을 억제하게 만드는 것이다.

### 베카리아
누구도 자신의 생명을 빼앗을 권능을 타인에게 기꺼이 양도하지 않는다.
형벌은 자신의 노동으로 그가 사회에 끼친 손해를 속죄하게 하는 것이며,
이런 모습을 일반인들이 오랫동안 보게 하는 것이
더욱 효과적인 범죄 예방책(억제책)이다.

### 벤담
모든 법이 공통적으로 갖고 있거나 반드시 갖고 있어야 하는
일반적인 목적은 공동체 전체의 행복을 증진하는 것이다.

### 칸트
사법적 형벌은
사회나 국가의 어떤 목적이나 선을 위해서가 아니라
오직 범죄를 저질렀다는 그것에만 근거해야 한다.

### 칸트
모든 형벌 그 자체에는 반드시 정의가 내재해야 하며,
정의만이 바로 형벌 개념의 본질을 구성한다.

1999년 2월 6일 새벽 4시. 전북 완주군의 한 읍내 가게에 3인조 강도가 들어와 할머니를 살해하고 돈을 훔쳐 달아났다. 얼마 후 강도 3명이 모두 잡혔는데, 같은 해에 자신이 진짜 범인이라고 주장하는 낯선한 사람이 나타났다. 하지만 당시 검사는 이 주장을 인정하지 않았고, 사건은 그대로 묻히고 만다. 이들 3명은 모두 4~6년 형을 선고받았다. 그런데 2016년 1월 이들 세 명과는 관계없는 진범이 유가족과 변호사의 노력으로 할머니의 묘소를 찾아 자신의 행동을 참회하고 용서를 비는 일이 일어났다.

'국가에 의한 합법적인 살인'이라는 모순된 내용을 담고 있는 형벌로서 '사형제도'는 그 심각성에 비해 상대적으로 가볍게 일상적인 토론의 주제로 활용되기도 한다. 토론에서 주로 제시되는 사형제도 폐지 논거들로는 사형제도는 ① 범죄 예방 효과가 없는 ② 비인도적 형벌이며,

③ 생명권을 원천적으로 부정해 ④ 교육과 교화의 가능성을 포기하는 제도라는 것이다. 그뿐만 아니라 ⑤ 오판의 가능성이 있으며, ⑥ 정치(정적 또는 소수민족)·종교적으로 반대 세력을 제거하는 수단이 될 수 있기 때문에 폐지해야 한다고 주장한다. 이런 논거들 중에서 ⑤와 ⑥은 만약에 '오판 가능성'이 제거된다면, 그리고 '반대 세력 제거의 수단'이 아니라면 허용할 수도 있다는 것인가의 여지를 남긴다.

한편, 사형제도 찬성론의 논거들에는 사형제도는 ① 범죄 억제 효과가 크고, ② 흉악범의 생명을 박탈하는 것이 사회적 정의이며, ③ 종신형은 경제적으로 부담이 크고 더욱 비인간적이기 때문에 필요하다고 주장한다. 이외에 ④ 형벌의 목적은 재사회화나 교화가 아니라 응보이기 때문에 사형제도는 필요하다고 주장한다.

현재 우리 사회에서 사형제도에 대해 가장 적극적으로 비판 및 폐지를 주장하는 쪽은 종교이다. 그러나 역사적으로 근대 서양에서 종교적인 이유 때문에 사형을 당했던 한 사람의 사건을 두고 사형제도 폐지논쟁이 일어난 것은 아이러니이다.

1761년 프랑스에서 발생한 칼라스(Jean Calas) 사건은 근대 유럽 계몽주의 시대에 사형제도 존폐 논쟁을 촉발했다. 상인으로 크게 성공한 칼라스는 프로테스탄트였다. 종교 문제가 여전히 심각했던 당시에 그는 둘째 아들이 가톨릭으로 개종하는 것을 허용할 만큼 관용 있는 사람이었다. 반대로 그의 큰아들은 프로테스탄트라는 이유 때문에 변호사가 될 수 없는 현실에 절망했다. 칼라스는 절망하는 큰아들을 위해 큰아들의 친구들을 초대해 위로하는 시간을 베풀었다. 그런데 식사 후 분위기가 익어 갈 무렵, 손님을 배웅하러 나갔던 둘째 아들이 목을 매고 죽어 있는 형을 발견했다.

　다음 날 법원 판사가 큰아들의 사체를 검시할 때, 주위 사람들로부터 큰아들이 가톨릭으로 개종하려고 했기 때문에 그의 가족이 그를 살해했다는 말을 들었다. 이 말을 들은 판사는 칼라스 가족을 모두 체포했다. 첫 번째 심문에서 칼라스 부부는 시체를 바닥에 있는 상태에서 발견했다고 허위 진술을 했다. 당시에는 자살을 범죄로 인정하고 있었기 때문에 아들이 자살한 것으로 되면 발가벗겨져 거꾸로 매달린 다음, 마지막으로 교수형에 처해지는 처벌을 받아야 했기 때문이다. 아들이 그렇게 되는 것을 막고자 하는 것은 모든 부모의 간절한 바람일 것이다.

　하지만 이들 부부는 자신에게 가해지는 고문 때문에 '목을 맨 상태에서' 발견했다고 진술을 번복했다. 칼라스는 자신이 범죄를 저지르지 않았다고 일관되게 주장했지만, 법원은 그에게 사형을 선고했다. 사형장으로 가는 동안 진행된 2시간 동안의 거형의 고통 속에서도 칼라스는 무죄를 주장했지만, 교수형을 피할 수는 없었다. 그의 가족은 고통을 이기지 못해 개종했고, 재산은 국가가 몰수했다. 볼테르는 이 사건의 심각성을 절감하고 모든 자료를 다시 검토하고, 그의 가족들로 하여금 상고하도록 해, 결국 칼라스에 대해 무죄와 복권이 이루어졌다. 칼라스를 사형에 처했던 담당 판사는 스스로 자살한 것으로 알려졌다. 이 사건은 이탈리아의 지식인들에게도 큰 영향을 미쳤으며, 근대 대표적인 형법학자인 베카리아가 『범죄와 형벌』(1764)을 쓰는 계기가 되었다.

형벌의 목적은 오직 범죄자가 시민들에게
새로운 해악을 입힐 가능성을 미리 방지하고,
일반인들이 유사한 범죄 행위를 할 가능성을 억제하게 만드는 것이다.

– 베카리아

『범죄와 형벌』에서 체사레 베카리아(Ceare Beccaria, 1738–1794)가 형벌에 대해 견지하고 있는 원칙은 사회계약론과 공리주의적 관점이다. 그의 계약론적 입장은 그가 '형벌은 어디로부터 비롯되는가?'라는 형벌의 기원을 주장할 때 그 윤곽이 드러난다. 즉 "각 개인은 자기가 갖고 있는 자유의 일부를 희생해서라도 나머지 모든 자유를 안전하고 평온하게 누리고자 한다."는 것이다. 그리고 국가의 주권(또는 주권자)이란 각자가 자신의 자유를 희생한 몫을 모두 합한 것(총합)이기 때문에 주권자는 정당하게 위임받은 자유의 관리자로서 책무를 다해야 한다.

이렇게 형성된 그의 형벌에 관한 사회계약론적 관점은 "첫째, 범죄에 대한 형벌은 반드시 법률을 통해서만 이뤄져야 하며, 형벌권은 오직 사회계약에 의해 사회 전체를 대표하는 입법자에게만 있다.", "둘째, 사회계약으로 각 개인은 사회의 구속을 받지만, 사회 또한 각 개인에 대해 똑같이 계약을 준수해야 할 의무를 진다. 계약은 쌍방 모두에게 구속력을 갖는다."라는 선언에서 구체적으로 드러난다.

그는 계약론적 입장에 따라 계약을 지켜야 할 의무는 신분의 높고(그것이 비록 왕족이나 귀족이라 할지라도) 낮음에 관계없이 평등하게 적용되어야 한다고 강조한다. 왜냐하면 "최대 다수에게 이익이 되는 계약을 준수하는 것은 모든 사람에게도 이익이기 때문이다." 그렇기 때문에 한 사람이라도 이 계약을 위반하게 된다면 사회는 무정부 세계로 들어가게 된다고 경고한다. 이처럼 공정한 법 적용을 강조했던 베카리아는 재판관은 물론, 누구든지 그것이 비록 공공복리를 명분으로 하더라도 법률로 정해진 형벌보다 더 가혹한 처벌을 해서는 안 된다고 강조한다.

베카리아가 형벌의 잔혹성에 대해서 강하게 비판할 때에도 그의 기본 입장은 사회계약론에 기초하고 있다. "셋째, 잔혹한 형벌이 공공의 복리나 범죄 예방의 목적에 직접적으로 위배되지 않는다고 할지라도, 그 형벌이 특별히 쓸모 있는 것은 아니라는 점을 밝힐 수 있다면, 그 잔혹한 형벌을 부과해서는 안 된다." 왜냐하면 필요 이상의 잔혹한 형벌은 박애의 덕(즉, 계몽된 이성)에 비추어서도 비난받아야 할 뿐만 아니라 정의를 부정하고, 사회계약의 본질과도 상반되기 때문이다.

한편, 베카리아는 사회계약론의 연장선에서 법관의 의무와 한계에 대해서도 규정하고 있다. "넷째, 법관은 (사회계약론에 의한) 입법자가 아니기 때문에 형법을 해석할 어떤 권한도 없다." 왜냐하면 법관은 사회와 주권자로부터 단지 법률을 위임받은 것이기 때문에 법관의 감정, 피고인의 지위나 상황, 법관과의 사적인 관계로부터 영향을 받을 수 있는 어떤 조건으로부터도 영향을 받아서는 안 된다는 것이다.

베카리아의 공리주의적 형벌관은 그가 형벌의 기원을 "공동선을 위해 각 개인이 자신의 자유를 희생한 몫을 모두 합한 것"에서 찾는 것에서, 그리고 "공동선에 반하는 개인의 강렬한 욕망에 대해 반대 균형을 잡아주는 것"이 형벌이라고 주장하는 데서 그 단서를 찾을 수 있다. 무엇보다 베카리아 형벌관의 공리주의적 관점은 인간의 피할 수 없는 본성에 대한 그의 설명으로부터 도출된다. 그는 인간의 보편적 특성을 "욕망의 충족을 향한 투쟁"이라고 규정한다.

그런데 이러한 인간의 욕망과 자신의 이익 추구는 항상 공익(사회 전체의 이익)과의 충돌 가능성을 안고 있다. 그럼에도 이것이 인간의 보편적 특성인 한, 갈등과 혼란을 완전히 예방(방지)한다는 것은 사실상 불가능하다. 여기에 각자의 이해관계가 복잡하게 얽혀 있고, 사회가 복잡해진다면 더욱 그렇다. 인간의 이러한 보편적 속성을 완전히 제거하는 것이 불가능하다면, 이제 이것이 초래할 해로운 문제들을 미리 예방하고 제거하는 방향으로 관점을 옮겨 가는 것이 현명한 방법이다. 이에 따라 베카리아는 "형벌은 인간의 본성과 떼어 놓을 수 없는 인간 행동의 근본 원인(동인)은 그대로 두면서 그로 인해 생겨나는 악영향을 제거하려는 것"이라고 주장한다.

이것은 마치 숙련된 건축가가 중력을 부정하기보다는 오히려 그 중력을 이용해 더욱 견고한 건축물을 만들어 내는 계기로 활용하는 것처럼, 훌륭한 입법가에 의한 형벌 또한 숙련된 건축가처럼 욕망을 충족하고자 하는 인간의 본성을 사회 전체에 이익이 되는 방향으로 활용해야 한다는 것이다. 즉, 형벌을 통해 인간이 갖고 있는 '압제(壓制, 권력이나 폭력으로 남을 꼼짝 못하게 강제로 누름)적 성향'이나 욕구 충족의 성향이 사회를 원초적인 혼란 상태로 빠져들지 않도록 막으면서 공공의 자유와 복지를 방어하는 계기로 활용하면 된다는 뜻이다. 또 정당한 형벌이 이러한 기능을 잘 수행해 줄수록 시민의 자유 또한 더욱 증진되리라는 것이 그의 입장이다. 한마디로, 형벌을 통해 "사회에 큰 해악을 초래하는 범죄가 적게 발생하게 할수록 공익과는 일치"한다는 공리주의적 입장이다.

한편, 그는 공리주의적 관점에서 "범죄와 형벌 사이의 비례"에 대해서도 강조했다. 이에 따르면, 사회에 끼치는 해악이 서로 다른 두 범죄에 대해 동일한 형벌을 적용하게 되면, 더 심각한 범죄가 일어날 수 있는 억지력이 사라지게 된다. 이 경우 사람들은 더 심각한 범죄를 저지르는 것이 자기에게 더 큰 이익을 가져다줄 것이라는 판단이 서면 기꺼이 그 범죄를 저지르게 될 것이다. 그러므로 형벌은 서로 다른 범죄에 대해 서로 다르게 배분되어야 한다.

모든 것을 종합할 때, 형벌의 목적은 "오직 범죄자가 시민들에게 새로운 해악을 입힐 가능성을 미리 방지하고, 일반인들이 유사한 범죄 행위를 할 가능성을 억제하게 만드는 것이다." 이를 위해서는 "범죄와 형벌 사이에 비례 관계를 유지해야 하며, 인간의 정신에는 가장 효과적이면서도 지속적인 인상(impression)을 만들어 내는 형벌이어야 한다." 그뿐만 아니라 "감옥의 수형자의 신체에는 가장 적은 고통을 주어야 한다(고문 반대)." 왜냐하면 "형벌의 목적은 감각적인 존재인 인간에게 고통을 주고, 고문하는 데에 있는 것도 아니고, 이미 저질러진 범죄를 원래 상태로 되돌려 놓자는 것도 아니기 때문이다."

누구도 자신의 생명을 빼앗을 권능을 타인에게 기꺼이 양도하지 않는다.
형벌은 자신의 노동으로 그가 사회에 끼친 손해를 속죄하게 하는 것이며,
이런 모습을 일반인들이 오랫동안 보게 하는 것이
더욱 효과적인 범죄 예방책(억제책)이다.

− 베카리아

그렇다면, 베카리아는 사형제도에 대해서는 어떤 입장이었을까? 이에 대해서도 베카리아는 계약론적 관점과 공리주의적 관점에 기초해 반대한다. 그의 기본 입장은 "형벌의 쓸모없는 남용을 통해서는 결코 인간을 개선시킬 수 없다."는 것, 그리고 "누구도 자신의 생명을 빼앗을 권능을 타인에게 기꺼이 양도하지 않았다는 것"에 있다.

사형제도를 계약론적 입장에서 반대하는 그의 논거는 이렇다. 법은 각 개인의 개별적 의지인 특수의지(특수의사)를 모두 모아 놓은 것, 즉 일반의지(일반의사)를 표현한 것인데, 이 개별적 의지에 누군가(또는 주권자)가 자신의 생명을 빼앗아도 좋다고 누구도 양도할 내용에 동의하지 않을 것이기 때문이다. "어떻게 모든 가치들 중에서 가장 중요한 가치인 생명 그 자체를 자신이 양도할 최소한의 자유의 내용에 포함시킬 수 있겠는가?" 우리가 자살, 즉 자기 스스로를 죽일 권리는 자기 자신에게도 없다고 주장하면서 사회가 자신의 생명을 박탈해도 좋다는, 즉 사형을 수용하겠다는 의사를 공개적으로 표현한다는 것은 자기모순일 뿐이다. 한마디로 사형은 자살을 금지하는 원칙과도 모순된다.

한편, 베카리아가 사형제도를 공리주의적 관점에서 반대하는 이유는 이렇다. "형벌은 일반인들에게 범죄를 저지르지 않도록 하게 하는 데 충분한 정도의 강도(強度)를 지닐 경우에만 정당화된다." 즉, 형벌의 정당성은 범죄를 억지하거나 예방하는 효과에 있다. 그러므로 형벌은 범죄자를 위해서가 아니라 벌을 받고 있는 광경을 바라보고 있는 일반 시민의 이익을 고려하여 이뤄져야 한다. 이 말은 감각을 지닌 모든 존재(인간)는 습관의 지배를 받기 때문에 반복적이고 지속적으로 일어나고 있는 현상에 대한 인상(impression)이 우리의 정신에 영향을 미치고, 이것이 도덕관념을 형성한다는 논리에 기초를 두고 있다.

마찬가지로 형벌이 우리의 정신에 미치는 더욱 큰 영향(효과)은 형벌에 담긴 강도가 아니라 지속성('지속적인 본보기')에서 나온다. 이 때문에 강력하지만 일시적인 충동의 감정을 일으키는 사형이, 약하더라도 반복적으로 지속되는 종신 노역형 같은 형벌이 주는 인상보다 우리의 마음에 오랫동안 영향력을 행사하지는 못한다. 사형을 주장하는 사람들은 순간적으로 격렬한 공포의 감정을 일으키는 사형을 통해 교훈의 본보기로 삼기를 바라지만, 오히려 사람들은 사형제도의 끔찍함에 대한 경멸과 혐오감, 그리고 동시에 사형을 당하는 사람에 대한 연민과 동정이라는 모순된 감정을 경험한다. 이 때문에 사형제도는 유용하지 않으며, 그렇기 때문에 필요하지도 않다. 사형제도는 국가가 한 사람의 시민을 파괴하는 데 유용하고 필요하다고 판단할 때, 그와 벌이는 일종의 전쟁일 뿐이다.

"장기간 혹은 종신토록 노역형으로 고통을 당할지도 모른다는 것을 눈앞에서 바라보고, 한때 친근하게 지냈던 이웃들에게 자신의 처지가 노출되고, 한때 자신을 보호해 주었던 그 법률의 노예로 살아간다고 생각하게 된다면, 어떠할까? 그는 범죄 성공 가능성의 불확실성, 범죄의 성공이 주는 짧은 시간 동안의 기쁨을 이 모든 고통의 불행과 비교하게 될 것이다." 그러므로 본보기로 사형이라는 처형을 하기보다는 본보기로 오랫동안 강한 인상을 남기는 종신 노역형 같은 형벌이 바람직하다. 그리고 법은 공공의 의사 표현이며, 살인을 혐오하는 것인데, 그런 법을 가지고 (국가가) 사형을 통해 살인죄를 범한다는 것은 얼마나 어리석은 일인가? "범죄를 처벌하는 것보다 범죄를 예방하는 것이 더 바람직하다. 이것은 모든 훌륭한 법의 근본 목적이다. 모든 훌륭한 입법은 가능한 행복의 극대화 또는 가능한 불행의 최소화로 이끄는 기술에 있다."

모든 법이 공통적으로 갖고 있거나 반드시 갖고 있어야 하는
일반적인 목적은 공동체 전체의 행복을 증진하는 것이다.

– 벤담

벤담에게 모든 법의 공통된 목적은 공동체의 전체 행복을 증진하는 것이고, 구성원들의 전체 행복을 감소시키는 행동을 제거하는 것이다. 그런데 공리주의적 입장에서 형벌은 그 자체로서 악(惡)의 의미를 지닌다. 왜냐하면 형벌이란 그것을 받는 사람에게는 고통을 초래하기 때문인데, 이는 공리주의의 기본 원리인 '고통의 최소화 또는 쾌락의 최대화' 원리에 어긋나기 때문이다. 하지만 공리주의의 또 다른 원칙인 '유용성(효용)'의 원리에 의해 형벌은 일종의 '필요악'으로서 정당화된다. 왜냐하면 형벌을 통해 형벌을 받지 않음으로써 계속해서 발생할지도 모르는 범죄에 의한 피해를 예방할 수 있기 때문이고, 이를 통해 사회 전체의 행복을 감소시키는 결과를 초래하지 않도록 예방할 수 있기 때문이다. 나아가 형벌을 통해 범죄를 저지를 수도 있는 다른 사람들에게 범죄를 저지를 경우 주어질 적절한 형벌을 보여 줌으로써 앞으로 일어날 수 있는 범죄를 미리 예방할 수 있게 해 준다는 점도 공리주의자들이

형벌의 필요성을 인정하는 논거이다.

형벌에 관한 공리주의의 이와 같은 논리의 배경에는 위에서 본 것처럼 '유용성'과 '최대 다수의 최대 행복'의 논거가 자리하고 있다. 다시 말해, 공리주의에서는 행위와 관련해 영향을 받는 모든 사람, 또는 사회 전체에 미치는 영향들을 고려하여 형벌을 판단한다. 즉, 어떤 행동이 그 행동과 관련하여 영향을 받는 모든 사람들에게 얼마만큼의 고통(해악)을 초래하는지를 기준으로 형벌의 양을 결정한다. 또 형벌이 사회적으로 얼마만큼의 쾌락(행복, 이익)을 증진할 수 있는지, 아니면 고통을 감소시키는 데 도움이 될 수 있는지를 기준으로 형벌의 양을 결정한다.

결론적으로 공리주의에서 주장하는 형벌의 목적은 첫째, 법을 위반하는 행위나 범죄를 예방하는 것이며, 둘째 가장 해로운 위법 행위를 방지하는 것이다. 물론, 범죄를 저지를 수밖에 없다면, 더 큰 해악보다는 더 적은 해악을 초래하는 행위를 하도록 유도하는 것이다. 즉, 해악을 줄이는 것이다. 마지막으로 가능한 한 적은 비용으로 해악을 줄이는 것이다. 이것은 벤담에 의해 『판옵티콘』으로 구체화된다. 벤담은 판옵티콘을 통해 간수의 수를 최소화하면서 범죄자를 최대한 수용할 수 있는 원형 감옥을 제안한다. 그리고 감옥에 수용된 죄수들은 형벌과 노동을 치름으로써 자신의 형벌에 대한 비용을 마련하고 기술이나 노동력을 회복해 새로운 사회인으로 거듭나게 되는데, 이것은 사회 전체의 이익을 증가시켜 준다는 의미를 지닌다. 벤담은 감옥의 이런 역할을 '범죄의 진정한 의무실', '정신의 병원'으로 규정한다. 이렇게 볼 때, 벤담의 형벌론은 예방과 교화주의적 성격을 띤다고 할 수 있다.

사법적 형벌은
사회나 국가의 어떤 목적이나 선을 위해서가 아니라
오직 범죄를 저질렀다는 그것에만 근거해야 한다.

– 칸트

베카리아나 벤담의 공리주의적 형벌관과 대조되는 칸트의 '응보주의적 형벌관' 또는 '응보적 정의관'은 그의 『도덕 형이상학』에서 구체적으로 표현되고 있다. 즉, "법에 의한 처벌(사법적 형벌)은 오직 범죄 그 자체에 대해서만 이뤄져야 하며, 그 외에 다른 어떤 선(善)이나 목적을 증대시키기 위한 수단으로서 이용되어서도 절대 안 된다. 다시 말해, 형벌은 시민 사회(국가)가 추구하는 어떤 목적을 위한 수단이나 도구로 이용되어서는 절대 안 된다. 형벌은 오직 죄를 저질렀다는 그 사실에만 근거해서 내려져야 한다."고 명확하게 선언하고 있다. 칸트는 "형벌은 곧 정의의 문제"라고 인식했기 때문에 형벌은 전적으로 법 그 자체의 목적, 즉 정의를 실현하기 위해서만 이행되어야 한다. 따라서 범죄를 저지른 사람을 위해서, 아니면 범죄자에게 희생된 사람을 위해서 형벌이 이루어져서는 안 된다. 이 때문에 정의를 이행하지 않는 법은 이미 그 자체로 법의 이상(관념)을 훼손하고 있는 법이라 할 수 있다.

칸트의 응보주의 형벌관은 그의 인간관에 기초하고 있다. 칸트에게 인간이란 이성적이며 자율적인 존재, 목적적이며 인격적 존재, 정언명령인 도덕법칙을 이행하는 절대적 가치를 지닌 존재이다. 따라서 살인을 저지른 사람 또한 자율적이며 인격적 존재이기 때문에 그에게 책임

생활과 윤리: 20개 주제로 더 넓고 깊게 읽기

을 묻는 방식 또한 정확히 그것을 존중해 주는 방식이어야 한다. 그것은 범죄를 저지른 사람의 자율을 존중해 줌으로써 그의 인간으로서의 존엄성을 실현시켜 주는 것인데, 그것은 다름 아닌 사형뿐이다. 왜냐하면 그에게 '또 다른 범죄의 예방을 위해', '사회 전체의 해악을 감소시키기 위해', '사회 전체의 효용을 극대화하기 위해'와 같은 사회 국가적 목적이나 이유들이 개입하여 그에게 형벌(사형)을 내리게 된다면, 이는 그를 단지 '목적을 위한 수단(도구)'으로서 대우하는 것밖에 안 되기 때문이다. 이것은 범죄를 저지른 그의 자율성과 목적 그 자체, 인격성을 훼손하거나 침해하는 것일 뿐이다. 이 점에서 칸트에게 형벌은 곧 정의(옳음) 실현의 문제인 것이다.

칸트의 이와 같은 응보주의적 형벌관에는 범죄와 형벌 사이에는 '동등성(등가성, 비례)의 원칙'이 적용되어야 한다는 논리가 자리 잡고 있다. 왜냐하면 오직 '살인 행위 그 자체만'을 문제 삼을 것을 요구하고 있기 때문이다. 또 그렇게 하는 것만이 범죄자를 오직 목적 그 자체로서 대우하는 것이라고 주장하기 때문이다. 오직 범죄 행위 그 자체만을 고려하고, 오직 그것과 같은 동등한 형벌을 하나의 보편법칙으로 적용하라는 것이 칸트의 기본 입장이다. 이것은 예방이나 교화, 사회적 효용을 형벌의 기준으로 삼아야 한다는 공리주의적 형벌관과는 명확하게 대조를 이룬다.

"네가 대접받고자 하는 대로 대접하라.", "행한 대로 돌려받는다."라는 말에 담긴 의미도 해석에 따라 응보주의적 내용을 담고 있는데, 이는 칸트의 응보적 형벌론에도 그대로 적용된다. 칸트는 형벌을 곧 정의의 실현 문제로 인식했기 때문에 다음과 같이 주장한다. "어떤 형벌이 공적인 정의(public justice)의 원리를 따른다고 할 수 있는가? 이것은 정의의 저울추의 균형을 잡는 것에 비유할 수 있다. 즉, 그 원리란 정의의 저울추가 어느 한쪽으로 기울어지지 않게 하는 것과 같다. 당신이 누군가에게 부당한 해악을 끼쳤다면, 그것은 당신 스스로에게 행한 해악이다. 당신이 누군가를 비난한다면, 그것은 당신 스스로에게 비난하는 것이다. 당신이 누군가에게서 무엇을 빼앗는다면, 그것은 당신 스스로에게서 무엇인가를 빼앗는 것이다. 당신이 누군가에게 폭력을 쓴다면, 그것은 당신 스스로에게 폭력을 쓰는 것이고, 누군가를 죽인다면 당신 스스로를 죽이는 것이다. 오직 탈리오법칙(lex talionis)[1]만이 어떤 형벌을 내릴 것인지의 양과 질을 결정한다. 법원에서도 이를 따라야 하며, 사적인 판단이나 다른 준거들이 동원되어서는 안 된다. 그런 것들은 순수하고 엄격한 정의의 원칙들과 부합하지 않으며, 단지 외부의 다른 요소들을 고려할(끌어들이고 있을) 뿐이기 때문이다."

모든 형벌 그 자체에는 반드시 정의가 내재해야 하며,
정의만이 바로 형벌 개념의 본질을 구성한다.

– 칸트

---

1  탈리오는 라틴어로 '보복', '앙갚음'을 의미한다. '동해 보복법'이라 불리기도 하며, 응보적 형벌의 가장 소박한 형태로 이해한다. 이 법칙은 함무라비 법전에 규정되어 있고, 성서에도 비슷하게 나온다. 즉 "생명에는 생명으로써, 눈에는 눈으로써, 이[齒]에는 이로써"라고 표현되어 있다. 이것은 가해와 복수 사이의 균형을 실현해 응보적 정의감을 만족시킴으로써 개인 간 싸움이나 복수를 끝내게 하려는 것이므로 가해자 측의 재복수는 허용되지 아니한다. 오늘날에는 응보주의적 형벌관의 순수 이념형으로 사용하고 있다.

이처럼 칸트는 '외부의 다른 요소들', 예들 들어 공리주의에서 강조하는 예방이나 교화 같은 유용성과 효용의 원리가 형벌에 개입되어서는 안 되며, 법관의 사적인 이해관계나 감정이 개입되어서도 안 되고, 오직 '형법의 정언 명령', 즉 오직 범죄를 저질렀다는 그것에만 근거한 형벌이어야 한다고 주장한다. "모든 형벌 그 자체에는 반드시 정의가 내재해야 하며, 정의만이 바로 형벌 개념의 본질을 구성한다."

칸트가 '탈리오 법칙'으로부터 형벌의 정당성을 도출하고 있다고 해서 이것이 곧 가해 행위에 대한 개인의 사적인 보복이나 복수와 같은 뜻으로 받아들여서는 안 된다. 왜냐하면 칸트는 "형법은 곧 정언명령"이고, "공적인 정의"의 문제라고 인식했기 때문이다. "사법적 형벌은 언제나 범죄자가 죄를 저질렀다는 오직 그 이유만으로 부과되어야 하기 때문에 범죄자 자신이나 사회의 어떤 선(목적)을 위한 수단이 되어서는 안 된다. 인간은 누군가의 목적을 실현하기 위한 수단이 되어서는 결코 안 되며, 이러한 것들로부터 보호받아야 한다. 비록 범죄자로서 자신의 시민적 인격성이 몰수된다고 하더라도, 그의 인격성은 보호받아야 한다. 오직 형벌을 받는 그를 가장 우선해야 한다. 형법은 정언명령이기 때문이다. '모두 죽는 것보다 한 사람이 죽는 것이 더 낫다.'고 위선적인 주장(사회적 효용)을 할 때도 마찬가지이다."

형벌에 관한 칸트의 이러한 입장의 배경에는 그의 윤리가 지닌 가장 근본적인 원칙인 인간 존엄성에 관한 정언명령이 자리 잡고 있다. '준칙의 보편화'라고 불리는 이것은 "정언명령은 하나뿐이다. 그것은 준칙을 통해 네가 그것을 동시에 보편적인 법칙으로 삼을 수 있는 그러한 준칙에 따라서만 행위"하는 것이다. 즉, 개인의 주관적인 행동 준칙이 어떤 목적이나 의도와는 상관없이 언제나 보편적인 도덕법칙과 일치하도록 해야 한다는 것이고, 자기 안의 인격성(인간성)은 물론 다른 사람의 인격성(인간성)을 언제나 목적 그 자체로서 대해야 한다는 것이다.

그러므로 형벌은 응보적 정의의 원칙에 따라 어떤 예외도 없이 적용되어야 한다. 그의 이런 생각은 『도덕 형이상학』에 나오는 "섬의 비유"에 잘 표현되어 있다. "비록 어떤 시민 사회가 구성원 모두의 동의에 따라 현재의 시민사회를 자발적으로 해체하기로 결정했다고 할지라도─예를 들어 어떤 섬에 살고 있는 사람들이 이 섬을 떠나 자신들이 원하는 낯선 다른 곳으로 흩어져 살기로 결정했다고 가정해 보자─ 감옥에 남아 있는 마지막 살인자에 대해서는 반드시 그 이전에 사형을 집행해야 한다. 그렇게 함으로써 모든 사람들은 자신의 행위에 대한 응분의 대가가 무엇인지를 인식할 수 있게 되고, 또한 그렇게 함으로써 구성원들에게 죄악이 남아 있지 않도록 해야 한다. 그렇게 하지 않으면, 그들 모두가 공적인 정의를 위반한 살인에 동참한 꼴이 되기 때문이다."

# 성(性)을
# 바라보는 몇 가지 시선

*PART 08*

**러셀 바노이**

보수주의자들은 '섹스(sex) 자체를 위한 섹스'를
부도덕할 뿐만 아니라 나쁜 것으로 간주한다.
그들에게 성이란 단지 사랑, 출산, 결혼과 연관될 때에만
비로소 도덕적이고 만족스런 의미를 갖게 된다.

**러셀 바노이**

섹스란 서로 합의한 성인들 사이에서,
그리고 그들 스스로에게 해를 끼치지 않고
그들이 무슨 일을 하고 있는지 잘 알 수 있을 정도로
충분히 성숙한 사람들 사이에서 이루어져야 한다.

자신이 몰래 낳은 아기의 목을 졸라 죽인 다음, 남자 친구에게 맡겨 하천에 버린 여고생(18)과 남자 친구(20)가 경찰에 구속됐다. A양은 자신의 집에서 딸을 낳은 뒤, 아이의 입을 막고 살해했다. A양은 가족들에게 임신 사실을 숨기고 있다가 출산이 임박해 오자 다른 방에서 아버지와 할머니 등이 잠을 자고 있는 사이에 화장실에서 출산한 다음, 이 같은 일을 저지른 것으로 밝혀졌다.

여성가족부의 발표(2013)에 의하면, 성매매 종사자 중 미성년자 때 유입된 비율이 73%라고 한다. 이들의 최종 학력은 중학교 중퇴가 20%로 가장 높았고, 초등학교 졸업 6.6%, 고교 중퇴 15%, 고등학교 졸업 6.6%, 대학 재학 13%, 대학 중퇴 6.6%로 나타났다. 또 가족 해체와 가난, 가정에서의 학대와 성폭력이 이들을 10대에 성매매 업소로 유입되게 한 가장 중요한 원인이었다고 발표했다.

보수주의자들은 '섹스(sex) 자체를 위한 섹스'를
부도덕할 뿐만 아니라 나쁜 것으로 간주한다.
그들에게 성이란 단지 사랑, 출산, 결혼과 연관될 때에만
비로소 도덕적이고 만족스런 의미를 갖게 된다.

— 러셀 바노이

"먹고 마시고, 남녀가 서로 좋아하는 것이 바로 사람의 본성이다."사람의 본성이 식욕과 성욕이라는 고대 중국의 고자의 주장으로부터 성(性)의 역사가 곧 인류의 역사임을 쉽게 짐작할 수 있다. 그런데 고자의 성(性)이 성욕과 성행위를 문제 삼고 있다는 점에서 그의 성은 여기서 다루고자 하는 성, 즉 성욕이나 성행위와 관련된 섹슈얼리티(sexuality)로서의 성이라 할 수 있다. 성에 관한 다른 개념으로 신체의 생리적 구조와 관련된 생물학적인 성(sex)도 생각할 수 있고, 사회 집단 내에서 각각의 성에 대해 부여하고 있는 성 역할(남성다움 또는 여성다움)과 관련된 젠더(gender)로서의 성 개념도 생각할 수 있다. 젠더에 초점을 맞추는 여성주의자들은 사회·문화적 성을 생물학적 성과 구분지으면서 여성성이란 남성 중심의 지배적 사회 구조가 여성에게 부과한 '제2의 성'이라고 비판한다.

성과 사랑을 어떻게 바라볼 것인지에 대해서는 서로 상충하는 두 입장이 있는데, 하나는 보수주의적 입장이고, 다른 하나는 자유주의적 입장이다. 물론, 성적으로 완전히 자유로워지기 위해 할 수 있는 모든 시도를 지지하는 사드(Sade)와 같은 급진주의적 입장도 있지만, 여기서는

보수주의와 자유주의, 그리고 중도주의적 입장을 간략하게 살피려 한다. 성에서의 보수주의는 성에 관한 전통적인 입장에서 두드러지게 나타난다. "보수주의자들은 섹스(sex) 자체를 위한 섹스는 부도덕할 뿐만 아니라 나쁜 것으로 간주한다. 그들에게 성이란 단지 사랑, 출산, 결혼과 연관될 때에만 비로소 도덕적이고 만족스런 의미를 갖게 된다." 이들은 성이 "출산이나 결혼과 결합해야만 도덕적일 수 있다고 본다." 따라서 이들은 사랑과 결혼이 안겨 주는 '안정감'을 위해 '모험'을 추구하지 않는다.

성에 관한 대표적인 보수주의적 입장으로 토마스 아퀴나스와 칸트를 들 수 있다. 토마스 아퀴나스는 신은 모든 존재에게 목적을 부여했는데, 그것을 신의 섭리라 부르면서 인간에게 "성기와 성욕의 목적은 출산"이라고 주장한다. 따라서 그 이외의 방식, 예를 들어 자위 행위나 동성애와 같은 방식으로 성욕을 품거나 성기를 사용하는 것은 신의 섭리에서 벗어난 부도덕한 것으로 간주한다. 하지만 이것은 성을 오직 생식과 번식을 위한 도구적 방편으로 이해한다는 비판을 받는다.

한편, 칸트에게 성행위란 일차적으로 인격의 도구화와 관련된다. 왜냐하면 성행위는 타인의 몸(성기 또는 성적 속성)을 차지하거나 이용하는 것이기 때문이다. 하지만 칸트는 결혼에 의한 성행위는 인정하는데, 그 이유는 서로의 인격에 대한 헌신의 의무를 이행하는 것으로 볼 수 있기 때문이다. 하지만 오늘날 칸트를 비판하는 사람들은 서로가 자신의 자율성을 훼손하지 않는 상태에서 서로의 의도를 실현(호혜성)하기 위한 행위로서 성행위가 왜 서로의 인격을 수단시하는 것으로 간주되어야 하는지에 대해 동의할 수 없다는 이유로 비판하기도 한다.

> 섹스란 서로 합의한 성인들 사이에서,
> 그리고 그들 스스로에게 해를 끼치지 않고
> 그들이 무슨 일을 하고 있는지 잘 알 수 있을 정도로
> 충분히 성숙한 사람들 사이에서 이루어져야 한다.
>
> – 러셀 바노이

성에 관한 보수주의적 입장과 달리 자유주의적 입장을 지지하는 사람들은 성을 '쾌락'과 '자율성' 개념에 기초해 이해하려고 한다. 이들은 성의 가치를 결혼이나 출산 같은 외적인 것이 아니라 다른 사람의 몸과 접촉함으로써 느끼는 쾌락의 욕구에 두려고 한다. 그렇다고 이들이 섹스의 가치를 어떤 제약도 받지 않는 쾌락에만 두어야 한다고 주장하는 것은 아니다. 이들은 섹스란 "서로 합의한 성인들 사이에서, 그리고 그들 스스로에게 해를 끼치지 않고 그들이 무슨 일을 하고 있는지 잘 알 수 있을 정도로 충분히 성숙한 사람들 사이에서 이루어져야 한다."고 주장한다. 따라서 이들은 이성애는 물론, 혼전 성관계, 양성애, 동성애, 사랑이 없는 성행위까지도 허용한다.

그들의 이러한 입장의 배경에는 자율성, 즉 타인에게 해악을 끼치지 않고, 타인의 자율성을 존중하는 한에서 개인의 다양한 성적인 행위는 도덕적으로 허용 가능하다는 믿음이 자리하고 있다(자율성의 원칙, 해악

금지의 원칙). 이들에게 성적인 행위란 일반적인 행위들과 마찬가지로 자율성을 존중하고, 해악 금지의 원칙을 이행하는 문제로 이해된다. 자유주의의 이러한 입장은 밀이 『자유론』에서 주장하고 있는 것, 즉 "인간 사회에서 자유를 제한할 수 있는 경우는 오직 단 하나의 경우이다. 그 것은 자기 보호를 위해서만이다. 다른 사람에게 해를 끼치는 행위를 막 기 위한 목적으로 당사자의 의지에 반하는 힘(권력)을 행사하는 것은 정 당화된다. 오직 이 경우만을 제외하고 문명사회에서 구성원의 자유를 침해하는 그 어떤 권력의 행사도 정당화될 수 없다. 개인은 절대적 자 유를 지닌다. 자신의 몸이나 정신에 대한 주권자는 바로 자신"이라는 신념이 깔려 있다.

하지만 쾌락 중심적이든, 자율성 중심적이든 성에 관한 자유주의 입 장은 동성애를 비롯해 혼외정사나 자발적인 성매매에 이르기까지 성 에 관한 일반적인 도덕 관념에 혼란을 초래할 수 있다는 비판을 받는 다. 성에 관한 자유주의의 이러한 문제와 현실성이 떨어지는 보수주의 의 성 윤리에 대한 대안으로 중도주의적 입장이 제시되기도 한다. 중도 주의는 성행위를 반드시 결혼과 연계시키지는 않지만, '사랑이 있는 성' 을 전제로 혼전 성관계를 허용하는 입장이다. 이에 따르면 '사랑이 있는 성'은 육체적·정서적 교감을 통해 서로의 관계를 더욱 긴밀하게 해 준 다는 것이다. 즉 "인간은 섹스 그 자체가 아니라 관계성, 친밀감, 수용, 인정 같은 것을 더욱 강력하게 필요로 하는 존재"인데, 사랑이 있는 섹 스가 이를 충족시켜 줄 수 있다는 것이다. 또 이들은 사랑이 있는 섹스 는 "소외감과 고립감을 극복하게 해 주고, 다른 사람과 합일하려는 우 리의 욕구를 충족시켜 준다."고도 주장한다.

한편, 성 평등은 남성/여성은 서로 동등한 능력을 지녔기 때문에 각각의 가치는 동등하게 인정받아야 하며, 따라서 사회적 가치와 부담 또한 동등하게 분배되어야 한다는 입장이다.

'성 평등'이란 남성/여성이냐의 성적 차이에 의해 차별받지 않아야 한다는 것을 일컫는 말이다. 또 이 용어는 성에 의한 차별이 실제로 일어나고 있는 현실을 반영하는 것이기도 하다. 한편, 성 평등이란 용어의 바탕에는 "남성/여성은 실제로 평등하다.", "남성/여성은 평등하게 대우받아야 한다."는 의미도 내포되어 있다. 또 '성 평등'이란 용어가 '성'과 '평등'이 결합된 것이라는 점을 고려할 때, 이 용어가 '평등'이나 '평등한 권리'와 관련되어 있다는 점도 확인할 수 있는데, 이것은 '성 평등'의 개념이 자유주의 사상(윤리)과도 긴밀하게 연결되어 있음을 보여 준다.

남성/여성이 '평등한 권리'를 지녔다는 말은 자유주의적 관점에서 볼 때, '성(性)'이 차별의 근거가 되지 못한다는 의미이기도 하다. 실제로 성에 의한 '차별 대우'의 부당성은 인종 차별 철폐 운동처럼, 성 차별에 반대하는 운동으로 전개되어 왔다. 예를 들어 남성/여성에 대한 차별없는 공정한 (고용, 승진) 기회의 보장은 정치 철학적 의미에서 '사회 정의' 문제로 이해할 수 있다.

그렇다면, 남성/여성을 '평등'하게 만드는 것은 무엇인가? 섹스(sex)와 젠더(gender)의 차이에도 불구하고, 남성/여성이 평등하다는 근거는 무엇인가? 이에 대해 우리는 인간으로서 보편적 속성, 합리적 사고와 지적 능력, 또는 덕(德)을 형성할 수 있는 능력 등을 생각해 볼 수 있을 것이다.

아무튼 성 평등이라는 말은 몇 가지 의미로 이해되고 있다. 첫째, 남성/여성은 합리적 사고와 판단에서 동등한 능력을 지녔다는 해석인데,

이에 따르면 남성/여성은 자신에게 좋은 삶을 스스로 실현할 수 있다는 의미이다. 다음으로 남성/여성이 지닌 각각의 특성은 가치 측면에서 동등한 가치를 지닌다는 해석인데, 이에 따르면 남성성과 관련된 특성이 인정받아야 하는 것처럼 여성성의 특성(가치)도 동등하게 인정받아야 한다는 뜻이다. 즉, 남성/여성이 지닌 서로 다른 각각의 능력이 서로에 대해 차별을 정당화하는 논리로 이용될 수 없다는 것이다.

마지막으로 남성/여성은 동등한 대우를 받을 자격이 있다는 의미인데, 이에 따르면 사회적 가치와 부담을 분배할 때 성(sex, gender)적인 것이 기준(편견)이 되어서는 안 된다는 주장이다. 특정 과제를 수행하는 문제에서 남성/여성이냐가 기준이어서는 안 되고, 개인이 지닌 능력이 기준이 되어야 한다는 뜻이다. 그러므로 남성/여성이 동등하게 경쟁하고, 또 자신의 능력을 기를 수 있도록 동등한 기회가 보장되어야 한다. 이에 대해서는 반론도 있는데, 그것은 일부 페미니스트들에 의하면 전통적인 남성의 성공(우월성) 기준을 여성에게도 보편화된 기준으로 적용하려 한다는 것이다.

결론적으로 성 평등이란 남성/여성은 서로 동등한 능력을 지녔으며, 따라서 각각의 가치는 동등하게 인정받아야 하는 만큼, 사회적 가치와 부담 또한 동등하게 분배되어야 한다는 의미로 이해할 수 있다. 이에 기초해 현실적인 의미에서 성 평등을 이해한다면, 남성/여성의 고유성을 상호 존중받고, 가정과 사회에 동등하게 참여하며, 사회적 책임 또한 함께 분담하는 것으로 이해할 수 있다

이와 관련해 울스턴크래프트는 루소가 주장했던 것, 즉 여성은 남성에 비해 감정에 이끌린다는 주장에 대해 그것은 여성이 제대로 교육을

받지 못한 것일 뿐, 본래적으로 남성에 비해 합리적 능력이 결여된 채태어났기 때문은 아니라고 반박한다. 즉, 여성이 갖고 있는 합리성과 도덕 [덕(德)]의 형성 능력은 남성과 다르지 않다는 주장이다. 따라서 여성에게도 동등한 교육 기회가 주어진다면 남성과 같은 합리성을 얼마든지 키우고 갖출 수 있다는 것이 그녀의 주장이다. 여성은 단지 제대로 교육을 받을 기회, 그리고 지적 능력을 키울 기회를 갖지 못했을 뿐이다. "여성은 남성과 동등한 이성을 갖고 있으며, 따라서 여성이 복종해야 할 대상은 남성이나 아버지가 아니라 인간에게 고유한 이성이다."

그녀는 여성의 합리성은 아이를 양육하고 교육하는 데 더욱 가치를 지니며, 그렇기 때문에 사회적으로도 그 가치를 인정받아야 한다고 주장한다. 그녀가 이처럼 가정과 양육에서 여성의 역할이 갖는 중요성과 가치를 인식해야 한다고 했을 때, 이는 남성과 여성의 역할이 상호 보완적인 것임을 말하고 있는 것으로 해석할 수 있다.

오늘날 남성/여성의 상호 보완적 관계는 길리건의 배려 윤리를 통해 강조되고 있다. 배려 윤리에 따르면, 도덕적으로 훌륭한 사람이란 정의(남성성)와 배려(여성성)의 도덕성이 함께 조화를 이룬 사람이다. 길리건은 『다른 목소리로』에서 자아와 도덕성을 구성하는 다른 방식이 있다는 점을 일깨운다. 그런 다음, 그녀는 "정의와 보살핌 사이의 대화는 양성 간의 관계에 대해 더 나은 이해를 제공한다. 여성이 하고 있는 경험과 인식의 차이를 인정하는 것은 성숙에 대한 우리의 관점을 한층 넓혀 줄 것이고, 발달의 참된 의미에서 맥락의 측면이 지니는 중요성을 인식하게 해 줄 것이라고 주장한다. 길리건은 보살핌에 대해 세 가지 관점과 발전적 지향을 함께 제시한다. 보살핌의 첫 단계에서 여성은 자신의 생존을 위해 자신만을 보살핀다. 하지만 이것이 이기적이라는 자기 비판과 함께 과도기가 뒤따른다. 다음 단계에서 여성은 책임에 대한 이해가 정교화되는데, 이것은 자신보다 열등한 사람을 보살피는 모성적 도덕과 결합함으로써 선행을 다른 사람의 보살핌과 동일시하게 된다. 또한 이 단계에서 이루어지는 자기희생의 논리에 대한 깊은 성찰은 인간 관계란 상호적인 것이라는 인식으로 발전한다. 즉 자신과 다른 사람(자아와 타아)의 연결(관계)이라는 새로운 이해를 통해 첫 단계의 '이기심'과 다음 단계의 '책임과 자기희생' 사이의 대립은 해소된다. 이 단계에서 보살핌은 '자기 성찰적', '자기 긍정적' 형태라는 성숙한 보살핌으로 전환된다. 그녀는 이를 통해 인간 발달에 대한 더욱 변화된 이해, 그리고 인간의 삶에 대한 더욱 생산적인 관점을 이끌어 낼 수 있게 될 것이라고 주장한다.

한편, 여성의 공정하고 평등한 권리를 주장했던 공리주의자 밀은『여성의 종속』에서 "아무리 보편적으로 널리 퍼져 있는 관습일지라도 사회·정치적으로 여성을 남성의 지배 아래 두는 제도는 정당하지 못하며, 또 그와 같은 그릇된 방향을 강화하려 해서도 안 된다. 역사의 진보와 인간 사회의 진보는 불평등한 권리 구조를 옹호하지 않을 뿐만 아니라 오히려 강력하게 부정하고 있음을 보여 준다."고 강조한다. 밀은 인간에게 가장 중요한 특성은 자신이 타고난 능력과 자신에게 주어진 기회를 활용하여 자신이 원하는 목적을 달성하는 자유인이 되는 것이기 때문에 여성에 대한 차별은 그릇된 것이라고 비판한다. 그는 "여성이기 때문에 사회적으로 높은 지위에 오르지 못하고, 직업에 제약을 받는 일은 상상조차 할 수 없는 일"이라고 주장하면서 남녀 평등이야말로 한 시대와 한 민족의 발전 정도를 가늠하는 기준이 된다고 강조한다.

# 옷과 소비를
# 바라보는 몇 가지 시선

---

## PART 9

### 라르스 스벤젠
패션의 원칙은 가장 빠른 속도로 기존의 것을 쓸모없는 것으로 만들고,
새로운 흥미로운 것을 끊임없이 창조해 내는 것이다.

### 베블런
지출이 한 개인의 '명성'을 드러내는 데 기여하기 위해서는
일반적으로 '쓸모없는 물건'에 쓰여야 하고,
쓸모없는 데 돈을 쓴다는 사실 자체가 바로 명성의 이유가 된다.

### 마일즈 비트비노프
옷은 한 개인의 개성과 정체성을 표현하는 수단이기도 하지만,
집단의 정체성을 나타내는 상징이기도 하다.

### 마일즈 비트비노프
공정 무역에서는
개발도상국의 생산자들이 생산한 제품에 공정하고 안정된 가격이 매겨지고,
노동자들은 중간 상인을 거치지 않아 정당한 임금을 받으며,
발생한 초과 이익은 이들의 삶의 질을 높이는 데 재투자된다.

패션의 원칙은 가장 빠른 속도로 기존의 것을 쓸모없는 것으로 만들고,
새로운 흥미로운 것을 끊임없이 창조해 내는 것이다.

– 라르스 스벤젠

우리 속담에 "옷은 새 옷이 좋고 임(사람)은 옛 임(사람)이 좋다."는
말이 있다. 이는 사람과 사람 사이의 오랜 친교의 소중함을 가르쳐 주
지만, 이제 우리가 검토할 '옷', 즉 의복에도 중요한 시사점을 준다.
즉 "옷은 새 옷이 좋다."는 말을 통해 전통 사회에서도 패션(유행)의 의
미와 가치를 정확히 인식하고 있었음을 알 수 있다. 그것은 옷은 물
론, 소비의 본질을 이루는 것 중 하나가 새로움의 추구, 즉 패션이라
는 뜻이다.

사회·정신분석학자인 롤랑 바르트가 패션에 대해 "새로운 모든 패션

은 전통에 대한 거부이며, 기존 패션이 주는 억압에 대한 전복"이라고 선언했을 때도 패션이란 "특정한 목적을 가지는 것이 아니라 오직 변화를 위한 변화로서 존재한다."는 의미였다. 그러므로 하나의 패션의 소멸은 새로운 또 다른 패션의 시작일 뿐이다. 그리고 이러한 순환은 계속되며, 우리는 단지 그때그때의 패션에 대해 '새로운', '최신'이라는 단어를 붙일 뿐이다. 따라서 패션의 본질은 특정한 목적이 없는 '비합리성'이자 '자의적인' '새로움'이라 할 수 있다.

오늘날과 같은 '소비 사회'에서 개인은 상품을 소비함으로써 자신을 다른 사람과 구별(차이성)하는 특별한 개인이 되려고 한다. 즉, 소비사회에서 개인들은 자신이 접근할 수 있는 것들을 소비함으로써 자신의 정체성을 찾고자 시도한다. 그런데 이런 시도는 대부분 브랜드의 이름을 좇는 것(즉, 추상적 실체)으로 구체화된다. 하지만 패션을 통해 자신을 드러내고 찾고자 했던 야심찬 시도는 그 패션을 소비함으로써 자신이 특정 집단의 구성원임을 드러내 보이는 역설을 낳는다.

이것이 '패션의 역설'이다. 즉, 패션은 개인주의와 순응주의를 동시에 포함하고 있다는 뜻이다. 자신을 찾고자 했던 시도는 그것을 소유할 수 있는 능력(즉, 소비)을 통해 확인되기 때문에 이는 곧 자신의 인격(정체성)이 사회적 영역에 의해 결정되고 있음을 함께 보여 준다.

따라서 소비 행위는 자신을 확인하고자 했던 대상이 갖는 상징성과 깊이 관련되어 있음을 드러낸다. 이 때문에 특히 소비 사회에서 구매의 대상이 되는 재화는 그것이 지니고 있는 실질적인 유용성이나 기능은 퇴색하게 되는 반면, 상징성(상징적 가치)과 차이(difference)[1]는 더욱 중요한 지위를 얻게 된다. 이런 현상은 의식주 등 모든 패션에서 특정 브랜드를 선호하거나 지향하는 소비 행태가 더욱 선명해지고 있는 것으로 확인할 수 있다. 상징을 소비하는 행동은 단순히 상품의 유용성과 기능에 기초한 설명만으로는 충분히 해명될 수 없다. 『소비의 사회』를 지은 보드리야르가 "소비란 곧 상징적 기호들의 소비"라고 정의했던 것도 기호로 변형된 브랜드의 소비를 의미한다. 이처럼 소비 사회에서는 사물이 지닌 상징적 가치가 개인의 정체성을 드러내고 자기를 실현하는 데 중요한 원리로 작용한다. "사람들이 사는 것은 상품이 아니라 그것이 가진 효과"인 것이다.

"소비 사회에서 개인은 자신의 정체성을 확인하기 위해 끊임없이 상징적 가치를 구매하면서도 동시에 그것들의 효과가 영원히 지속되지 않는다는 것을 너무나 잘 알고 있다. 하지만 이 지속 가능성의 결핍에 대한 반작용은 또한 끊임없이 새로운 무엇인가를 찾아 헤매도록 우리를 독려한다." 이 과정에서 상품이 원래 갖고 있는 내재적 가치나 기능적 가치의 중요성은 약해지고, 오히려 패션의 순환주기에 따라 그 가치가 결정되곤 한다. 또한 패션은 특정 기호가 미치는 영향력이 약해질 무렵 곧바로 새로운 기호들을 만들어 내는 것을 자신의 본질로 삼는다.

---

1  "이미지는 심오한 실재의 반영이다. 이미지는 심오한 실재를 감추고 변질시킨다. 이미지는 심오한 실재의 부재를 감춘다. 이미지는 그것이 무엇이든 간에 어떤 실재와도 관계를 갖지 않는다. 이미지는 자신의 순수한 시뮬라크르이다."

*  시뮬라크르: 순간적으로 생성되었다가 사라지는 우주의 모든 사건 또는 자기 동일성이 없는 복제를 가리키는 철학 개념.

즉 "패션의 원칙은 가장 빠른 속도로 기존의 것을 쓸모없는 것으로 만들고, 새로운 흥미로운 것을 끊임없이 창조해 내는 것이다." 패션에서는 "그저 새로운 욕구, 새로운 자극을 개발하는 것 외에 다른 대안이 없다." 이처럼 패션의 순환과 속도의 가속화는 어떤 상품의 가치도 영원할 수 없고, 단지 언제나 새로운 상품으로 '갈아탈 수 있다는 것'만을 보여 준다.

하지만 이러한 예측 불가능성은 인간에 대해 전통적으로 적용해 왔던 합리적 또는 이성적 행위 주체라는 개념과는 모순된다. 즉, 이성적 행위 주체로서 인간은 자신의 행위가 가져올 결과에 대해 예측과 통찰력을 지니고 있어야 하지만, 지금과 같은 포스트모던 시대의 소비자는 전통적인 소비자와 달리 끊임없는 순간적인 만족의 추구만을 지향한다. 소비 사회는 '비합리적 개인(인간)'을 전제로 하기 때문에 사회적으로도 개인을 비합리적으로 활동하도록 작동하는 것을 특성으로 한다.

소비 사회는 개인의 (정신적) 정체성 형성에 가장 중요한 가족, 사랑, 우정까지도 소비의 관점에서 이해하도록 추동한다. 즉, 상품과의 관계는 물론, 인간관계까지도 '죽음'이 아니라 '지겨움'이 서로를 갈라놓을 때까지로 규정된다. 고전적 소비자에게 소비가 '수단'이었다면, 포스트모던 시대에 소비는 '그 자체로서 목적'이 된다. 하지만 소비가 삶의 목표가 된다고 할지라도, 분명한 사실은 우리가 결코 소비의 종착점에 도달하지는 못한다는 것이다. 왜냐하면 목표에 이르려는 순간, 소비는 자신의 기준을 새로운 것으로 바꾸어 가기 때문이다.

지출이 한 개인의 '명성'을 드러내는 데 기여하기 위해서는
일반적으로 '쓸모없는 물건'에 쓰여야 하고,
쓸모없는 데 돈을 쓴다는 사실 자체가 바로 명성의 이유가 된다.

— 베블런

한편, (패션의) 소비 성향을 이해하려고 할 때, 과소비성(체면 소비와 과시적 소비)과 동조성은 매우 유익한 개념이다. 과소비란 생활을 위한 소비 수준을 넘어 더 다양한 욕망을 충족할 목적으로 이루어지는 지나친 소비를 말한다. 따라서 자신의 신분에 어울리는 소비를 함으로써 현재의 신분을 유지하거나 상승하려는 의도로 이루어지는 '체면을 위한 소비', 그리고 자신의 경제적 능력을 과시함으로써 타인의 존경과 인정을 얻을 의도로 이루어지는 '과시를 위한 소비'도 과소비에 포함할수 있다.

원래 '과시적 소비(conspicuous consumption)'란 말은 『유한 계급론』(1899)을 쓴 베블런(T. Veblen)이 도입한 개념이다. 그는 "지출이 한 개인의 '명성'을 드러내는 데 기여하기 위해서는 일반적으로 '쓸모없는 물건'에 쓰여야 하고, 쓸모없는 데 돈을 쓴다는 사실 자체가 바로 명성의 이유가 된다."고 주장한다. 그에 의하면, "대개 평화로운 시대의 '유한 신사(경제적으로 부유하여 힘든 노동에 종사하지 않아도 될 여유를 가지고 있는 사람들)'들은 생계와 육체적 능력 유지에 필요한 최소한의 것을 훨씬 뛰어넘는 많은 생활 자료를 소비하며, 재화의 질도 매우 높다. 그들은 음식, 음료, 술, 주거, 봉사, 장식품, 의복, 무기장구, 오락, 부적, 우상 및 성물(聖物, divinity) 등 여러 가지 소비품 가운데 가장 좋은 것을

자유롭게 소비한다. 이러한 소비품을 개량하는 과정에서 혁신을 이끌어 가는 원칙 또는 직접적인 목적은 당연히 개인적인 안락과 행복의 증진이다. 즉, 더 개량되고 세련된 생산물을 이용함으로써 더 편안하고 행복한 삶을 사는 것이다."

하지만 베블렌은 그들이 소비를 하는 유일한 목적이 이것만은 아니라고 주장한다. 그들에겐 '명성'이라는 정말로 중요한 가치 기준이 하나 더 있기 때문이다. '유한 계급'인 이들에게는 자신이 남들보다 더 뛰어난 것을 소비하고 있다는 사실이 곧 자신들이 더 많은 부를 소유하고 있다는 증거가 되며, 이것이 곧 그들에게는 '명성(명예)'이 된다. 그렇기 때문에 이들에게는 양적이든 질적이든 정당한 소비를 할 능력이 없다는 사실이 열등함과 무기력함(결함)의 상징이 된다. 따라서 이들은 "남들에게 바보처럼 보이지 않기 위해서" 소비하고, 그에 어울리는 심미적 능력, 즉 과시적 여가의 삶을 위한 취미와 성향을 배양하기 위해 시간과 노력을 적극적으로 투자해야 한다.

부를 의식하고 과시하면서 소비하는 '과시적 소비'는 빈곤한 계급(계층)은 물론, 사회의 모든 계층에 존재하며, 이들은 모두 자신의 이웃으로부터 '부러움'의 대상이 되려는 소비를 주저하지 않는다. 소비가 중심이 되는 현대 사회에서 이러한 '과시적 소비'와 '과시적 여가' 현상은 소비의 지배적 경향이 되고 있다. 우리 사회의 과시적 소비 성향은 "비쌀수록 잘 팔린다."는 외국 '명품' 소비는 물론, 캠핑, 와인, 아파트, 음식, 의류, 의료, 관광 등 삶의 모든 영역에서 하나의 흐름이 되고 있다.

반면, 체면 소비는 사회적 지위가 상대적으로 높은 사람들에게서 나타난다. 이들의 소비는 사회 관습적 규범과 행동 양식에 의해 지배를 받기 때문에 당위와 명분이 중시되는 '치레(실속 이상으로 꾸미어 드러냄)' 적 성격이 강하다. 따라서 체면 유지를 위해서는 돈을 빌려서라도 신분에 맞는 소비 행동을 하려는 것이 '체면 소비'의 특징이다. 즉, 자신의 경제적 수준을 상대방에게 얕보이지 않음으로써 자신의 체면을 지키려는 의도에서 나오는 소비 행태이다. 우리 사회의 체면 소비는 유교의 신분 사회적 전통과 체면 소비 사이에 상호 연관성이 있는 것으로 보인다. 특히 옷이 개인의 사회적 신분, 지위나 권위를 드러내는 역할을 해 왔다는 점에서 그렇다.

소비에서 동조성이란 "어떤 집단에 순응하고, 그 집단의 성원들과 비슷해지려는 경향으로 타인과의 비교를 통해 구체화된다." 옷의 소비에서 나타나는 동조 현상은 준거 집단의 규범(기준)을 따름으로써 인정을 받거나 비난(또는 소외)을 피하려고 할 때 일어난다. 한때 검정색 '노스페이스'의 윗옷이 청소년들 사이에서 집단의 동질성을 확인하는 상징이 되었던 것도 옷 소비의 동조성을 드러낸다. 오늘날 대중 연예인이 소비하는 것과 같은 것을 소비함으로써 소속이나 일체감, 만족감을 경험하려는 것도 소비에서 나타나는 동조성이라 할 수 있다.

옷은 한 개인의 개성과 정체성을 표현하는 수단이기도 하지만,
집단의 정체성을 나타내는 상징이기도 하다.

— 마일즈 비트비노프

옷(의복)의 기능과 옷을 입는 현실적인 이유들을 잘 표현하고 있는 속담들이 있다. "추운 사람은 누더기도 입는다.", "굵은 베옷이라도 옷 없는 것보다 낫다.", "옷이 날개다.", "이왕이면 다홍치마", "못 입어 잘난 놈 없고, 잘 입어 못난 놈 없다(제아무리 잘났더라도 가난하여 못 입고 못 먹으면 천대와 멸시를 면하지 못한다).", "미친년 속곳 가랑이 빠지듯 한다(단정하지 못하고 불결한 속옷이 겉으로 지저분하게 나와 보이는 것)." 등에서 드러나듯이 옷은 일차적으로 추위와 더위로부터 몸을 보호하는 것은 물론, 개성과 품위, 장식의 기능을 한다. 즉, 옷은 인간의 일차적 욕구인 생리적 욕구와 이차적 욕망인 명예와 인정의 욕구를 드러내는 중요한 수단이다.

한편, 옷은 스티브 잡스처럼 한 개인의 개성과 정체성을 표현하는 수단이기도 하지만, 집단의 정체성을 나타내는 상징이기도 하다. 스티브 잡스의 터틀넥 티셔츠와 청바지, 운동화가 그의 개성으로 기억되고 있다면, 군복과 교복은 집단의 정체성을 표현하는 대표적인 사례이다. 또 일제 강점기 때 일제는 남성을 위한 표준 제복을 제정해 강제로 보급한 적이 있었다. 일제는 통제의 효율성을 높이기 위해 의복 생활을 간소화하는 획일화를 단행했는데, 그 결과가 '국민복(1940)' 제정이다. 일제는 군복을 베껴 소재와 모자, 외투, 장갑, 각반, 구두에 이르기까지 모든 항목을 상세하게 규정하고 이를 강제했다. 이렇게 보면 옷은 집단의 가치와 정체성은 물론, 시대와 이데올로기적 성격까지 반영한다.

이와 관련해 옷은 성별과 지위, 직업을 반영하며, 옷을 통해 집단의식 또는 공동체의식을 드러내기도 한다. 특히 군복이나 경찰복은 집단의 정체성(유니폼)과 공동체적 특성, 집단 내 계급의식과 권위를 가장 잘 드러낸다. 16~18세기 폴란드의 최정예 주력 부대였던 기마병을 일컫는 '후사르(Winged Hussars)'는 그 화려함에서 가장 돋보이는 사례이다. 후사르에 대한 기록을 살펴보면, "이 기병대의 위엄과 아름다움을 말로 표현할 수 없다. 길게 늘어뜨린 삼각 깃발을 달고 있는 창, 호랑이 가죽, 그리고 빼어난 말, 금으로 장식된 등자와 고삐, 자수와 진귀한 보석들. 이들의 복장을 말로 표현하는 것은 오히려 이들의 아름다움을 반감시킬 뿐이다. 세상에 하나뿐인 기사도여. 그 힘과 위풍당당함을 눈으로 직접 보지 않고서는 어떤 상상도 할 수 없으리라."고 그화려함의 극치를 표현하고 있다. 이들을 가리켜 '날개 달린 후사르'라 부르기도 했는데, 그 이유는 말의 몸통에 한 쌍의 날개를 달아 그 화려함과 권위를 한층 더했기 때문이다.

이처럼 집단의 정체성을 드러내는 옷으로서 '유니폼(uniform)'은 규모가 큰 집단을 효율적으로 관리하고 통제할 수 있으며, 유니폼을 통해 자신이 속해 있는 집단은 물론, 개인의 지위와 역할을 충실하게 드러낼 수 있는 효율성까지 지닌다. 또 유니폼은 자신이 속해 있는 집단에 대해 소속감과 자부심을 갖게 하는 장점도 있다. 하지만 나치스의 복장이 우리에게 주는 이미지처럼 극단적인 애국주의와 인종적 우월성을 드러내고, 이를 선전하는(propaganda, 특정 사상을 의도한 방향으로 이끄는 선전 활동) 이념적 도구로 활용되는 문제점도 있다. 정리하면, "의복은 특정 집단이 공유하고 있는 가치와 삶의 방식을 표현하는 수단이 되기도 하고, 사회 집단 간의 경계를 드러내거나 그 집단이 어떤 집단인지를 드러내는 수단이기도 하다." 이 때문에 옷은 개인은 물론, 공동체를 이해하는 기제(원리)로 활용된다.

옷의 소비와 관련해 가장 최근의 경향 중 하나는 '패스트 패션'이다.

패스트 패션이란 "소비자의 기호를 즉각 파악해 유행에 따라 스타일을 빨리 바꿔 내놓는 의류", "계절에 맞춰 1년에 네 번 제품을 기획하는 일반 패션 브랜드와 달리 최신 트렌드와 소비자 반응에 맞춰 1~2주 단위로 빠르게 상품을 기획 · 생산해 판매하는 의류"를 말한다. 패스트 패션은 낮은 가격과 제품의 빠른 순환으로 재고를 줄일 수 있다는 장점도 있지만, 디자이너의 저작권 침해, 환경에 미치는 악영향, 그리고 노동자가 처한 열악한 상황은 심각한 윤리 문제로 지적받고 있다.

패션쇼에 처음 나온 옷은 한 달이 지나기도 전에 패스트 패션 매장에 나오기 때문에 창작자(디자이너)의 저작권에 대한 침해가 자주 일어난다. 또 패스트 패션은 일반적으로 1~2주일(빠를 때는 3~4일) 단위로 신제품을 소량 생산 · 판매한 다음, 남는 상품은 폐기 처분하기 때문에 생태적 지속 가능성이라는 측면에서 환경적으로 해롭고, 자원 낭비라는 비판을 받고 있다. 무엇보다 패스트 패션의 가장 큰 피해자는 옷을 직접 만드는 공장의 노동자들이다. 예를 들어 방글라데시의 비숙련 봉제 노동자들은 시간당 160원의 임금을 받는 것으로 알려져 있는가 하면, 특히 여성과 어린 소녀들을 고용하기 때문에 노동 착취(인권침해)가 심각한 것으로 알려져 있다.

**공정 무역에서는**
개발도상국의 생산자들이 생산한 제품에 공정하고 안정된 가격이 매겨지고,
노동자들은 중간 상인을 거치지 않아 정당한 임금을 받으며,
발생한 초과 이익은 이들의 삶의 질을 높이는 데 재투자된다.

— 마일즈 비트비노프

소비와 관련해 윤리 문제의 대안으로 부상하고 있는 개념이 '윤리적 소비(착한 소비)'와 '공정 무역'이다. 윤리적 소비란 상품이나 서비스를 구매할 때 윤리적 가치 판단을 기초로 하는 소비를 말한다. 이 때문에 윤리적 소비는 공정 무역과 자연스럽게 결합한다. 왜냐하면 윤리적 소비는 인간과 동물, 환경을 우선 고려하는 소비이고, 공정 무역은 가난한 나라(저개발국) 생산자의 경제적 자립과 생태적 지속가능성을 강조하기 때문이다.

공정 무역은 생산 과정의 민주화, 생산자 공동 소유권을 보장하며, 협동조합을 장려하고, 아동 노동을 배제할 뿐만 아니라 환경의 지속가능성과 인권을 중요하게 다룬다. 이러한 이유 때문에 세계적인 빈부 격차와 환경 문제의 심화 등 이윤 추구만이 지배하는 현재와 같은 세계무역 체계에 대한 대안으로 평가받고 있다. 즉 "공정 무역만이 전 세계의 주변부에 있는 노동자들에게 지속 가능하면서 더 좋은 생계를 보장할 수 있다. 공정 무역 운동은 가난한 나라의 고통받는 생산자들의 생활을 향상시키고, 전 세계의 기업들이 윤리 경영을 하도록 영향을 줄 수 있다."

1997년 17개의 나라가 모여 '국제 공정 무역 상표 기구(FLO)'를 창립하고, 공정 무역 상표를 만든 다음, 공정 무역 상표는 "공정 무역 농산물을 생산하는 농민들에게 공정하고 안정된 가격을 보장하며, 이들의 생활이 향상되도록 잉여 소득을 보장한다. 또 환경을 더욱 소중하게 생각하며, 영세 농민의 위상을 강화하고, 소비자와 생산자가 밀접하게 연결되도록 해 준다."고 명시했다. 또 국제 공정 협회는(IFAT)는 FTO 표시는 "정직한 무역 거래를 하고, 공정한 가격을 지불하며, 세계 주변부의 소외받는 사람들과 함께한다. 여러 기술을 함께 나누고, 모두를 위해  더 좋은 품질과 능력을 배양하며, 어린이의 인권을 보호하고, 환경을 소중히 여긴다."는 것을 증명한다고 공표했다.

# 배아, 낙태, 뇌사와 장기이식을 바라보는 몇 가지 시선

*PART 10*

---

### 마이클 샌델

배아를 반드시 인격인 인간과 동격으로 간주해야만 존중할 수 있는 것은 아니다.
그리고 배아를 단순한 사물로 취급해서는 안 된다는 생각이
배아가 인격체라는 점을 증명하지는 못한다.
또 인격체라는 사실만이 존중을 위한 유일하고 정당한 근거가 되는 것도 아니다.

### 로널드 드워킨

거의 모든 사람들은 명백하게 혹은 직관적으로 인간 생명은 모든 사람에게
객관적이고 독립된 인격적 가치를 가지고 있다는 생각을 공유하고 있으며,
그 공유된 생각에 대한 올바른 해석에 있어서
의견이 일치하지 않는다는 것이 낙태 논쟁의 실질적인 핵심이다.

### 피터 싱어

왜 사람들은 뇌사가 실제 죽음이라는 것을 거부하는가?
하나의 가능한 설명은 사람들이 뇌사가 죽음이라는 것을 알고 있다 할지라도
그것이 너무 어려워서 죽음에 대한 진부한 사고방식을 버릴 수 없다는 것이다.
다른 설명은 뇌사가 실제 죽음이 아니라는 것을 알 수 있기 때문에
아무도 뇌사를 믿지 않는다는 것이다.

### 칸트

자신을 임의의 목적을 위한 한갓된 수단으로 처리하는 것은
그 인격에서의 인간성의 존엄을 실추시키는 것이다.
자기의 불가결한 기관 일부를 빼앗는 일, 예컨대 다른 사람의 턱뼈에 이식하기 위해서,
치아 하나를 선물한다거나 파는 일 등이 그러하다.

배아를 반드시 인격인 인간과 동격으로 간주해야만 존중할 수 있는 것은 아니다.
그리고 배아를 단순한 사물로 취급해서는 안 된다는 생각이
배아가 인격체라는 점을 증명하지는 못한다.
또 인격체라는 사실만이 존중을 위한 유일하고 정당한 근거가 되는 것도 아니다.

– 마이클 샌델

생명 과학 기술의 발달은 배아[1]의 도덕적 지위에 대한 논쟁을 촉발했
다. 왜냐하면 우리들 중 어느 누구나 한번은 배아였던 시기가 있었는

---

1  수정 후 약 2주에서 8주 사이의 개체로 수정란이 세포 분열을 시작한 후 하나의 완전한 개체가 되
   기 전까지의 발생 초기 단계를 의미한다. 한편, 배아 복제는 배아 줄기세포를 얻기 위해 복제 후
   배아 단계까지만 발생을 진행시키는 것이다. 연구와 치료 목적의 배아 복제에 찬성하는 입장에서
   는 배아가 아직 인간이 아니라는 점을 강조한다.

데, 이는 배아를 어떤 관점에서 보느냐에 따라 잠재적 인간으로 볼 수 있는 반면, 단순한 세포 덩어리인 포배로도 볼 수 있게 하기 때문이다. 또 복제 배아를 이용한 줄기세포 연구가 난치병 치료에 기여할 것이라는 긍정적 기대에도 불구하고, 배아라는 생명의 파괴를 수반하는 도덕적 문제가 함께 존재한다는 점도 인간 배아 복제 연구로부터 제기되는 중요한 윤리적 쟁점이다.

이 문제를 더 잘 이해하기 위해 우선, 줄기세포를 추출해 내는 배아에 대한 이해가 필요하다. 무엇보다 배아는 아직 인간의 특성(모습)이나 형태를 갖고 있지 않기 때문에 태아가 아니며, 여성의 자궁에 착상되어 자라는 배아도 아니다. 여기서 말하는 배아는 세포 덩어리(약 180-200개)인 포배로 우리가 눈으로 겨우 관찰할 수 있고, 배양 접시에서 자라고 있는 복제 배아다. 또 포배는 세포들이 아직 분화하기 이전 단계이기 때문에 신장이나 근육, 척수처럼 특정한 신체 조직이나 기관의 특성을 갖지는 않는다. 따라서 적절하게 배양하면 어떠한 종류의 세포로도 발달할 수 있는 가능성(줄기세포)[2]을 갖고 있는데, 바로 이 때문에 도덕·윤리적 논쟁이 발생하며, 또 줄기세포를 추출하기 위해서는 포배를 파괴해야 한다는 점도 중요한 윤리적 쟁점이다.

복제 배아의 도덕적 지위를 주장하는 사람들은 복제 배아가 인간과 동일한 유전자를 갖고 있음을 지적한다. 즉 복제 배아를 여성의 자궁에 착상하면 태아로 성장할 것이기 때문에 인간으로 간주해야 한다는 주장이다.

---

2  특정 조직이나 다양한 조직의 세포로 분화할 수 있는 능력을 지닌 세포를 말한다. 즉 신장이나 근육 등 여러 종류의 신체 조직으로 분화할 수 있는 능력을 지닌 세포이다.

이에 따르면, 복제 배아를 파괴하는 줄기세포 연구는 인간의 존엄성에 대한 훼손과 같은 의미를 지니게 된다. 이와 관련해 배아의 도덕적 지위를 주장하는 몇 가지 논거들이 있다. 먼저, 배아는 인류라는 종(種)을 이루는 구성원이며, 발달 과정을 거쳐 도덕적 주체가 될 수 있다는 것이다(종 구성원 논거). 또 배아는 인간과 동일한 유전적 특성을 갖고 있기 때문에 이와 같은 '동일성'에 근거해 배아는 도덕적 지위와 존중의 대상이 된다는 주장이다(동일성 논거). 다음으로 배아는 인간으로 성장할 잠재성을 지닌 잠재적 인간이므로 도덕적 지위를 갖는다는 주장이다(잠재성 논거). 마지막으로 배아와 배아가 아닌 태아의 단계를 구분 짓는 명확한 구분선(경계선)을 확정할 수 없으며, 이 모든 발달 과정은 인간이 되어 가는 일련의 연속적인 발달 과정이므로 도덕적 지위를 지닌다는 주장도 있다(연속성 논거).

하지만 복제 배아를 인격인 인간으로 간주해야 한다는 주장이나 복제 배아의 도덕적 지위를 주장하는 논거에는 함정이 있다. 우리 모두가 한때 '배아'였다는 점은 맞지만, 그렇다고 우리들 중 누구도 '복제 포배'였던 적은 없었다는 점 때문이다.

따라서 '배아'를 이용한 줄기세포 연구와 '복제 배아'를 이용한 줄기 세포는 구분되어야 할 필요가 있다. 즉 연구용 복제 배아(생물학적 인공물)와 자연적 배아를 구분할 필요가 있는 것이다. 또 다른 비판은 '잠재적 인간'이 곧 '현실의 인간(인격)'은 아니라는 것이다. 도토리는 잠재적으로 참나무이지만, 그렇다고 도토리가 곧 성장한 참나무인 것은 아니다. 마찬가지로 잠재성을 근거로 하는 발달 과정의 연속성이 배아를 곧 인간으로 규정짓지는 못한다.

철학자 마이클 샌델은 '배아와 인간을 동일시'하는 주장을 비판하면서도, 배아가 인간의 목적을 위해 언제나 수단으로 이용되더라도 도덕적으로 문제되지 않는다는 주장에 대해서 비판하는 독창적 견해를 제시한다. 그는 "배아는 불가침의 권리를 지닌 존재(인격)도 아니지만, 그렇다고 우리가 마음대로 사용해도 좋은 대상도 아니다. 또 배아를 인간 존재와 동격으로 간주해야만 배아를 존중할 수 있는 것도 아니다."라고 주장한다.

그는 자신의 주장을 오래된 메타세쿼이아 나무에 빗대어 다음처럼 설명한다. 즉 오래된 메타세쿼이아가 존중받는 이유는 그것이 인격체는 아니지만, 우리가 그것을 경외할 만한 아름다운 자연물로 대하며 그것의 가치를 인정하기 때문이다. 따라서 그것을 존중하는 것과 그것을 가치 있게 사용하는 것은 양립할 수 있다. 배아 또한 인격체는 아니지만, 경외할 만한 자연물로서 그 가치를 인정하면서, 치료 증진이라는 고귀한 목적을 위해 사용할 수 있다. 인간 존재와 동일한 인격으로 여겨야만 그것을 존중할 수 있는 것은 아니다. 그는 우리가 생명과 삶을 선물로 인식함으로써 이것에 대해 경외감을 가질 수 있고, 인간의 무분별한 사용을 제한할 수 있을 것이라는 독창적 견해를 제시한다.

거의 모든 사람들은 명백하게 혹은 직관적으로 인간 생명은 모든 사람에게 객관적이고 독립된 인격적 가치를 가지고 있다는 생각을 공유하고 있으며, 그 공유된 생각에 대한 올바른 해석에 있어서 의견이 일치하지 않는다는 것이 낙태 논쟁의 실질적인 핵심이다.

– 로널드 드워킨

오늘날 낙태(인공 임신중절)만큼 논란이 많은 윤리적 문제도 없다. 찬반 논변의 저울추는 이쪽저쪽으로 흔들려 왔지만, 어느 쪽도 상대편을 설득시키는 데 큰 성공을 거두지 못했다. 우리나라는 형법(제269조 및 제270조)에서 낙태를 금지하고 있으나 이에 대한 찬반 논란이 끊이지 않고 있다.

일반적으로 낙태란 자연 유산과 달리 태아의 생명 활동을 인위적인 수단을 동원해 강제로 박탈하거나 의도적으로 중단시키는 행위이다. 그런데 낙태는 '태아'가 여성의 몸 안에서 활동하고 있는 인간 생명이라는 특수한 지위 때문에 지금도 보편적 합의가 어려운 대표적인 사회적 도덕 문제 중의 하나이다. 현대 응용 윤리학자 피터 싱어는 낙태를 보수주의와 자유주의의 입장으로 구분해 검토한다.

보수주의적 입장은 태아와 아이 모두 하나의 '인간'이며, 따라서 인간과 동일한 도덕적 지위를 부여해야 한다고 주장한다. 또 수정란에서 태아와 아이에 이르는 모든 과정은 하나의 연속적인 과정이며, 인간이라는 완전성에 이르는 점진적 과정이라고 주장한다. 따라서 아이를 죽이는 것이 살인이듯이 태아를 죽이는 것도 살인 행위라고 주장한다. 즉 태아와 인간 사이에는 명확한 경계를 구분할 수 있는 선이나 시점이란 존재할 수 없다는 것이다.

이에 대해 싱어는 낙태를 비판하는 보수주의의 논리 구조[3]에서 선결

---

3  싱어는 보수주의의 논리 구조를 다음과 같은 삼단 논법으로 정리한다.
　　첫 번째 전제: 죄 없는 인간을 죽이는 것은 그릇된 일이다.
　　두 번째 전제: 인간의 태아는 죄 없는 인간이다.
　　결론: 인간의 태아를 죽이는 것은 그릇된 일이다.

되어야 할 중요한 문제가 있다고 비판한다. 그것은 그들이 강조하는 '인간'이라는 용어의 뜻이 '호모 사피엔스라는 종의 구성원'이라는 것인지, 아니면 '자의식을 지닌 합리적 인격체'라는 것인지를 명확히 해야 한다는 것이다. 만약 호모 사피엔스라는 종의 구성원이라는 뜻이라면, 낙태를 해서는 안 되는 이유가 단지 자신과 같은 종(種)에 속하는 구성원이기 때문이라는 것이 된다. 그러면 보수주의 입장은 종 차별주의라는 비판을 받게 될 것이다. 반면, 합리성과 자의식을 지닌 인격체를 의미하는 것이라면, 논리적 모순에 빠지게 된다. 왜냐하면 태아는 합리성과 자의식을 지닌 인격체가 아니기 때문이다.

보수주의와 반대로 여성의 낙태 권리를 주장하는 자유주의 입장은 태아와 아이의 경계선을 찾아 여성의 자율적 선택권을 정당화하려고 노력한다. 이 입장은 여성이 자신의 몸에서 일어나는 일에 대해 스스로 통제할 권리를 갖는다고 주장한다. 이들이 찾는 경계선은 주로 태동, 체외 생존 가능성, 의식의 시작, 출생시점 등이다. 태동(태아의 움직임)은 산모가 태동을 느끼기 이전부터 태아는 이미 움직이고 있었기 때문에 태동이 경계 시점이라는 주장은 설득력이 없다. 체외 생존 가능성은 태아가 산모의 몸 밖에서 생존할 가능성을 말하는데, 이 또한 의학기술 발달로 최근에는 6개월이 안 된 태아도 생존할 수 있기 때문에 언제든지 바뀔 수 있다.[4] 수정 후 6~7주 정도가 지나면 감각 능력이 형성된다

---

4  1973년 미국의 연방 대법원은 '로 대 웨이드(Roe vs. Wade) 사건'에서 체외 생존 가능성을 근거로 임신 6개월 내에는 산모가 낙태할 헌법적 권리를 가진다는 판결을 내렸다.

생활과 윤리: 20개 주제로 더 넓고 깊게 읽기

는 연구 결과[5]에 기초할 때 의식이 시작되는 지점을 낙태의 경계 시점으로 삼기에는 어려움이 있다. 끝으로 출생은 실제로 확인할 수 있는 인간의 모습이기 때문에 태아와 인간의 가장 명확한 구분 시점이 될 수 있다. 하지만 출생 시점을 기준으로 낙태 권리를 주장하는 것은 매우 위험해 보인다. 왜냐하면 6개월밖에 안 된 조산아는 죽이면 안 되지만, 8개월이 지난 태아는 죽여도 되는 모순이 발생하기 때문이다. 결국 보수주의 논증을 비판하면서 낙태 권리를 주장하기 위해 의미 있는 구분 시점을 찾으려는 자유주의의 노력 또한 한계를 지님을 알 수 있다.

철학자 톰슨(J. J. Thomson)은 "낙태의 옹호(1971)"라는 논문에서 여성주의에 기초하여 낙태 권리를 주장했다. 그녀는 본인 의사와 상관없이 납치된 한 사람이 깨어 보니 유명한 바이올리니스트 환자와 연결되어 자신의 혈액을 환자에게 9개월 동안 투석해야 하는 가상 상황을 예로 든다. 여기서 납치된 사람은 원치 않은 임신을 한 여성, 바이올리니스트는 태아를 상징한다. 그녀는 납치된 사람이 9개월 동안 침대에 누워 투석을 허용한다면, 그것은 영웅적인 행위일 수는 있을지 모르지만, 그 음악가를 도와야 할 도덕적 의무가 그에게 있는 것은 아니라고 주장한다. 또 그 음악가가 생명권은 갖는다 해도, 위와 같은 행위를 요구할 어떤 권리도 없다고 주장한다. 톰슨은 태아의 생명권 자체에도 회의적이지만, 이러한 비유를 바탕으로 여성은 자기방어를 위해 낙태 권리를 갖는다고 주장한다.

지금까지의 논의에 더하여 낙태에 관한 입장을 정리해 보면, 낙태에

---

[5]  일반적으로 18–25주 사이에 의식과 관련된 신경 전달 체계가 형성되는 것으로 본다.

반대하여 태아의 생명을 옹호하는 '생명 옹호주의(pro-life)'는 (1) 연속성 논거('인간'이라고 정의할 시점을 규정할 수 없기 때문에 수정이 이뤄지는 순간부터 인간으로 보아야 한다.), (2) 존엄성 논거(태아를 인간으로 보고 인간의 존엄성을 보호해야 한다.), (3) 살인 금지 논거(태아는 죄 없는 인간이기 때문에 태아를 죽이는 것은 살인에 해당한다.), (4) 잠재성 논거(태아는 수정 후부터 성인으로 성장할, 또는 의식 능력을 지닌 인격으로 발달할 잠재성을 지닌 인간이다.), (5) 종의 구성원 논거(태아는 인류라는 종의 구성원이다.), (6) 정체성(또는 동일성) 논거(태아는 태어나기 이전부터 이미 고유한 정체성을 지니고 있다.)를 제시하면서 낙태를 반대한다.

낙태를 선택할 여성의 권리를 옹호하는 '선택 옹호주의(pro-choice)'는 (1) 소유권 논거(여성은 자기 몸에 대해 소유권을 갖기 때문에 몸의 일부인 태아에 대해 처분권도 갖는다.), (2) 생산 논거(생산자인 여성은 생산물인 태아에 대해 결정권을 갖는다.), (3) 자율성 논거(자율적 삶에 관한 여성의 권리는 태아에 대해서도 자유롭게 결정할 권리를 포함한다.), (4) 평등권 논거(여성과 남성은 평등하며 이는 낙태 권리에도 적용된다.), (5) 정당방위 논거(여성은 자기방어의 권리를 갖기 때문에 상황에 따라 태아에 대한 결정권도 갖는다.)에 근거하여 낙태 권리를 주장한다.

로널드 드워킨(Ronald Dworkin)은 낙태에 대한 반대를 '파생적 반대'와 '독립적 반대'로 구분한다. 파생적 반대는 모든 인간이 갖는 권익이 존재하고 태아도 이를 가지고 있다는 전제로부터 낙태 반대를 도출한다. 이와 달리 독립적 반대는 낙태는 생명의 단계와 형태가 어찌 되었건 인간 생명의 내재적 가치, 즉 신성성을 무시하고 모독하기 때문에 원칙적으로 나쁘다는 것이다. 드워킨에 의하면 낙태 논쟁의 핵심은 독립적 반대와 관련된다. 즉 거의 모든 사람들이 직관적으로 인간 생명이 객관적이고 독립된 인격적 가치를 가지고 있다는 생각을 공유하고 있지만, 그 공유된 생각에 대한 올바른 해석에서 의견이 일치하지 않는다는 것이다.

왜 사람들은 뇌사가 실제 죽음이라는 것을 거부하는가?
하나의 가능한 설명은 사람들이 뇌사가 죽음이라는 것을 알고 있다 할지라도 그것이 너무 어려워서 죽음에 대한 진부한 사고방식을 버릴 수 없다는 것이다.
다른 설명은 뇌사가 실제 죽음이 아니라는 것을 알 수 있기 때문에 아무도 뇌사를 믿지 않는다는 것이다.

– 피터 싱어

1968년 5월 미국 버지니아주에서 브루스 터커(Bruce Tucker)라는 흑인 노동자가 공장에서 추락하여 머리에 중상을 입었다. 터커는 병원으로 옮겨져 뇌수술을 받고 인공호흡기로 생명을 유지하고 있었는데 당시 병원에는 심장이식 수술을 기다리고 있는 환자 조셉 클렛(Joseph Klett)이 입원하고 있었다. 터커는 뇌파 검사 결과 뇌 기능을 완전히 상실한 '뇌사' 판정을 받았다. 터커의 담당 의사는 그가 소생할 가능성이 전혀 없으며 죽음에 임박했다고 판단, 그를 수술실로 옮겨 심장과 양쪽 콩팥을 제거하는 수술을 하였다. 인공호흡기를 제거한 5분 후 터커에게 죽음이 선고되었고, 심장은 클렛에게 이식되었다. 의사들은 그의 동생 전화

번호를 알고 있었는데도 보호자의 동의 없이 일방적으로 심장을 제거했다. 이 사실을 알게 된 터커의 동생은 담당 의사를 상대로 소송을 제기했지만, 버지니아 법원은 뇌사와 죽음을 동일시하여 의사에게 유리한 판결을 내렸다.

이 사건으로 뇌사 문제에 대한 사회적 관심과 윤리적 논쟁이 시작되었다. 전통적으로 죽음의 기준이었던 '심폐사' 대신 뇌사를 죽음의 기준으로 적용하고, 의사가 환자의 장기를 동의 없이 임의로 적출했기 때문이다. 죽음이란 죽어 가는 과정 중의 어느 한 시점에서 일어난다. 이에 따라 '어느 한 시점'을 죽음의 기준으로 삼느냐에 따라 심폐사와 뇌사로 구분한다. 심폐사는 심장이나 폐의 기능이 불가역적으로(돌이킬 수 없이) 완전히 정지된 상태를, 뇌사는 뇌(대뇌, 소뇌, 뇌간)[6]의 기능이 불가역적으로 완전히 정지된 상태를 죽음의 기준으로 삼는다. 심폐사가 전통적인 죽음의 기준이었다면, 뇌사는 의학기술의 발달과 함께 새롭게 제시되고 있는 죽음의 기준이다.

뇌사에 찬성하는 사람들은 신체의 각 기관과 장기들이 중앙의 뇌에 의해 조정되지 못하여 더 이상 전체로서의 통합된 기능을 할 수 없다면, 인격체로서 인간은 이미 존재하지 않기 때문에 실질적인 죽음으로 봐야 한다고 주장한다. 더 이상 자율성에 기초한 주체적인 판단과 체험, 반응 및 행동을 할 수 없으므로 인격체가 아니라는 것이다. 뇌사는

---

6 　대뇌는 운동과 감각을 지배하는 중추 신경이 있는 곳으로 기억, 사고, 의지, 정서, 언어와 같은 정신 활동이 이루어지는 기관이다. 소뇌는 운동 조절 중추가 있는 곳으로 몸의 평형을 유지하고, 운동을 원활하게 해 주는 기능을 담당한다. 뇌간은 몸의 모든 장기 기능을 통합 조절하는 신경 중추와 반사 중추가 있는 곳으로 의식을 유지하는 중심이 된다. 특히 생명 유지에 가장 중요한 호흡과 순환의 중추가 있는 곳도 뇌간이다.

심장, 간, 폐, 췌장처럼 중요한 장기를 적출하여 그것을 필요로 하는 사람에게 이식할 수 있는 유일한 방법이기 때문에 실용적 이익의 관점에서 적극 주장되고 있다. 또 뇌사자의 생명 연장을 위해 많은 비용이 드는 상황에서 뇌사는 환자 가족의 경제적 부담을 줄이기 위한 현실적 선택이라는 주장도 있다.

하지만 뇌사를 반대하는 사람들은 비록 뇌가 신체의 중요한 일부이기는 하지만, 생물학적인 의미의 개체, 즉 한 개인이란 각각의 요소들이 통합된 조직체로서 신체이기 때문에 신체의 일부분인 뇌만을 가지고 죽음의 기준으로 삼아서는 안 된다고 주장한다. 뇌사를 반대하는 입장은 주로 세 가지 문제, 즉 ① 죽음 개념의 문제, ② 의학적 문제, ③ 윤리적 문제를 근거로 뇌사를 죽음의 기준으로 삼아서는 안 된다고 주장한다.

첫째, 죽음 개념의 문제는 뇌사가 (불가역적이라 하더라도) 결코 주체의 죽음을 의미하는 것이 아니라는 것이다. 뇌사 반대 입장에 의하면 뇌사자는 '죽은 사람'이 아니라 '죽어 가고 있는 사람'이다. 따라서 만약 뇌사를 죽음의 기준으로 받아들이게 되면, 자율성이나 의식 능력은 없지만 아직 살아 있는 존재를 생명으로 인정하지 않는 모순된 결과를 받아들여야 한다. 뇌사 반대자들은 뇌사란 죽음의 진행 과정에 존재하는 과도기적 상태이며 인간은 뇌라는 한 부분으로 제한될 수 없다고 주장한다. 뇌의 기능은 의식의 주체에 봉사하지만 그 의식의 주체인 인간 그 자체는 아니라는 것이다.

둘째, 뇌사의 의학적 문제는 뇌사 진단이 항상 오진의 가능성이라는 위험을 동반한다는 것이다. 의식을 잃고 인공호흡기에 의존하는 중증 뇌손상 환자의 경우 모든 뇌기능이 정지되었는지에 대한 정확한 진단이 불가능하며, 이 경우 동공이 빛에 반응하는지, 자발적 호흡 및 반사작용이 정지했는지가 확실한 죽음의 기준이 될 수 없다. 뇌파 측정 또한 사망 확인에서 결정적인 뇌간의 활동이 아니라 대뇌피질의 활동만 살피는 것이므로 사망 확인을 위해 불충분하며, 충분한 확인을 위한 다른 진찰 방법, 가령 환자의 뇌혈관에 높은 압력으로 조영제를 주사하여 뢴트겐으로 촬영하는 방법 등은 아직 살아 있을 수도 있는 사람의 신체적 불가침성을 해치는 위법 행위일 수 있다.

끝으로, 윤리적 문제는 뇌사와 관련된 논의가 죽음의 새로운 기준이라는 미명 아래 현실적으로 장기 이식을 염두에 둔 경우가 대부분이라는 점과 관련된다. 요나스(H. Jonas)는 『기술 의학 윤리』에서 뇌사 개념이 이식을 위한 장기를 확보하기 위해 고안된 것이며, 뇌사 진단은 사망 시간을 임의적으로 정하는 것을 의미할 뿐이라고 비판한다. 뇌사의 윤리적 문제는 뇌간사보다 대뇌사를 주장하는 경우에 더욱 심각하다. 대뇌사는 인간 및 인격체의 기준을 고등 정신과 이성 능력에만 두어, 뇌간의 일차적 생명 유지(호흡과 순환) 기능을 중요하게 고려하지 않기 때문이다. 이것은 마치 자연을 죽은 것이나 기계와 동일시했던 근대 서구의 기계적 자연관을 기계적 인간관으로 바꾸어 놓은 것으로 보인다. 근대 서구인들이 의식이 없는 자연에 대한 인간의 이용과 지배를 당연시했던 것처럼, 오늘날의 뇌사 또한 의식이 없는 인간 존재를 자연으로 해석하고, 이것으로부터 의식이 있는 환자의 욕구를 충족하기 위해 뇌사자의 장기를 적출하려는 의도를 지닌 것으로 보인다.

자신을 임의의 목적을 위한 한갓된 수단으로 처리하는 것은
그 인격에서의 인간성의 존엄을 실추시키는 것이다.
자기의 불가결한 기관 일부를 빼앗는 일,
예컨대 다른 사람의 턱뼈에 이식하기 위해서,
치아 하나를 선물한다거나 파는 일 등이 그러하다.

– 칸트

장기 이식이란 질병이나 사고로 손상된 조직이나 장기를 치료하기 위해 건강한 다른 조직이나 장기를 이식하는 행위이다.[7] 장기 이식은 뇌사자나 기증자의 생체에서 건강한 장기를 추출하여 치료가 불가능한 말기 환자들의 장기를 대체하는 기술로서 지속적 발전을 거듭하고 있다. 또한 이식된 장기로 인한 거부 반응이 일어나지 않도록 새롭고 향상된 면역 억제제가 개발되어 장기 이식의 성공률도 높아지고 있다. 전통적인 심폐사 기준에 입각해 심폐 기능이 정지될 때까지 기다린다면, 대부분의 장기는 이식에 사용될 수 없다. 뇌사자 수는 연간 사망자 수의 1% 정도이고, 그중 장기 이식이 가능한 수는 약 20% 정도로 추산된다. 수많은 사람들이 장기 이식을 기다리다가 죽어 가는 현실을 고려한다면, 전통적인 심폐사 기준은 더 이상 현실적인 대안이 아닌 것으로 보인다. 뇌사 상태에서 기증할 수 있는 장기로는 신장, 간장, 췌장, 심장, 폐,

---

7  장기 이식의 종류에는 자기 신체의 일부를 신체의 다른 부분으로 이식하는 '자가 이식(autograft)', 한 개체의 신체의 일부를 같은 종의 다른 개체에 이식하는 '동종 이식(allograft)', 그리고 한 개체의 신체 일부를 다른 종에 속한 개체에 이식하는 '이종 이식(xenograft)' 등이 있다.

각막 등이 있다.

　장기 이식은 여러 가지 윤리적 의의를 갖는다. 첫째, 뇌사자는 자신의 장기를 불치병 환자들에게 제공함으로써 인간의 생명을 구할 수 있다. 따라서 장기 이식은 자기희생을 통해 인류애의 보편적 가치를 실현하는 방안이 된다. 둘째, 장기 이식은 장기의 기증자와 수혜자가 반드시 일방적으로 구분되지는 않는다. 즉 누구나 수혜자가 될 수 있고, 누구나 기증자가 될 수 있다. 따라서 장기 이식은 공동체 의식을 고양하고 연대성을 강화하는 효과적인 수단이 될 수 있다. 셋째, 장기 이식은 인간의 생명을 구하고 건강을 회복시켜 줌으로써 인간의 삶의 질을 개선하여 준다. 넷째, 장기 이식은 고통받고 있는 환자에게는 치료의 기쁨을 주고 기증자에게는 생명을 살리는 이타적 행위에 따르는 기쁨을 줄 수 있다.

　그러나 장기 이식과 관련해서는 다양한 윤리적 문제가 제기될 수 있다. 첫째, 장기 기증자의 자율성 보장 문제가 있다. 이는 장기 기증자에게 충분한 정보를 제공하고 동의를 받아야 한다는 점, 그리고 가족 중 누군가 장기 이식을 받아야 할 경우 다른 가족 구성원이 무언의 압력을 받을 수 있다는 점 등과 관련된다. 장기 기증은 강제성을 띠어서는 안 되며 자유 의지에 따른 것이어야 한다. 사회적 이익을 추구한다는 명목으로 인간의 자유와 존엄성이 침해받아서는 안 된다. 둘째, 죽음의 판정 기준과 관련된 문제가 있다. 우리나라는 2000년 2월 국무회의에서 '장기 등 이식에 관한 법률 시행령' 개정안이 의결되면서 '뇌사'를 공식 인증하였다.[8] 죽음 판정의 기준으로 뇌사를 인정하는 것은 장기 이식에 필요

---

8　개정안 의결을 통해 우리나라는 세계 최초로 정부가 장기 이식을 주도하는 국가가 되었다. 개정

한 장기를 획득하기 쉽게 한다는 긍정적인 측면도 있지만 죽음을 신중하게 판정하지 않을 수 있는 부정적 측면도 있다. 셋째, 장기 기증자에 대한 적절한 보상 문제가 있다. 무엇보다 장기 기증자에게 보상을 해야 하는가에 대한 찬반 논쟁이 있다. 특히 우리나라는 현재 장기 매매를 법률로 금지하고 있는데 장기 이식에 대한 보상이 과도할 경우 장기 매매의 위험이 있다. 칸트(I. Kant)는 다른 사람에게 이식하기 위해 자신의 신체 일부(예를 들어 치아)를 파는 행위는 자신을 한갓 수단으로 취급하는 부도덕한 행위라고 비판하였다. 넷째, 장기 분배 문제가 있다. 장기 분배와 관련해서는 공정한 분배 기준에 대한 사회적 합의가 필요하며, 임의적 분배가 아닌 공정한 분배 기준을 따라야 한다.[9] 아울러 사적 영역에서의 장기 매매나 강탈 등은 엄격하게 금지되고 감시되어야 한다.

장기 이식은 기증자 및 수혜자 양측 당사자의 자율적인 결정에 의한 것이어야 한다. 장기기증은 도덕적으로 선한 것으로 간주되지만, 자비나 희생은 강요할 수 있는 것이 아니다. 법적 규정을 통해 강요할 수 있다 하더라도 법적 규정이 개인의 자율적 결정을 무조건 능가해서는 안 될 것이다. 장기 기증을 법적 의무로 규정해야 하는가의 여부는 다수의 사회 구성원이 어떻게 결정하느냐에 달려 있다. 곤경에 처해 있는 사람을 돕지 않는 사회에서 사는 것은 누구도 원하지 않을 것이다.

---

안은 장기 이식 관련 모든 정보를 국립장기이식관리기관에서 통합 관리해 장기 이식이 신속하고 공정하게 이루어질 수 있도록 했다.

9　우리나라의 경우 의학적 응급도나 항목별 점수(나이, 대기 기간, 과거의 장기 기증 사실 여부, 혈액형 동일 여부, 지리적 접근도 등)를 고려하여 선정한다.

# 집을
# 바라보는 몇 가지 시선

---

## PART 11

### 하이데거
인간은 드높은 하늘이 부르는 소리에 귀를 기울이고
자신을 감싼 대지의 보호에 감사하면서 살 경우에만
그 어떤 조건에도 흔들리지 않는 영원하면서도 견실한 생명력을 갖는다.

### 헤스코트
집은 거주자의 정체성을 표현하는 인격이다.

### 임재해
집은 외형이 아니라 내면적으로 이치에 닿게 반듯하게 지어야 한다.

인간은 드높은 하늘이 부르는 소리에 귀를 기울이고
자신을 감싼 대지의 보호에 감사하면서 살 경우에만
그 어떤 조건에도 흔들리지 않는 영원하면서도 견실한 생명력을 갖는다.

− 하이데거

주거(住居)란 '살다, 머무르다, 세우다, 살고 있는 사람'의 뜻을 지닌 주(住)와 '있다, 살다, 곳, 자리 잡다, 쌓다, 차지하다, 법, 살고 있는 사람'이란 말의 거(居)가 결합한 단어이다. 단어의 뜻에서도 알 수 있듯이 주거란 '세우고 쌓는' 행위를 통해 일정한 공간을 '차지하여 자리 잡는다'는 의미를 지닌다는 점에서 일차적으로 물리적 구조와 관련된 개념이라 할 수 있다. 또 '법과 살고 있는 사람'이란 뜻을 통해 이 공간이 자연의 질서를 존중해야 하며, 그곳에 '머무르는(활동하는)' 사람(구성원)

에게는 일정한 규범적 행위와 질서가 필요하다는 점을 추론할 수도 있다. 그리고 이것은 주거에 담긴 가치론적이며 윤리적 의미를 표현한다고 할 수 있다. '주거'에 담긴 의미론적 분석을 통해 우리는 주거가 물리적 환경과 관련된 개념이면서, 또한 사회를 구성하는 단위이며, 나아가 질적인 측면에서 가치(윤리)의 의미를 지닌 개념임을 알 수 있다.

또 이에 따라 '주거 문화'란 "사회·문화적 환경 아래에서 주거와 관련해 특정 지역, 시대, 계층에서 이에 대응하기 위해 표현하는 생활양식"이라 정의할 수 있다. 따라서 주거문화에는 외적인 물리적 요인과의 상호작용은 물론, 거주자들의 가치관, 세계관, 이데올로기, 지식과 규범 등 내적인 요인까지 포함된다. 주거의 가치론적 측면을 베이어(Beyer)는 "미(美), 편안함, 편리성, 위치(입지), 건강, 취미활동, 프라이버시, 안전성, 친구 초대, 경제성"으로 제시하고, 커틀러(Cutler)는 "가족중심주의, 신체적 건강, 경제성, 자유, 심미성, 지위 상징, 여가"로 제시한다. 이처럼 주거의 내적 요인을 이루고 있는 가치·윤리적 요인은 주거를 포함한 삶의 모든 영역에서 표현되는 개념이며, 이것은 삶의 질과 인간다운 주거 공간(또는 주거문화)의 의미를 결정하는 데 중요한 영향을 미친다. 즉, 주거 공간과 주거 문화는 사람의 품성이나 가치관에 중요한 영향력을 행사하며, 여기에는 거주하는 사람들의 가치관과 세계관이 깊이 반영되기 마련이다. 맹자 어머니의 '맹모삼천지교'는 주거 공간과 인간의 인성 및 가치와의 관계를 적절히 보여 준다.

| 가치 함의 영역 | 내용 |
| --- | --- |
| 미(beauty) | 주택의 내·외부의 디자인과 색채 |
| 편안함 (안락함, comfort) | 가족 구성원이 긴장을 풀고 휴식과 건강을 회복할 수 있는 안식처 |
| 편리성 (convenience) | 청결하게 정돈되어 있고, 가사 노동을 줄일 수 있는 설비 |
| 위치(입지, location) | 가족 구성원에게 가장 중요한 장소 및 주변 시설(경찰서, 상가 편의시설) 접근성 |
| 건강과 안전성(health and safety) | 충분한 채광과 신선한 공기, 화재와 사고, 절도로부터 안전성 |
| 사생활 (privacy) | 이웃이나 외부의 방해를 받지 않고 활동할 수 있음 |
| 경제성 (economical) | 주택 가격의 적절성 및 유지 관리비 |
| 사회성 (social) | 이웃이나 친지들과 사회적 활동을 할 수 있는 충분한 공간 |
| 권위 (위신 , prestige) | 거주하는 곳을 자랑스럽게 여기며, 타인에 대한 관심과 존경 |

하지만 사회적 환경의 변화(정치·경제·사회·문화·산업·인구·제도·도시화·기술 등)와 생활양식의 변화(가족·시간·노동·지역·자연·이웃·전통 등)는 서로 맞물리면서 주거 공간과 주거 문화에도 급격한 변화를 가져왔다. 하이데거가 현대를 '고향 상실'의 시대라 말하고, 현대를 살아가는 우리들을 상징적 의미에서 '고향을 상실한' 사람들이라고 말한 것은 오늘날 우리의 삶이 지닌 전반적인 특성, 즉 '탈자연화'를 의미하는 것인데, 이는 주거 문화에도 그대로 적용된다.

하이데거는 현대 과학기술은 "모든 존재자들을 계산 가능한 에너지원으로 무자비하게 동원"하고 지배함으로써 "모든 존재자가 자신의 고유한 존재를 발현하면서도 서로 조화와 애정을 갖고 운영되었던" '고향'의 세계를 추방해 버렸다고 진단한다. 이 때문에 현대 우리에게는 마음을 붙일 수 있는 고향이 없다는 것이다. 즉, 우리는 "예스럽고 오래된 안정된 삶의 세계로서 '고(故)', 그리고 떠나온 추억의 장소(시골)이자 순수를 간직하고 있던 장소와 세계로서 '향(鄕)', 또 익명의 타자들이 사는 곳이 아닌 자연적 유대와 서로에 대한 애정의 공간으로서 전통을 공유했던 '향(鄕)'"을 상실한 삶을 살아가고 있다고 주장한다. 그의 이런 주장은 지금의 우리 주거 공간과 문화에도 정확하게 들어맞는다.

근대화와 산업화, 그리고 그 결과로서 도시화는 주거 문화를 아파트 중심으로 급격하게 바꾸어 왔으며, 무엇보다 경제 이념으로서 자본주의와 맞물리면서 주거 공간을 거래와 매매에 의한 이윤 추구 대상으로 변질시켰다. 즉 '고향'이 갖고 있었던 주거의 의미는 사라지고, 주거 공간에서는 집단을 이루고 있으면서도 소외와 단절을 겪게 되었으며, 경제적 효율성(공간의 효율적 활용)과 이윤 추구(투자 대상으로서 주거공간) 원칙이 지배하게 되었다.

하이데거에 의하면, 우리는 고향을 잃었다. 고향, 즉 "들길의 소리에 귀 기울이는 사람은 조작적인 사물들의 노예가 아니다. 인간은 들길이 부르는 소리에 부응하지 않을 경우, 지구를 하나의 질서에 편입하려는 헛된 노력을 한다. 오늘날 우리는 오직 기계의 소음만을 들을 뿐이며, 이 소리를 신의 소리로 여긴다. 이렇게 우리의 마음은 길(고향)을 잃었다." 또한 이 때문에 우리는 "단순하고 소박한 자연의 삶을 잃고" 역사상 가장 궁핍한 시대를 살아가고 있다. 이제 우리는 자연과 고향으로서 주거 공간, 주거 문화를 재건하고 회복해야 한다. 이것은 곧 우리가 실존하는 의미를 회복하는 일이다. 왜냐하면 건축이란 죽을 수밖에 없는 인간('유한한 자')이 대지에 거주하는 방식이며, 대지에 거주한다는 말은 죽을 자로서 인간이 서로 어울려 있는 하늘, 신, 대지를 소중히 살피고 가꾼다는 의미이기 때문이다. 따라서 이러한 행위는 대지를 구원하고, 하늘을 받아들이며, 신을 기리고, 죽을 자로서 인간이 다른 인간들을 본래적 죽음으로 인도한다는 것을 의미한다. 하이데거는 「겨울 저녁」이란 시에 나오는 산촌의 집을 인용해 집이 삶의 근본 요소인 대지·하늘·신·인간을 어떻게 응축하고 있는지를 보여 준다. 즉, 집의 창문에 내리는 눈은 '하늘'을, 집 뜰의 나무는 '대지'를, 집 안의 탁자는 '신'의 신호를 청하는 제단을, 그리고 어두운 거리를 헤매는 길손은 '인간'을 상징한다. 그리고 이 인간은 저녁 교회 종소리를 들으며 탁자에 앉아, 하늘에서 창밖의 나무를 타고 내려오는 신의 은총을 기다린다. 이처럼 하이데거에게 집은 인간의 삶, 즉 대지와 하늘, 신과 인간이 응축되어 모여 있는 공간이다.

**집은 거주자의 정체성을 표현하는 인격이다.**

– 헤스코트

주거 공간, 즉 "집은 당신의 또 다른 인격"이라고 한다. 우리는 집을 통해 삶의 영속성와 안정성을 유지하고, 그 안에서 삶을 설계한다. 이 때문에 집(고향)에서 떨어져 멀리 있을 때 갈망과 향수를 느낀다. 또 주거 공간으로서 "집에 산다는 것은 흔적을 남기는 일이기도 하다. 집은 특별한 역사를 담고 있는 그릇이다. 나아가 집은 상징과 집단적 기억의 언어를 담고 있는 최후의 저장고이다. 그 기억은 우리와 조상을 결속시켜 준다. 또 우리는 집 자체와 장식, 구조, 집안의 내용들(창문, 거실, 방, 지하실, 다락방, 부엌, 화장실, 장롱, 책상, 의자, 화장대, 침대, 액자, 벽 등)을 통해 우리의 삶을 이해할 수 있게 된다. 그러므로 집은 자아와 정체성을 표현한다. 집의 각각의 구성 요소들은 우리의 내적인 삶의 단면들을 표현한다."

이 때문에 발터 벤야민은 건축을 "흔적의 장소를 만드는 행동"이라 했다. 하이데거가 '집을 거주'와 관계 지었다면, 벤야민은 '흔적을 남기는' 것과 관계 지었다. 그러므로 "각각의 공간을 결합하고 합하면 거주인의 삶의 방식이 지도처럼 그려진다. 즉, 집은 거주자의 정체성을 표현한다." 우리는 집에서 태어나고, 자라고 일하고 결혼하고, 늙고 죽는다. 전통 사회에서 집은 탄생에서 죽음에 이르기까지 언제나 우리의 통과의례와 함께했다. 특히 우리 전통사회에서 거주 공간으로서 집은 의례를 행하는 곳이자, 이웃이 함께 모여 어울리는 교류와 놀이의 공간이었다. 하지만 오늘날 집은 그 기능이 크게 축소되었고, 대부분의 의식은 집 밖의 공간(예식장이나 상업적 공간)에서 이뤄지고 있다.

또 우리(현대인)에게 집은 재산이나 자산으로서 가치로 인식되고 있기 때문에 이를 당연한 것으로 받아들이고 추구하는 경향이 강하다. 오늘날 집이 사회 경제적 지위의 상징('구별 짓기')이자, 재산을 증식하는 가장 효율적인 수단으로서 신분적·경제적 성격을 지니지만, 집이 '기억의 장소'이자, '삶의 구심점'이며, 거주자의 '정체성과 인격'이라는 점을 떠올린다면, 집을 경제적·실용적 차원에서만 바라보는 것은 집의 상징적·본질적 가치를 훼손하는 지혜롭지 못한 행동이라 할 수 있다.

**집은 외형이 아니라 내면적으로 이치에 닿게 반듯하게 지어야 한다.**

– 임재해

반면, 주거에 관한 우리의 전통은 이처럼 지혜롭지 못한 사고와 가치관을 일깨우는 소중한 가르침을 제공한다. 이에 따르면 주거 공간(또는 집)은 단지 겉으로 그럴듯하게 짓거나 쌓을 때 바람직한 것이 아니라 주거 공간에 깃든 내적 이치와 원리를 충족할 때 올바른 것이 된다. 즉, 집이라는 공간 안에서 거주하는 사람들이 도덕적·정신적 차원에서 올바른 생각을 갖고 생활할 수 있도록 배려하고 설계해야 한다는 것이다. 예를 들어 "기둥 밑에 괴는 돌인 주추를 놓을 때는 오행에 맞게 배열하고, 기둥을 세울 때는 인의예지에 맞게 세우며, 고루(높은 곳에 자리 잡은 보루)는 팔조목에 맞게 얹고, 들보(칸과 칸 사이의 두 기둥을 건너지르는 나무)는 삼강령(유교의 도덕에서 기본이 되는 세 가지 강령으로 임금과 신하, 부모와 자식, 부부간의 분별과 도리)에 맞게 얹는다." 이렇게 보면, 사람들이 거주하는 공간으로서 집은 유교 사회의 이상적인 가치들의 실현이라는 상징적 의미를 갖고 있었다고 할 수 있다. 집을 짓는 행위를 사람이 추구해야 할 유교적 도덕 가치를 구현하는 활동으로 인식하고 있었던 만큼, 공간 또한 사랑채, 안채, 행랑채, 사당 등으로 구분되어 있었다. 따라서 그것은 경제적이며 실용적 가치를 지닌 단순한 도구적 공간이라기보다 인간다움의 가치를 실현하는 도덕적 공간이었다.

한편, 주거 공간에 대한 신성성은 그곳의 각 부분을 담당하는 신(神)의 존재를 믿었던 신앙에서 잘 드러난다. 예를 들어 성주(마루)신은 집을 대표하는 신이자 건축물로서 집의 신을 의미하고, 삼신(안방)은 아기의 잉태와 출산 및 양육을 관장하는 할머니 신이며, 조왕(부엌)신은 불씨를 지켜 주고 살림을 관장하는 주부 신이다. 또 집터를 지켜 주는 땅의 신(터주), 가족의 수명장수를 관장하는 칠성(장독대), 집안의 재물을 지켜 주는 업신(재물신), 잡귀의 출입을 단속하는 수문신(대문), 소의 출산과 건강을 관장하는 소의 삼신(궁웅신) 등이 있다. 이처럼 집에 대한 신앙에는 당시 가정에서 가장 소중하게 여겼던 가치들, 즉 건물 자체의 안정성과 그곳에 거처하는 사람들의 안전 및 건강, 생명의 탄생, 재산의 보호에 대한 소망이 담겨 있음을 알 수 있다.

한편, 집에서 사람과 함께 공동으로 거주하는 존재에 동물인 소를 포함하고 있다는 사실에서 소의 현실적 가치와 인간과 동물의 공동체적 유대를 함께 엿볼 수 있다. 2009년 개봉된 다큐 영화 〈워낭소리〉(이충렬 감독)는 소와 노부부의 마지막 몇 년간의 삶을 통해 소와 인간이 하나의 가족임을 담담하지만 감동적으로 그려 냈다. 결론적으로 전통 사회에서 주거공간으로서 집은 자연의 질서를 담은 공간이자, 생명의 장소이며, 사람과 동물이 함께 거주하는 공간이자, 조상을 섬기는 공경의 공간(사당)이며, 도덕적 가치를 실현하는 교육의 공간이었다.

# 기업의 사회적 책임을
# 바라보는 몇 가지 시선

## PART 12

**프리드먼**
기업은 기업을 소유한 주주들의 도구일 뿐이기 때문에
자선과 기부 행위는
개별 주주들이 자신의 돈을 어떻게 쓸 것인지 결정하는 것을 방해하는 행위이다.

**제프리 홀렌더**
기업의 사회적 책임은 비즈니스의 미래이며,
기업들의 일거수일투족이 모두 노출되는 세상에서 살아남고
번영하기 위해 반드시 해야 할 일이다.

기업의 사회적 책임(기업시민의식)과 기업 이윤 사이의 연관성을 보여주는 좋은 사례가 있다. ○○유업은 2013년 '갑의 횡포' 논란으로 거센 여론의 비판에 맞닥뜨렸다. 당시 ○○유업의 대리점주들은 우리나라 최대 유가공업체인 ○○유업이 주문하지도 않은 제품을 강제로 사게 하고, 유통기한이 다 된 물건을 떠안겼다는 내용을 폭로해 큰 파장을 일으켰다. 이후 ○○유업은 처음으로 경쟁사인 매일유업에 매출 1위 자리를 넘겨주기에 이르렀다(2015). 파문 이후 지역 봉사 활동 등 회사의 이미지를 바꾸기 위해 노력을 기울여 왔지만 등을 돌린 소비자의 마음을 이전 상태로 돌려놓지는 못했다. 반면, 회사의 직접적인 이윤 추구 활동과는 거리가 있는 ○○그룹의 음악 영재 육성 프로그램은 세계 3대 피아노 콩쿠르인 폴란드 바르샤바에서 열린 제17회 국제 피아노 콩쿠르(2015)에서 우승(조성진)하는 데 가장 큰 후원자였던 것으로 밝혀져 기업의 이미지가 크게 제고되었다.

"임신한 쥐 15마리 중 13마리가 죽었다." 2016년 우리 국민들을 한순간에 심리적 공황 상태에 빠뜨린 옥시 사태의 주요 원인 물질인 PHMG의 독성 실험 결과이다. 정부는 세계에서 거의 유일하게 검증되지 않은 독성 화학 물질에 대해 안전성 실험을 거치지 않은 채 판매를 허가했고, 기업은 유독성을 알면서도 15년 이상 이 유독성 물질을 가습기 살균제로 만들어 판매해 왔다. 2002년 5세 어린이가 처음으로 사망한 이후 현재까지 260여 명이 사망했고, 관련 증상으로 고생하는 사람들은 최소 1,500여 명에 이른다.

> 기업은 기업을 소유한 주주들의 도구일 뿐이기 때문에
> 자선과 기부 행위는
> 개별 주주들이 자신의 돈을 어떻게 쓸 것인지 결정하는 것을 방해하는 행위이다.
>
> – 프리드먼

애덤 스미스에서 존 스튜어트 밀에 이르기까지 고전 경제학은 정부의 통제나 힘으로부터 자유로운 경제 활동을 기본 신념으로 여겨 왔다. 경제 활동의 자유를 최대한으로 보장할 것을 주장하고, 이를 위해 국가(정부)의 간섭을 가능한 한 배제하려는 이들의 입장은 우리에게 '자유방임주의'로 알려져 있다. 스미스는 시장에 대해 간섭하거나 통제를 가하는 행위, 그리고 특혜를 주는 모든 조치가 완전히 철폐되면 분명하고 단순한 '완벽한 자유의 체계'는 스스로 확립된다는 믿음을 갖고 있었다. 따라

서 "모든 규제는 자유의 정신과 상반된다."는 것이다. 이 때문에 그에게 '기업의 사회적 책임'이라는 개념은 없으며, 단지 '보이지 않는 손'에 따라 자신의 방식으로 자신의 이익을 추구하느냐만이 문제될 뿐이었다.

　기업의 사회적 책임과 관련해 현대의 자유주의자, 특히 프리드먼은 기업에 대해 사회적 책임을 주장하는 현상은 "자유주의 사회의 토대를 뿌리째 뒤흔드는 체제 전복적인 교리"라고 주장한다. 이것은 기업인에게 주주의 피고용인이 아니라 공무원이 되라고 요구하는 것과 같기 때문에 결국 기업인을 선거나 (중앙정부로부터) 지명하는 공적인 방식으로 바꾸자는 말과 같다고 비판한다. 그는 고전 경제학의 창시자인 애덤 스미스의 『국부론』을 인용해, 기업의 사회적 책임에 대한 요구는 자유 경제의 성격과 본질에 대한 근본적 오해로부터 나온 것이라고 지적한다.

　'완전한 자유의 체계', 즉 시장에서의 완전한 자유 경쟁 체제를 가장 이상적인 상황으로 생각했던 스미스는 자기 이익을 추구하는 개인은 "보이지 않는 손에 이끌려 원래 의도하지 않았던 목표를 고양하는 데 기여하게 된다. 중요한 것은 의도하지 않았다고 해서 사회에 항상 나쁜 것은 아니라는 점이다. 실제로 그(개인)는 종종 자기 이익을 추구함으로써 공익 추구의 의도를 가졌던 때보다 더 효과적으로 공익을 위하게 된다. 오히려 나(스미스 자신)는 공익을 위한다는 사람들치고 실제로 공익에 많은 도움이 된 예를 알지 못한다."는 것을 잘 알고 있다고 주장한다. 프리드먼은 스미스의 이 말을 자신의 기업과 노동자의 사회적 책임에 대한 반대 논거로 확장한다. 그는 『자본주의와 자유』에서 기업의 사회적 책임에 대해 다음과 같이 말한다.

　"기업 경영자들과 노동조합 지도자들은 주주와 노동조합원들의 이익에 봉사하는 것을 넘어서는 '사회적 책임'을 져야 한다는 주장이 폭넓게 받아들여지고 있다. 하지만 이것은 자유 경제의 성격과 본질을 근본적으로 오해하고 있다. 자유 경제에서 기업이 지는 사회적 책임은 오직 단 하나뿐인데, 그것은 게임의 규칙을 준수하면서 기업의 이익을 극대화하기 위해 자원을 활용하는 일에 전념하는 것이다. 그것은 속임수 없이 오직 공개적이고 자유로운 경쟁에 전념하는 것이며, 노동조합에게 '사회적 책임'이란 것도 오직 조합원의 이익에 봉사하는 것뿐이다. "이처럼 스미스나 프리드먼은 개인 또는 기업의 가장 중요한 목적이 공정한 게임의 규칙을 준수하면서 자신의 이윤 추구를 극대화하는 것에 있다고 주장한다. 이에 기초해 그는 기업이 자선활동 지원 사업을 하거나 대학에 기부를 하는 활동은 모두 '기업의 자금을 부적절하게 사용'하는 것이라고 비판한다. 왜냐하면 "기업은 기업을 소유한 주주들의 도구일 뿐이기 때문에 자선과 기부 행위는 개별 주주들이 자신의 돈을 어떻게 쓸 것인지를 결정하는 것을 방해하는 행위"라는 것이다. 오히려 그는 기업의 이윤 추구 활동을 보장하는 최선의 방법은 법인세 자체를 없애는 것이며, 기부 또한 전적으로 재산의 소유자인 개인들에게 맡겨야 한다고 주장한다.

그러므로 자유 기업을 주장하면서 기업의 기부금에 대해 더 많은 세금 공제 혜택을 주겠다는 정부의 정책은 기업이 주주 이익에 봉사하지 못하도록 하는 것이나 다름없다. 어떤 형태든 정부의 시장 통제 또는 가격 통제는 정부가 "자신의 일을 제대로 처리하지 못하는 무능력과 책임을 남(기업인과 노동자들)에게 전가시키는 행위에 지나지 않는다." 통제의 비효율과 이에 대한 그의 비판은 '면허제도'에 대한 그의 단호한 입장으로 더욱 발전한다.

프리드먼은 순차적으로 통제력이 강화되는 과정을 거치는 등록제도, 인증제도, 면허제도는 특정한 생산자 집단의 독점적 이익을 위해 사회 전반의 이익을 희생시킨다고 주장한다. 이 제도들은 반드시 등록을 인증으로, 다시 인증을 면허로 강화시키는 순서를 밟음으로써 특정 직업 (특히 의사)에 대한 진입 장벽을 높여 주고, 이를 통해 그들이 독점적 지위를 누리도록 한다는 것이다. 이 때문에 시장에 관한 그의 입장은 명확하다. "정부의 권한 범위를 제한함으로써" "생산자가 아닌 고객들이 자신에게 무엇이 가장 유리한지를 스스로 결정하도록 내버려 두라."는 것이다.

프리드먼의 이런 생각은 자신의 책 서문 첫 문장에서 "국가가 당신에게 무엇을 해 줄 수 있는지를 묻지 말고, 당신이 국가를 위해 무엇을 할 수 있는지를 물어보십시오."라고 말한 케네디의 취임사가 '틀렸다'고 지적하는 데에서 명확하게 드러난다. 프리드먼은 "국가가 당신에게 무엇을 해 줄 수 있는가"라는 말은 국가는 보호자이고, 시민은 보호 대상이라는 가부장적 표현이므로 이것은 "자신의 운명은 스스로 책임져야 한다."는 자유인의 신념에 반한다고 비판한다. 그리고 "당신이 국가를 위해 무엇을 할 수 있는가"라는 표현 또한 정부를 주인(신격)으로, 시민을 종복(숭배자)으로 간주하는 것으로 "국가란 개인들의 집합체이고, 개인 위에 군림해서는 안 된다."는 자유인의 신념에 어긋나기 때문에 잘못되었다고 지적한다. "자유인은 정부를 수단(도구)으로 여길 뿐, 호의(선물)를 베푸는 시혜자라 보지 않으며, 숭배할 주인(신)으로도 보지 않는다. 자유인은 자신이 헌신하는 목표만을 인정한다."는 것이 그의 기본 신념이다.

기업의 사회적 책임은 비즈니스의 미래이며,
기업들의 일거수일투족이 모두 노출되는 세상에서 살아남고
번영하기 위해 반드시 해야 할 일이다.

– 제프리 홀렌더

주주 가치의 극대화를 주장하는 프리드먼과는 반대로, 기업에게 '대중을 섬기는 준공공 봉사자(semi-public servants)'가 될 것을 요구하는 입장이 있다. 이것은 기업의 '사회적 책임(Corporate Social Responsibility)'을 강조하는 입장으로 미국에서는 이미 20세기 초(1908)에 등장한다. '미국철강(U.S. Steel)'의 조지 퍼킨스는 "기업들의 규모가 커질수록 공동체에 대한 책임도 커진다. 미래 기업들은 대중에게 더욱 증대된 주인의식으로, 그리고 노동자들이 기업을 친구처럼 의지할 수 있도록 공정하게 대하며, 대중을 섬기는 준공공 봉사사가 되어야 한다."고 주장했다.

그럼에도 기업의 사회적 책임의 범위와 개념의 모호함 때문에 이에 대한 논쟁은 여전히 현재 진행형이다. 예를 들어, 노동 비용을 절감하기 위해 노동력을 해외로부터 조달하는 것은 기업의 책임 있는 행동인가? 기업은 시장 임금 외에 '최소한의 생활 임금'을 지급할 의무가 있는가? 기업이 부패한 독재 국가의 자원 개발 사업에 투자하는 것은 무책임한 행동인가? 기업이 무기나 원자력 생산을 통해 이윤을 추구하는 행위는 무책임한 것인가? 기업이 자기 회사의 공공재를 사회에 제공해 수익을 줄였다면 이것은 책임 있는 행동인가? 아니면 주주들의 부를 극대화하기 위해 노력하는 것은 책임 있는 행동인가? 대형마트가 소비자에

게 더 낮은 가격으로 상품을 제공하는 것은 책임 있는 행위로 보아야 하는가? 아니면 직원에게 낮은 임금을 지불한다는 점에서 무책임하다고 해야 하는가?

"기업이 생산 및 영업 활동에서 사회 전체에 이익을 동시에 추구하고, 그에 따른 의사 결정과 활동을 하는 것", 또는 "기업의 정상적인 이익 추구 이외에 더욱 광범위하고 다양한 사회 문제들을 해결하기 위해 더 많은 것들을 시도(이익의 사회 환원 및 공익 활동)하는 기업의 노력", 즉 기업의 '사회적 책임'을 이렇게 정의한다면, 이 물음들은 모두 기업의 본질인 이윤 추구 행위와 충돌을 빚을 수 있는 것들이다. 이처럼 개념의 모호성에도 불구하고, 기업의 사회적 책임, 기업의 '책임 있는', '윤리적인', '사회적' 역할이란 용어는 기업의 활동과 관련해 자연스런 현상이 되고 있다. 또 사회적 책임을 중시하는 기업이 기업의 이미지와 이윤 증대에 긍정적인 도움을 받게 될 것이라는 보고서도 있다. '글로벌 기업시민 제안' 보고서는 결론에서 다음과 같이 제안하고 있다.

"기업시민의식을 진지하게 받아들이는 기업들은 기업의 이미지와 운영에서 효율성을 향상시키는 것은 물론, 기업이 위험에 노출되는 정도를 줄이고 충성도와 혁신을 고양할 수 있다. 이들 기업들은 더 좋은 투자처로 인식되고, (분별 있는) 투자자와 직원, 소비자, 법 제정자와 협력적 파트너들로부터 좋은 기업이라는 인식을 갖게 만든다. 결과적으로 '사회적 책임'을 통해 다양한 이익을 얻게 되기 때문에 앞서가는 기업들이라면 훌륭한 비즈니스(사업과 경영)를 위해서라도 기업시민의식이 필요하다."

이렇게 보면, '기업시민의식'이라는 사회적 책임 수행이 이윤 추구 활동이라는 기업의 본질에 어긋나지 않으며, 오히려 이를 통해 기업의 본래 목적을 충실히 달성할 수 있을 뿐만 아니라 기업의 지속 가능성에도 도움이 된다는 것으로 이해할 수 있다. 또 '좋은 기업'이라는 이미지는 소비자는 물론, 회사의 직원들에게 자긍심과 사기를 높여 주는 긍정적인 역할을 하고, 이는 기업의 가치와 효율성(재무적 성과) 증대에도 긍정적인 영향을 미치리라 예측할 수 있다.

기업의 사회적 책임을 주장하는 사람들은 기업을 주주의 사유물이 아니라 사회적 존재라고 인식한다. 즉, 기업을 전체 사회의 하위 체계로 이해한다. 따라서 이들은 사회 구성원이 사회에 져야 하는 책임이 있듯이, 기업 또한 사회 구성원으로서 책임 있는 역할을 수행해야 한다고 주장한다. 이들은 기업이 사회로부터 인적 · 물적 · 금전적 자원을 조달하여 임금 · 제품 · 이윤 · 이자를 산출하기 때문에 사회적(공적) 성격을 갖는다고 본다. 따라서 기업이 사회적 역할을 소홀할 경우, 이는 사회 전체의 비용 상승에 영향을 끼치게 되고, 그렇게 되면 기업의 비용지출도 증가해, 결국 기업의 이윤 추구 또한 그만큼 어려울 수밖에 없다는 논리이다.

기업에 대해 사회적 책임을 중요하게 여기도록 하는 세계적인 흐름과 압력은 실제로 많은 변화를 가져왔다. 예를 들어, 저개발국에 있는 공장과 농장 노동자들의 노동 환경을 개선함으로써 미성년자에 대한 노동과 임금, 근무 환경, 초과 근무에 대해 표준을 마련하게 했고, 온실 가스 배출량을 감소하게 하는 정책을 낳는 데 기여했으며, 열대림과 원시림에서 생산된 목재의 수요를 감소하게 하는 등의 성과를 올리기도 했다.

하지만 사회적 책임을 실천하는 기업이나 도덕적 평판을 얻은 기업의 제품들이 시장의 소비자들에게 실제로 선택받는가에 대해서는 명확한 결론을 내리기가 어렵다. 이것은 '폭스바겐 디젤게이트' 사건이 발생한 직후 우리나라에서 오히려 이 회사의 차량 판매가 큰 폭으로 증가했었다는 사실로도 확인할 수 있다. 많은 연구들은 '기업의 사회적 책임의식', 즉 사회적·환경적 기여 정도가 소비자의 제품 구매 의향에 중요한 영향을 미친다는 보고서를 내놓고 있지만, 이것이 실제 소비 행동으로 나타나는지에 대해서는 회의적인 보고서도 함께 나오고 있다. 2004년 유럽의 설문조사에서는 사회·환경적 기준이 소비 구매를 위한 의사결정에 영향을 미친다(75%)고 나왔지만, 이들이 실제로 그렇게 구매 행동을 했다는 비율을 겨우 3%에 지나지 않은 것으로 나타났기 때문이다.

이 때문에 기업의 사회적 책임 논의에서 소홀히 다루어져 왔던 한 가지 다른 요소에 대해서도 함께 주목해야 한다는 주장이 설득력을 얻고 있다. 이에 따르면, 기업의 사회적 책임에 대해서 말할 때 이전까지는 시민이나 시민단체(NGO)에 의한 규제와 이에 반응하는 기업에 초점을 맞춤으로써 정부의 역할이 지나치게 가볍게 다뤄져 왔다는 것이다. 예를 들어 많은 기업들이 온실가스 배출량을 줄여야 하고, 또 그것을 효과적으로 할 수 있다고 생각한다면, 그다음에는 정부가 모든 기업들이 효율적이고 비용−효과적인 방법으로 온실가스 배출량을 줄이도록 법률적 지원을 해야 한다는 것이다. 정부의 법률적 지원이 없이 기업 혼자만의 자율적 규제로는 효과를 기대할 수 없기 때문이다.

결론적으로 "기업이 진심으로 책임 있게 행동하기를 원한다면, 기업의 관행을 자율적으로 개선하는 것도 필요하며, 시민 규제와 정부의 역할도 필요하다. 시민 규제와 정부 규제 모두 공공의 복지를 증진하는 데 중요한 역할을 한다. 시민 규제는 기업의 도덕성을 지지함으로써 시장에서의 잠재력을 보여 줄 수 있고, 정부 규제는 기업의 도덕성을 지지하는 시장의 한계를 보완할 수 있다."

# 직업과 노동을
# 바라보는 몇 가지 시선

*PART 13*

**순자**

한 사람이 필요로 하는 것은 여러 사람의 도움이 있어야 하며,
그렇지 않으면 모두가 궁핍해진다.
그렇기 때문에 덕(德)과 올바른(공정한) 예(禮)로써
각자에게 합당한 일을 갖게 해야 한다.

**막스 베버**

세계는 오직 신의 자기 영광에 봉사하도록 정해져 있고,
신의 영광을 각자의 몫만큼 증대하도록 정해져 있다.

"어떤 직업(일)을 가질까요?"라는 물음에 조언하는 사람들 대부분은 "당신이 하고 싶은 일을 할 때 가장 행복하다."고 말한다. 하지만 어느 때보다 '하고 싶은 일을 하는 것'으로서 직업이 아니라 삶을 위한 기본적인 수단으로서 직업을 갖는 것 자체가 가장 어렵다는 것이 당장 눈앞의 현실이다. 이른바 '포기 세대'란 표현은 현실을 마치 남의 일처럼 말하는 입담 좋은 사람들의 이야기니, 여기서는 더 이상 말하지 않으려 한다. 오죽했으면 '금수저 흙수저론'이 나왔겠는가? 어찌 됐든 사람다운 삶의 가장 기본이 되는 '경제적으로 안정된 저녁이 있는 삶'이 가장 이루기 힘든 소망이 되어 버린 것이 우리 현실이다.

한 사람이 필요로 하는 것은 여러 사람의 도움이 있어야 하며,
그렇지 않으면 모두가 궁핍해진다.

직업과 노동을 바라보는 몇 가지 시선

> 그렇기 때문에 덕(德)과 올바른(공정한) 예(禮)로써 각자에게
> 합당한 일을 갖게 해야 한다.
>
> — 순자

일반적으로 '직업'을 가리키는 잡(job)과 오큐페이션(occupation)이 생계유지나 경제적 보수의 의미를 지닌다면, 프로페션(proffession)은 사회적 지위나 위상과 관련된 전문직의 성격을 지닌다. 또 보케이션(vocation), 콜링(calling)은 신의 부름을 받아 행하는 '소명'의 의미로 종교적·도덕적 의미로서 직업을 의미한다. 여기서는 직업에 대해 이 모든 것을 엄격하게 구분하지 않고, 직업과 관련해 나타난 동양과 서양의 관점을 간략하게 살피려고 한다.

동양의 전통에서 직업에 관해 추론할 수 있는 언급은 공자의 '정명', 맹자의 '노심과 노력', 순자의 '예(禮)', 그리고 우리의 실학에서 찾을 수 있다. 공자가 정치에 대해 강조했던 '정명(正名)'은 오늘날 직업에 그대로 적용할 수 있다. 그는 "정치란 반듯함[정(正)]이고, 그 이름을 바로잡는 것"이라 했는데, 여기서 '이름'이란 각각의 사람들이 사회 내에서 차지하고 있는 지위와 역할, 곧 신분적·직업적 지위를 의미하는 것으로 이해할 수 있다. 따라서 공자의 직업관은 사회 구성원 한 사람 한 사람이 저마다 맡은 일을 충실하게 수행함으로써 그 이름을 올바르게 세우는 데 있다고 할 수 있다.

맹자에게 직업은 두 가지 차원에서 언급되는데, 하나는 '노심과 노력', 다른 하나는 '항산과 항심'이다. 그는 "필요한 모든 물건을 혼자서

생활과 윤리: 20개 주제로 더 넓고 깊게 읽기

만들어 써야 한다면, 이것은 세상을 궁핍하게 만들 뿐이다. 그러므로 어떤 사람은 마음을 수고롭게 하는 것[정신노동, 노심(勞心)]을 하고, 어떤 사람은 몸을 수고롭게 하는 것[육체노동, 노력(勞力)]을 한다."고 강조한다. 또 그는 "일반 백성은 항산(恒産)이 없으면, 항심(恒心)도 없어진다."고 함으로써 삶에서 일차적인 중요성을 갖는 것이 경제적으로 안정된 생활 조건의 충족, 즉 안정된 일자리임을 강조하고 있다.

순자는 "한 사람이 필요로 하는 것은 여러 사람의 도움이 있어야 하며, 그렇지 않으면 모두가 궁핍해진다. 하지만 무리를 지어 살더라도 경계가 없으면 강자가 약자를 협박하고, 지식 있는 사람이 없는 사람을 업신여기기 때문에 덕(德)과 올바른(공정한) 예(禮)로써 정치를 해야 한다."고 강조한다. 이것은 서로가 갖고 있는 욕망을 충족하기 위해서는 각자의 능력에 따라 예(禮)에 의한 구분과 경계를 지켜 절제하는 삶이 필요하다는 것으로 해석할 수 있다. 즉, 각자가 갖고 있는 덕(적성)과 능력에 따라 사회적 역할을 골고루 맡는 것이 올바르다는 의미로 이해할 수 있다. 순자는 덕을 헤아려 "사람들의 직분을 분명히 하고, 하는 일에 질서를 마련하며, 재능과 기술을 따져 능력 있는 사람에게 벼슬을 주는" 것이 중요하다고 주장한다.

이렇게 보면, 공자, 맹자, 순자 모두 공통적으로 직업을 각자의 능력에 따라 사회적 역할을 서로 분담해 떠맡는(분업적 역할) 일로 이해했다고 할 수 있다. 이들에게 직업은 덕과 능력의 여부에 따라 사회적 역할을 분담하는 의미로 이해되었던 것이다. 직업에 대한 이런 관점은 우리나라의 실학에서도 나타난다. 유형원은 "공경의 자제도 서인이 될 수 있으며 귀천을 세습하지 않는 것이 옛날의 도"라고 주장했고, 이익은

"우리나라 노비의 법은 천하 고금에 없는 법이다. 한번 노비가 되면 죽을 때까지 고역을 겪으니 그것도 불쌍한데, 하물며 법은 반드시 어미의 신분을 따름에 있어서랴!"라고 비판한다. 또 정약용은 "바라는 바가 있는데, 그것은 사람들이 모두 양반이 되었으면 하는 것이다. 그렇게 되면 사람들이 모두 양반이기 때문에 이 나라에 양반이 하나도 없게 된다."고 주장함으로써 신분제의 폐해와 양반에게 주어진 특혜들을 비판했다.

또 홍대용은 "우리나라는 명분을 중시하여 양반들은 굶주리더라도 팔짱을 끼고 앉아 농사를 짓지 않는다. 사농공상의 신분에 관계없이 놀고 먹는 자에게는 관청에서 벌칙을 마련해야 하고, 재능과 학식이 있다면 비록 농사꾼이나 장사치의 자식이더라도 조정에 들어가는 것이 마땅하다. 반대로 재능과 학식이 없다면, 높은 집안의 자식이더라도 하인의 일을 하는 것이 옳다."고 주장한다. 실학자들의 직업과 신분 제도에 관한 입장을 통해, 비록 그들이 신분제 자체의 완전한 철폐를 주장하지는 않았을지라도, 신분제가 안고 있는 문제점에 대해서는 명확하게 인식하고 있었음을 확인할 수 있다. 또 직업과 관련해서는 신분제에 속박된 직업관이 아니라 직능(직무를 수행하는 능력)과 사회적 역할의 적절한 분담이라는 입장에서 직업을 이해하고 있었음을 확인할 수 있다.

세계는 오직 신의 자기 영광에 봉사하도록 정해져 있고,
신의 영광을 각자의 몫만큼 증대하도록 정해져 있다.

– 막스 베버

직업에 관한 전통적인 관점, 즉 직업을 통해 사회적 역할을 담당한다는 생각은 동양은 물론, 고대 서양에서도 마찬가지였다. 이것은 플라톤이 자신의 '이상 국가'를 묘사하면서 "저마다 타고난 성향에 따라 자신에게 적합한 한 가지 일을 담당하도록 해야(수호자−방위자−생산자)" 하고, 이를 통해 하나의 국가가 "자연스럽게 여러 나라가 아닌 하나의 나라가 될" 수 있다고 주장한 부분에서 잘 드러난다. 플라톤은 각자에게 저마다 타고난 성향에 따라 자신의 덕(德)을 가장 잘 드러내도록 적절하게 배치하는 것이 그 개인을 위해서도, 그리고 한 국가를 위해서도 가장 바람직하다는 생각을 갖고 있었다.

　한편, 노동과 직업을 종교적 차원과 연계 지을 수 있는 내용은 『성경』의 창세기(2:8~17, 3:17~24)에 나온다. 이에 따르면, 하느님은 동쪽에 있는 에덴이라는 곳에 동산을 마련하고, 자기가 만든 사람을 데리고 가 그곳을 가꾸고 돌보며(cultivate, guard) 살게 한다. 동산의 한가운데는 생명의 나무와 선과 악을 알게 하는 나무도 자라게 했는데, 하느님은 아담에게 선과 악을 알게 하는 이 나무의 열매만은 따 먹지 말고, 동산의 모든 나무의 열매는 무엇이든지 마음대로 따 먹어도 좋다고 이른다. 이렇게 보면, 노동은 신의 창조 의미와 계획 속에 있었던 것으로 해석할 수 있다. 하지만 따 먹지 말라는 열매를 따 먹은 인간의 타락 이후 "땅은 너로 말미암아 저주를 받고, 너는 평생 동안을 (땀 흘리는) 수고를 해야 그 결실을 먹을 수 있으리라. 흙으로 돌아갈 때까지 땀을 흘려야 먹을 것을 먹을 수 있을 것"이라 꾸짖고 그들을 동산에서 쫓아낸다. 이로써 노동(일)은 힘든 고통과 속죄(지은 죄를 없앰)의 의미를 지니게 되었고, 이는 종교 개혁 때까지 이어진다.

노동과 직업에 관한 인식의 변화는 베버가 '자본주의 정신'의 근원을 밝히는 과정을 통해서 새롭게 조명된다. 베버(Max Weber, 1884~1920)는 『프로테스탄티즘의 윤리와 자본주의 정신』에서 17세기 청교도 목회자인 박스터의 주장을 인용해 직업 노동의 중요성을 추적하고 규명한다. 박스터는 "확실한 직업이 없는 경우 인간의 노동은 불규칙한 우연적 노동에 불과하며, 노동보다는 태만에 더 많은 시간을 낭비한다. 직업 노동자는 자신의 노동에 규칙성을 부여하지만, 그렇지 않은 사람은 끝없는 혼란에 빠져 자신이 일할 장소와 시간을 알지 못한다. 그러므로 확고하고 일정한 직업은 모든 사람에게 최선의 것"이라고 주장한다.

또 베버는 박스터의 주장을 인용해 노동이 금욕적 삶을 위한 수단이었음을 설명하는데, 이것은 프로테스탄트의 금욕주의와도 긴밀하게 관련된다. 박스터는 일찍이 재산과 부를 향유할 때 수반되는 안주의 위험성을 경계했다. 즉, 재산이 넉넉해짐으로써 태만(게으름)과 정욕이 고개를 들고, 이에 따라 도덕적으로 위험해질 수 있는 상황들이 자주 일어나게 되리라고 진단한다. 이 때문에 그는 영원한 안식은 내세에 있으며, 인간이 현세에서 자신의 구원을 확인하기 위해서는 낮 동안에는 자신을 이곳에 보낸 이의 일을 해야 한다고 주장한다. 즉 "신의 뜻에 따라 신의 영광을 드러내는 일에 봉사하면서 살기에는 인생이 너무 짧고 소중하므로 무익한 잡담이나 사교, 사치와 과도한 수면에 의한 시간 낭비는 신의 영광을 위해 봉사해야 할 노동을 줄이는 것이기 때문에 확실히 비난을 받아야 한다."는 것이다.

이를 종합하면, 직업 노동과 현세에서의 금욕적 노동은 신의 영광을 드러내는 가장 좋은 행위에 해당한다. 베버에 의하면, "세계는 오직 신의 자기 영광에 봉사하도록 정해져 있고, 신의 영광을 각자의 몫만큼 증대하도록 정해져 있다. 세상에서 칼뱅 교도들의 사회적 노동은 오직 '신의 영광을 더하기 위한' 노동일 뿐이다. 또한 모든 이의 현세적 삶에 봉사하는 직업 노동도 마찬가지로 그와 같은 성격을 갖는다." 그러므로 신을 만족시키기 위한 모든 합리적 직업 노동은 "유용한 직업에 종사하라는 일반적인 원리를 따르는" 것이며, 그렇기 때문에 (설령 여러 개의 직업을 갖더라도) "전혀 비난받을 일이 아니다."

따라서 기독교도들은 삶의 구석구석에서 신이 각 개인에게 직업을 통해 이윤 추구의 기회를 준다면, 그 기회를 이용해 신의 부르심에 응해야 한다. "만약에 신이 너에게 너의 영혼이나 타인의 영혼에 해를 주지 않고, 다른 방법보다 더 많은 이익을 거둘 수 있는 합법적인 방법을 지시하는데, 네가 이를 따르지 않고 더 적은 이익을 추구하는 방법을 따른다면, 너는 네 소명(calling)의 목적 하나에 역행하는 것이다. 이것은 신의 집사(대리인)가 되기를 거부하는 것이며, 신의 선물을 받아 신이 요구할 때 그 선물을 그를 위해 사용할 수 있는 기회를 거부하는 것이다. 육체적 욕망과 죄를 위해서가 아니라 진정으로 신을 위해서 부자가 되는 것이라면, 당연히 노동을 해도 괜찮다."

그러므로 "부는 게으른 휴식과 쾌락적인 삶을 유혹하기 위한 수단도 아니지만, 나중에 근심 걱정 없이 안일하게 살기 위한 도구(즉, 세속에서의 부유한 삶만을 목적으로 하는 것)도 아니다. 청교도에게 직업이라는 의무의 수행에 따른 부의 추구는 도덕적으로 허용될 뿐만 아니라 명령된 것이기도 하다. 빈곤해지려는 것은 병들려 하는 것과 마찬가지이고, 그것은 신의 영광을 해치는 것으로 비난받아야 한다. 또 노동 능력이 있는 자가 구걸하는 것은 죄일 뿐만 아니라 이웃 사랑의 원리에도 위배된다." 이윤 동기를 신의 섭리에 기초해 이해하고, 근대적인 전문 직업을 중시하며, 직업에서의 금욕적 성격과 근면·성실을 강조하는 프로테스탄트의 이러한 윤리는 기업가를 신성하게 만드는 데 기여한다. 왜냐하면 정직하게 성공한 기업자(자본가)는 윤리적 평가를 받지만, 영주의 고상한 방종이나 투기, 또는 '모험'을 통해 갑작스럽게 부자가 된 사람의 '천민자본주의적인' 과시적 허세는 모두 신의 섭리와 금욕주의적 직업관에서는 혐오하는 것들이기 때문이다.

이 때문에 베버에 의하면, 청교도의 직업관과 금욕주의적 생활방식은 자본주의적 생활양식이 자리를 잡는 데 중요한 영향을 끼친다. 왜냐하면 "프로테스탄트의 금욕은 재산을 낭비하는 향락에 대해 가장 적극적으로 반대해 왔고, 특히 사치를 목적으로 하는 소비에 대해서는 원천적으로 금지해" 왔기 때문이다. 이 금욕의 윤리는 전통적인 윤리의 압박['노동을 원하는 자'가 아니라 '오락을 원하는 자(부자)'를 보호하는 봉건적 윤리]으로부터 심리적으로 벗어나게 해 주는 결과를 가져왔고, 이익 추구를 신의 뜻과 축복으로 이해하게 함으로써 정당한 것(합법적인 것)으로 만들어 주었다. 즉 "부단하고 지속적이며 체계적인 세속적 직업 노동을 금욕의 최고 수단이자 동시에 거듭난 자와 신앙의 진실성에 대한 가장 확실하고 분명한 증명"으로 간주하게 했다. 베버는 일반적으로 부가 증대하면 자만심과 세속적인 것에 대한 애착도 증가해 교만함이 함께 자라게 된다고 본다. 하지만 종교는 근면과 절약을 가르치고, 또는 그렇기 때문에 부를 함께 가져오게 되는데, 특히 프로테스탄트의 소명에 의한 금욕은 이러한 이치를 가장 잘 보여 준다는 것이 베버의 생각이다.

정리하면, 베버에게 "근대 자본주의 정신, 그리고 근대 문화를 구성하는 한 요소인 직업과 이에 기초한 합리적 생활방식은 기독교적인 금욕의 정신에서 나온 것"인데, 이것은 다음 몇 가지로 요약할 수 있다. 먼저, 자본주의 정신은 중세의 토마스 아퀴나스처럼 이윤 추구를 천박하다고 비난하지 않는다. 오히려 정당한 수단으로 이익을 추구하는 행위는 직업으로서 윤리적 의무로 간주되며, 따라서 합리적이며 효율적으로 이익을 추구해야 한다.

다음으로 자본주의 정신은 이익을 추구하지만, 본능과 충동에 따른 무제한적이고 부도덕한 경제 행위('천민자본주의')를 지지하지 않는다. 오히려 엄격한 규율과 훈련에 따른 합리적인 경제 행위를 지지한다. 그렇기 때문에 자본주의 정신은 신분·혈연·지연이 아니라 합리적인 경제 행위의 토대 위에서 만들어진다. 무엇보다 자본주의 정신 중에서 가장 중요한 것이 있는데, 그것은 금욕주의적 직업윤리이다. 이것은 프로테스탄트의 칼뱅주의에서 가장 잘 표현되고 있는데, 자신의 직업을 신의 소명에 의한 천직으로 받아들이고, 헌신하는 태도를 말한다.

베버의 이러한 주장이 타당한 것인지에 대한 비판도 있다. 마르크스주의적 관점에서 볼 때, 베버는 "자본가들을 금욕적이고 성실한 '도덕적 인간'으로 치켜세워 주고, 자본주의의 기원을 낭만적으로 묘사"하고 있다는 지적이 가능하다. 또 베버는 아시아에서는 유교와 힌두교가 자본주의 발생을 방해해 토착 자본주의가 출현할 수 없다고 주장한다. 즉 '기술적 변화와 직업적 이동성'을 가로막는 신분제 사회에서 자본주의가 태동하기 어렵다는 지적이다. 하지만 이에 대해서도 영국이 인도를 식민지화함으로써 인도의 발전을 얼마나 저해했는지에 대해서는 눈감고 있다는 비판을 받는다. 또 중국에 대해서도 베버는 정체된 노인 중심의 유교적 관료제라 비판하면서 인도의 힌두교 사례처럼 종교에서 정체성과 저발전의 원인을 찾으려 했다. 하지만 오늘날 '신자유주의로서 자본주의'의 폐해와 '유교 자본주의', 'G2(미국, 중국)'는 베버의 이와 같은 종교적 차원의 접근과 비판이 타당한지에 대해 회의적 시각을 갖게 한다.

# 종교를
# 바라보는 몇 가지 시선

*PART 14*

---

### 엘리아데
종교적 존재로서 인간은 항상 이 세계를 초월하면서도
이 세계 안에 자신을 현현(顯現)하는 절대적 실재,
또 이를 통해 이 세계를 성스러운 곳으로 만드는[성화(聖化)]
절대적 실재가 있다고 믿는다.

### 한스 큉
세계 윤리 없이는 생존이 불가능하다.
종교 간 평화 없이는 세계의 평화도 없다.
또 종교 간 대화 없이는 종교 간 평화도 없다.

### 교황 바오로 2세
과학은 오류와 미신으로부터 종교를 정화해 줄 수 있고,
종교는 맹목적 숭배와 잘못된 절대성으로부터 과학을 정화할 수 있다.

2001년 미국 뉴욕에서의 9 · 11 테러(3천여 명의 희생)와 2015년 11월 13일 프랑스 파리에서의 동시다발적(7곳) 테러(130여 명 희생)는 극단적인 종교와 정치가 결합할 때 일어날 수 있는 '극단적 범죄' 행위의 참상을 보여 준다. 이에 무슬림들은 "(파리) 테러는 모든 도덕과 종교에 반하는 범죄" 행위이며, 테러는 어떤 이유로도 "정당화될 수 없는 비인간적 행위"이고, "테러범들은 이슬람을 이야기하지만 종교와 무관한 미치광이일 뿐"이라고 비난했다. 실제로 두 테러는 모두 이슬람 근본주의자들의 소행일 뿐, 건전한 무슬림(이슬람교도, muslim)과는 전혀 관계가 없다.

　"2015 한국인의 종교 보고서"에 따르면, 기독교인(개신교, 천주교)의 61%가 수입의 10분의 1을 '십일조'로 헌금한다고 답했다. 하지만 보고서는 십일조 등 헌금을 강조하면서 교회의 재정이 풍족해졌고, 결과적으로 교회의 대형화와 목회자의 귀족화를 초래하게 되었다고 지적한다. 이 때문에 한국 종교에 대한 개혁 요구의 목소리도 높아지고 있다. 총신대 한 신학 교수는 그럼에도 "진리를 순전하게 가르치고 선포하는 교회가 여전히 존재해 소망이 있으며, 교회 역사를 보면 참된 교회는 항상 소수였기 때문에 한국 교회는 희망적"이라고 말했다.

매년 반복되는 일. 수학능력시험을 며칠 앞둔 전국의 교회와 절은 수험생의 합격 기원을 비는 학부모들로 가득하다. 한 교회의 예배당 앞에는 "수험생을 위해 기도해 주세요."라는 제목과 함께 학생들의 이름이 붙어 있다. 한 신도는 "요즘은 새벽 기도에 참석하는 사람들이 눈에 띄게 늘었다. 목사님도 함께 기도해 주신다."고 전한다. 서울의 한 사찰의 신자는 "마음이 불안할 때마다 이곳에 온다. 그저 실력대로만 보게 해달라고 기도를 드리러 왔다."고 한다. 명동 성당 관계자는 "수능 때가 되면 성당을 찾는 분들이 많아지고, 수능일에는 더욱 많다."고 설명한다. 한편, 학부모들의 불안 심리는 '점(占)집을 찾는 원인이 되기도 한다. 서울 강남에서는 입시철이 되면 5~10만 원 정도의 복채를 받고 수능 점을 봐준다고 한다.

종교적 존재로서 인간은 항상 이 세계를 초월하면서도
이 세계 안에 자신을 현현(顯現)하는 절대적 실재,
또 이를 통해 이 세계를 성스러운 곳으로 만드는[성화(聖化)]
절대적 실재가 있다고 믿는다.

– 엘리아데

종교는 적대적이고 반인륜적 행위를 태연하게 저지르게도 하지만, 현실의 고통과 죽음 앞에서 이를 초연하게 만들기도 하며, 심지어 죽음까지도 기쁨 속에서 받아들이게 하는가 하면, 그 어떤 불안과 절망까지도 이겨 내게 하는 희망의 원천이 되기도 한다. 이처럼 인간 삶의 유한성과 그 유한한 삶이 직면하는 실존적 한계 문제들을 어떤 (초월적) 존재에 대한 믿음을 통해 해결하거나 극복하려는 현상을 설명하려고 할 때, 우리는 '종교'라는 용어를 사용한다. 그뿐만 아니라 종교는 오직 인간만의 고유한 현상이기 때문에 인간을 '종교적 존재' 또는 '종교적 인간'이라 부르기도 한다.

『성스러움의 경험』을 쓴 종교학자 루돌프 오토(R. Otto)는 종교의 영역에서만 발견되는 이러한 특성을 '성스러움'이라고 설명한다. 그는 "자연적 실재와는 완전히 다른 실재, 즉 완전히 다른 것은 합리성을 초월하기 때문에 인간이 알 수 있는 것이 아니며, 인간의 능력으로는 표현할 수도 없다. 단지 '섬뜩한 공포나 경외감을 일으키는 것', '어마어마한(매우 놀랍게 엄청나고 굉장함, 매우 엄숙하고 두려움) 크기로 덮쳐 오는 것', '매혹적인 신비를 드러내는 것' 등과 연관 지어 사용함으로써 그(성스러움) 의미를 짐작할 수 있을 뿐이다."라고 말한다. 오토에 의하면, 그것은 인간이 자신을 덮쳐 오는 알 수 없는 '완전히 다른 어떤 것(누멘, nomem)' 앞에서 자신이 얼마나 나약한 존재인지를 깨달을 때 일어나는 감정('종교적 경험')으로, 이 '성스러움'이 종교의 본질을 구성한다고 주장한다.

한편, 오토의 입장을 더욱 정교하게 발전시킨 엘리아데(M. Eliade)는 "인간이 성스러움을 깨닫는다는 말은 그것(성스러움)이 세속적인 것과는 완전히 다른 그 무엇으로서 자신을 드러내고 보여 주기 때문"이라고 주장하면서, 이를 '성현(聖顯)'이라 부른다. 성현이란 "어떤 성스러운(신성한) 것이 그 자신을 우리에게 드러내는 것"을 의미한다. 따라서 그에게 종교의 역사란 곧 가장 원시적인 것에서부터 고도로 발전된 것에 이르기까지 다수의 성현의 역사라고 할 수 있다. 그리고 "가장 초보적인 성현(나무, 돌)과 최고의 성현(예를 들면 기독교)" 사이에는 일관된 연속성이 존재한다. 왜냐하면 두 가지 모두 우리의 세상에 속하지 않는 완전히 다른 종류의 어떤 실재가 존재한다는 것을 인정하고, 그것이 대상 속에 현현(顯現, epiphany, 평범하고 일상적인 대상 속에서 갑자기 경험하는 영원한 것에 대한 감각 혹은 통찰)한다는 점을 받아들이기 때문이다.

예를 들어 '돌'처럼 아무리 단순하고 초보적인 것일지라도, 성현의 대상이 되는 모든 것은 '다른 무엇'이 되면서도 그것을 둘러싼 우주적 환경에 계속해서 참여하기 때문에 여전히 '돌 그 자체로' 남아 있다. 즉, 성스러운 돌은 여전히 다른 돌들과 마찬가지로 하나의 돌일 뿐이다. 하지만 그 돌이 성스러움을 스스로 드러내는 존재라고 생각하는 사람들에게 그 돌은 초자연적인 것으로 전환된다. 달리 말하면, '종교적 경험'을 한 사람에게 그 돌은 우주적 신성성을 보여 줄 수 있는 능력을 갖고 있는 것으로 받아들여진다. 이와 같은 현상은 근대 이전의 사람들에게로 거슬러 올라갈수록 더욱 두드러졌는데, 그 이유는 그들에게 "성스러움이란 곧 힘"을 의미했기 때문이다. "성스러운 나무, 성스러운 돌은 돌이나 나무로서 경외되는 것이 아니다. 그것들은 정확히 그것이 성현이기 때문에, 그것이 더 이상 돌이나 나무가 아니라 성스러운 것, 전적으로 다른 것을 보여 주는 존재가 되기 때문에 숭배되는 것이다."

이처럼 엘리아데에게 종교는 "반드시 신, 신들, 정령에 대한 신앙을 의미하지 않으며, '성스러움의 경험'을 가리킨다." 그에게 인간이란 세속적인 삶의 경험을 넘어서는 어떤 의미 있는 경험을 하는 존재이며, 우리의 현실적인 삶을 이루고 있는 존재와는 다른 존재가 되기를 바라거나 적어도 그런 (초월적) 존재와 관계 맺기를 바라는 존재이다. 또 인간은 시간의 흐름 속에서 결국 소멸하지만 이 세상의 원리를 초월하는 (절대적) 진리를 추구하는 존재이다. 이처럼 인간은 '삶의 의미'에 대해 이야기하는 존재이기 때문에 "인간은 본질적으로 종교적 존재"인 것이다. 엘리아데의 표현을 빌리면, "인간이 된다는 것은 곧 '종교적'이라는 것을 의미한다."

이렇게 보면, 인간은 두 가지 삶의 양식, 즉 성(聖, the sacred)과 속(俗, the profane)을 함께 갖고 있는 것으로 볼 수 있다. 또 속이 시간과 공간이라는 개념으로 이해되는 일상적 삶의 존재 양식이라면, 성은 이러한 한계를 넘어서 우주를 향해 열려 있는 존재 양식이라 할 수 있다. 우리가 경험하는 것은 성 자체가 아니라 '성이 드러난 것', 즉 성현이라는 종교적 경험이다. "성이 속과는 다른 실재로서 존재하는 것은 사실이지만, 인간이 그것을 '성현'이라고 자각하는 것은 일상성 속에서 그 성이 나타나기 때문이다. 따라서 인간은 일상성 속에서 일상적 삶과는 다른 삶의 질서인 성현이라는 종교적 경험을 하는 존재이다.

그런데 엘리아데는 누구나 이와 같은 이중적 세계에 살고 있지만, 근대로 오면서 (특히 서구인은) 속을 벗어나려는 경향이 강했던 근대 이전 (특히 고대)의 사람들과는 달리 성(성스러움)의 존재를 기억에서 지우려는 경향이 두드러진다고 진단한다. 하지만 조금이라도 속에 머물지 않고자 했던 (포괄적 의미의) '종교적 인간(homo religiosus)'과 달리, 성을 의도적으로 지우려는 '비종교적 인간(근대인)'일지라도 망각의 차이가 있을 뿐, 그들은 "여전히 종교적"이라고 주장한다. 즉, 그것은 망각일 뿐이기 때문에 무의식에서는 여전히 성을 추구하고 있으며, 그것은 문화 현상 속에서 '상징'의 형태로 표출된다는 것이다.

"종교적 인간에게 세계란 언제나 초자연적인 가치를 드러내는" 상징의 의미를 지닌다. 예를 들어 '하늘'은 수많은 제의와 신화, 전설 속에서 생명을 부여하고, 그것을 지켜 주는 '초월과 모범'의 상징으로 나타난다. 또 물은 가능성을 지닌 우주적 현상을 상징하며, 모든 존재의 가능성의 원천이자 저장고이다["어둠이 깊은 물 위를 덮고 있었고, 그 물 위에 하느님의 기운이 휘돌고 있었다(창세기, 1:2")]. "물은 모든 형태에 선행하며, 모든 창조를 뒷받침한다. 즉, 물에서 나오는 것은 형성을 의미하고, 물에 잠기는 것은 사멸과 해체를 의미한다. 그러므로 물은 생성과 죽음을 상징하고, 물과의 접촉은 부활과 재생을 상징한다.

이처럼 상징은 '종교적 인간'에게 결정적인 역할을 담당하며, 현대인 또한 이런 의미에서 성(聖)을 완전히 '잃어버린' 것이 아니라 '잊어 가고 있는' 것이라 할 수 있다. 따라서 본래 인간의 모습을 회복하는 일은 속(俗)에서만 존재하고 살려는 삶이 아니라 성을 추구하면서 그 안에서 살아가려고 애쓰는 '종교적 인간'의 모습을 되찾는 일이다. 그리고 그것은 성과 속의 합일을 가능하게 해 주는 "성현의 변증법", "역(逆, 성과속)의 합일", "성과 속의 변증법", "성스러움의 변증법"을 통해 가능하다. 더 쉽게 말하면, 성스러움은 일상의 삶의 환경과는 전혀 다른 이질적인 것으로 경험되지만, 이 경험은 일상의 삶의 영역을 통해서만 경험할 수 있다. 즉, 앞의 나무와 돌의 사례에서 말했던 것처럼, 우리가 성스럽다고 경험하는 사물은 원래 평범한 것이지만, 그것은 우리의 경험을 통해 성스럽게 되는 것이다.

"어떤 나무나 식물도 단지 나무나 식물로서 성스러운 것이 아니다. 이들이 성스럽게 되는 것은 이들이 초월적 실재(전적으로 다른 것, 즉 거룩한 것)에 참여함으로써 그 초월적 실재의 의미를 나타내기 때문이다. 신성한 속성을 통해 개별적인 일상의 평범한 나무나 식물이 바뀌는 것이다. 성스러움의 변증법을 통해 부분(나무, 식물)은 전체(우주, 삶)의 가치를 가지고, 일상적인 범속한 것은 성현이 된다." 이처럼 성과 속은 질적으로 다른 것이지만, 성은 속의 세계에서 경험되는 것이다.

엘리아데 외에도 '성스러움'을 어떻게 이해하는지를 보여 주는 인물들이 있다. 포이어바흐(L. Feuerbach)는 성스러움을 인간의 욕망과 두려움이 만들어 낸 것, 즉 절대적 이상을 추구하는 인간 정신의 투사(投射) 결과로 보았다. "인간은 (신을 만들어 냄으로써) 스스로 자신의 인격을 포기한다. 그 대신 전능하며 제한되지 않은 본질인 신이 인간에게는 인격적인 존재가 된다. 인간은 자신의 명예, 자신의 자아를 부정한다." 하지만 "유한하지도, 인간적이지도 않으며, 물질로 규정되지도 않는 본질로서 신은 단지 사유의 대상일 뿐이다." 이처럼 신 또는 종교란 우리가 갖고 있는 다양한 감정이 신이라는 대상이 갖고 있는 속성(본질)으로 바뀐 결과일 뿐이다.

그러므로 "나 자신의 관심이 곧 신의 관심이며, 나 자신의 의지가 곧 신의 의지이며, 나 자신의 궁극적 목적은 곧 신의 목적이며, 나에 대한 신의 사랑은 나의 신격화된 자기애에 불과하다." 결론적으로 성스러움으로서 종교란 인간의 소원이 투영된 결과이며, 자기애에 기초해 자기보다 완전한 존재로서 신에 대한 의존 감정을 통해 만족을 얻으려는 인간의 감정이 투영된 결과라고 할 수 있다. 이 점에서 종교는 인간과 세계에 대한 왜곡된 관계를 보여 준다.

한편, 뒤르켐(E. Durkheim)은 종교는 "성스러운 것, 즉 격리되고 금지된 것과 관련된 신앙과 행위의 통합 체계인데, 이 신앙과 행위는 추종자들을 교회라고 하는 단일한 도덕 공동체로 묶는다."고 말하면서, '성스러운 것'은 사회가 구성해 낸 것으로 사회 질서에 기초해 구성되며, 사회의 유지를 위해 형성된다고 주장한다. 따라서 '사회적 권위'를 중심에 두는 이와 같은 입장에는 개인의 종교적 성향이나 지향성(추구하는 목표)은 포함되기 어렵다.

또 프로이트는 종교적 삶이란 "유아기적 가상일 뿐만 아니라 심지어 쾌락 원칙에 따른 일종의 '마취 상태'의 삶으로, 종교는 삶의 가치를 떨어뜨리고, 지성을 위협해 심리적 유아 상태로 고착"시킨다고 주장한다. 한마디로 유아기를 청산하지 못한 성인의 집착물로 성숙한 삶과 인격 형성에 장애가 된다는 뜻이다. 그러면서도 그는 '낮고 부드러운 지성의 목소리'가 억압이 없는 문명을 만들어 낼 것이라는 희망을 갖고 있었다. "인간은 (종교적 가상을 버림으로써) 이 지구상에서 작은 땅을 갖고 있는 정직한 농부로서 그 땅을 경작하여 그 수확으로 생계를 유지하는 법을 배우게 될 것이다. 다른 세상에 대한 기대를 버리고, 모든 해방된 에너지를 이 세상의 삶에 쏟음으로써 모든 사람이 견딜 만한 삶과 더 이상 아무도 억압하지 않는 문명을 만들어 내는 데 성공할 것이다."

세계 윤리 없이는 생존이 불가능하다.

종교 간 평화 없이는 세계의 평화도 없다.

또 종교 간 대화 없이는 종교 간 평화도 없다.

– 한스 큉

지금까지 인간의 본질 중 하나를 '종교적 인간', '종교적 존재'로 살펴왔지만, 여전히 동양과 서양이 갖고 있는 '종교' 개념의 차이는 종교의 속성을 다시 돌아보게 만든다. 왜냐하면 신의 존재를 전제로 성립하는 서양의 종교관과 그렇지 않은 동양의 유불도는 근본적인 차이가 있기 때문이다. 종교에 관한 출발점의 차이와 '종교적 현상'의 다양성에 기초해 최준석 교수는 『종교를 넘어선 종교』에서 종교의 속성을 12가지로 나누어 설명한다.

첫째, 종교는 초자연적 존재나 궁극적 실재에 대한 믿음을 중시한다. '초자연적 존재와 궁극적 실재' 개념은 '인격적 존재'와 '비인격적 존재'와 관련된다. 즉 인격적 존재란 유신론적 종교에서 말하는 신(神)을 말하고, 비인격 존재란 불교의 공(空), 도교의 도(道), 유교의 천(天) 개념과 연결 지을 수 있다. 예를 들어 공자가 "하늘이 나를 버렸다."고 하거나 『중용』에서 "하늘이 명한 것이 성이다."고 할 때, '하늘'은 초자연적 실재의 의미를 지닌다. 이를 통해 유교는 단순한 '윤리적 가르침'이 아니라 '종교'적 가르침으로서 의미를 지니게 된다.

둘째, 종교는 성스러운 것과 속된 것을 구분한다. 이것은 앞의 오토와 엘리아데에게서 살폈던 것처럼 종교를 "성스러움이 속된 공간과 시간 속으로 침투하는 사건"이라는 주장과 관련된다. 또 불교 사찰에서 사찰(성)과 바깥 세상(속)을 구분하기 위해 지어 놓은 일주문, 또는 성과 속의 경계를 의미하는 다리나 하천을 마련해 놓은 것도 이것과 관련된다. 이외에도 우리가 교회나 성당, 사찰, 소도, 서낭당을 신성시했던 것은 모두 이것과 깊은 연관성이 있다. 실제로 시위 주도자가 수배를 피하기 위해 절이나 성당으로 피신하는 경우를 생각해 보라.

셋째, 종교에서는 숭배 대상에 대한 종교적 의례나 행위가 발견된다. 예를 들어 종교적 장소에서 성상(성스러움을 상징하는 대상)에 대해 행해지는 숭배의식, 종교적 유물에 대한 숭배, 희생제의, 순례 등은 대표적인 종교적 의례에 속한다. 이외에 법복이나 미사복, 향, 촛불 같은 소품들도 종교 의례와 관련된 중요한 물품들이다. 또 불교 신자가 교만과 어리석음을 참회하고 자기 자신을 무한히 낮추면서 큰절을 올려 최대의 존경을 표하는 '오체투지'의 순례도 이에 해당한다.

넷째, 종교는 윤리적 계율(황금률, golden rule)이나 도덕규범을 제시한다. 종교가 "~하지 말라." 또는 "~하라."와 같은 도덕적 계율을 제시한다는 사실은 우리에게 매우 익숙하다. 기독교의 '십계명("살인하지 말라.", "부모를 공경하라.")', 유교의 도덕률("네가 원하지 않는 일을 남에게 하게 하지 말라.", "홀로 있을 때에도 신중하라."), 불교의 바라밀과 오계("살아 있는 것을 죽이지 말라", "훔치지 말라."), 이슬람의 오행("어려운 사람을 도우라."), 유대교("너에게 해로운 일을 이웃에게 하지 말라.")의 도덕률은 모두 '인간의 존엄과 가치'를 표현하는 공통된 도덕명령들로 이루어져 있다. 또 이 점에서 종교의 도덕규범은 세속에서의 가치 있는 삶을 위해 윤리적 지침을 제공해 준다고 할 수 있다.

생활과 윤리: 20개 주제로 더 넓고 깊게 읽기

비록 종교가 도덕규범을 제시하고 있기는 하지만, 그렇다고 종교를 세속의 도덕(윤리)과 동일한 개념으로 이해하기는 어렵다. 왜냐하면 종교의 규범체계는 각각의 종교가 갖고 있는 신념과 교리에 기초하고 있지만, 세속 윤리는 종교적 신념이나 교리와 관계없이 인간이 지닌 보편적 이성이나 양심에 기초해 합리적 체계화를 시도하기 때문이다. 따라서 종교에서 제시하는 도덕규범(윤리체계)처럼 초월적 존재나 궁극적 실재를 전제하지 않는다는 점에서 종교에 대해 중립적이다. 그렇더라도 모든 종교는 인간의 문제, 인간(삶)의 가치와 존엄성을 과제로 삼고 있다는 점에서 세속의 윤리와 공통점(자비, 이웃에 대한 사랑)을 지닌다. 이 점에서 종교는 세속의 소외와 (사회) 정의 문제에 대해서도 관심을 갖는다. 또한 그렇기 때문에 종교가 인간의 존엄과 가치를 부정하고 인간의 삶의 질을 파괴한다면, 이는 참된 종교라고 할 수 없다. 이를 위해서는 각각의 서로 다른 종교들부터 배타적 태도가 아니라 관용하고 화해하는 실천적 모습을 보여 주어야 한다.

한편, 종교와 도덕의 관계에 대해 종교 중심의 매우 완고한 입장이 있는데, 이것을 '신명론(divine command theory)'이라 부른다. 신명론에 의하면, 1) 옳고 그름으로서 도덕은 신으로부터 나오며, 2) 도덕적으로 옳지 않다는 말은 곧 신이 바라지 않는다(또는 신의 의지에 반한다)는 말과 같은 뜻이기 때문에, 3) 도덕은 본질적으로 독립적이지 않고, 전적으로 신의 의지에 기초한다고 주장한다. 즉 "성서의 윤리는 자율적인 도덕을 부정하며, 도덕법(moral law)과 신의 의지(divine will)를 동일시하는 신법 윤리를 지지한다. 따라서 신의 의지로부터 도덕은 분리될 수 없으며, 선(善)이란 창조주가 행하고 명령하는 것일 뿐이다. 그는 도덕법을 창조하며, 도덕법의 본질을 정의한다." 그러므로 신이 존재하지 않는다거나 신이 부정된다면, 우리는 도덕적으로 허무주의에 빠지게 되어 무엇에 대해서도 윤리적으로 옳고 그름을 판단할 수 없게 된다.

다섯째, 종교는 절대적 의존 감정에 기초한다. 이미 살핀 것처럼 이것은 종교학자인 오토의 완전히 다른 것에 대한 종교적 경험으로서 성스러움에서 잘 드러나며, 특히 인격신을 내세우는 종교에서 더욱 두드러진다.

여섯째, 기도나 신과의 교통을 중시한다. 이 또한 인격신을 믿는 종교에서 두드러지며, 그렇지 않은 종교에서는 "~하여 주옵시고(기독교)"와 같은 기도가 아니라 수행의 한 방식인 '내적인 명상(불교)'의 형태로 표현된다

일곱째, 종교는 세계관과 인간관을 제시한다. 모든 종교는 세계관 또는 인간관과 관련해 각각의 신화를 가지고 있다. 신화는 기본적으로 상징적이고 은유적이며 원형적인(전형, archetypical) 이야기이다. 이는 기독교의 에덴 동산과 인간의 타락, 그리고 그것에 나타난 여성관이나, 노아의 방주 이야기 등에서 잘 나타난다. 우리의 단군신화 또한 마찬가지이다. 곰(농경사회 상징)은 자궁을 상징하는 굴로 들어가 굴속에서 '죽음'을 맞이하고, 비로소 굴에서 다시 나옴으로써 '신'과 결합할 수 있는 성스러운 존재로 거듭난다.

여덟째, 종교는 공동체를 필요로 한다. 틱낫한("종이는 종이 아닌 것으로 이루어져 있다.") 스님이 운영하는 프랑스의 '플럼 빌리지(공동체)'에서는 불교적 세계관을 공유하면서 집착의 원인이 되는 저축통장이나 이메일을 갖지 않아야 한다는 규칙을 지켜야 한다. 또 미국 펜실버니아주에

있는 '아미쉬 공동체'는 자신들의 종교적 신념에 따라 중세적인 전통적 삶의 방식을 고집하며, 전기와 자동차를 사용하지 않는다. 이와 관련해 아홉째, 종교는 공동체 이외에 자신의 종교에서만 가능한 조직을 가지고 있기도 하다

이뿐만 아니라 종교는 내면적 조화나 심리적 평안 상태를 약속한다. 유요한 교수의 지적처럼, "한계와 맞서지 않는 인간은 없다. 어떻게 보면 인간은 인간으로서의 한계를 인정하고, 그 한계를 넘어서기를 갈망한다는 점에서 종교적이다." 이 점에서 '궁극적(ultimate)'이라는 표현은 종교에 가장 잘 어울린다. 즉, 종교는 인간 삶의 궁극적인 것에 대한 성찰과 관련된다. 우리가 살아가면서 부딪치는 수많은 고통과 불안, 괴로움과 절망의 순간들은 언제나 절박한 '한계 상황'을 만들어 낸다. '죽음' 또한 그렇다. 하지만 이 모든 불안과 한계 상황은 최종적으로 결국에는 스스로 '혼자서' 감당해야 하는 것이다. 60여만 명이 수능시험을 치르지만 이들이 경험하는 불안과 고통은 누구도 대신할 수 없는 '각자의 몫'인 것이다.

또 역사의 기록이 전쟁 때문에 수만 명이 고통스럽게 죽었다고 냉정하게 서술할 때도, 그 수만 명의 고통과 죽음은 사실 오직 한 사람 한 사람의 개별적이고 비교될 수 없는 실존적 고통이고 죽음이다. 모두가 같은 상황에서 겪는 고통과 두려움일지라도, 그것은 "서로 소통될 수 없는 저마다의 몫(고통과 두려움)"인 것이다. "나의 고통은 나의 생명 속에서만 유효한 실존적 고통인 것이다. 인간의 존엄은 그 개별성에 있기 때문에 나의 병은 유사한 모든 병과는 다른 것이다." 이와 같은 한계 상황에서 '종교적 인간'은 이를 뛰어넘을 '성스러운' 시간과 공간을 설정하

고, 삶의 궁극적인 문제에 대해 내면적 조화와 심리적 평온 상태를 약속한다. 이외에도 종교는 새로운 시대의 도래와 내세를 약속(유교는 내세에 대해 말하지 않음)하며, 선교(포교)를 하는 특성이 있다.

> **과학은 오류와 미신으로부터 종교를 정화해 줄 수 있고,**
> **종교는 맹목적 숭배와 잘못된 절대성으로부터 과학을 정화할 수 있다.**
>
> – 교황 바오로 2세

이 주제의 맨 처음에 제시한 2001년과 2015년에 발생한 '종교에 의한 테러' 사례는 종교와 정치를 하나의 동일한 개념으로 이해하는 그릇된 관념에서 비롯된다. 흔히 종교에서 '원리주의' 또는 '근본주의'로 불리는 이들은 경전의 내용들을 절대 무오류로 인식하는 '문자주의(경전에 기록된 내용을 역사적 사실로 확신함)'에 입각해 그 내용들을 모두(역사적·과학적) 사실이자 진리로 받아들인다. 따라서 이들은 '과학주의', 즉 "과학을 인간이 지닐 수 있는 최고의 인식 형태로 간주하고, 원리적으로는 모든 문제가 과학에 의해 해결될 수 있다."는 주장을 거부한다. 하지만 반대로 과학주의 입장에서는 종교에서의 원리주의(문자주의)를 전면 부정한다. 이들에게 지식의 토대는 과학이며, 그렇기 때문에 종교에서의 문자주의나 초자연적인 것에 대한 지식 탐구는 종교는 한낱 허구(또는 원시적 미신)로 비춰질 뿐이다. 왜냐하면 이들은 관찰과 실험을 통해 얻은 객관적 진리로서 "과학이 우리에게 말할 수 없는 것을 우리는 결코 알

수 없다."(러셀)고 주장하는 명제만을 신뢰하기 때문이다

『코스모스』의 저자이자, 종교에 대해 회의적인 칼 세이건의 『콘텍트』를 영화(1997)화한 대화에 나오는 내용은 '복음전도사'와 '과학자'의 상반되는 두 입장을 잘 보여 준다. 복음전도사가 "당신은 스스로를 영적인 사람이라 믿나요?"라고 묻자, 과학자는 "무슨 뜻이죠? 난 도덕적인 사람이긴 합니다."라고 답한다. 이에 복음전도사가 "당신은 신을 믿습니까?"라고 묻자, 과학자는 "나는 과학자로서 경험적 증거만을 사실로서 받아들입니다."라고 말한다. 종교와 과학이 서로 배타적임을 드러내는 이 입장은 진화론에 힘입어 더욱 심화된다. 『이기적 유전자』의 저자인 도킨스는 "다윈은 인간이 지적으로 충만한 무신론자가 되는 것을 가능하게 해 주었다."고 주장하면서, "내세를 가르치는 종교는 사람들을 언제든 살인 무기(자살 폭탄 테러)로 만들 수 있는 '정신 바이러스'의 일종이다."라고까지 비난한다. 그에게는 전통적으로 종교에서 강조해 왔던 우주에 관한 '지적 설계자'란 개념은 허구이며, 단지 '자연선택'만이 있을 뿐이다.

종교와 과학을 이처럼 상호 배타적이고 적대적 관점에서 바라보는 입장과 달리, 종교와 과학은 각각의 독립된 영역을 지닌다는 입장이 있다. 종교와 과학을 구분 짓고자 하는 이 입장은 "과학은 '사실'만을 다루지만, '종교'는 인간의 사고와 행위에 관한 '평가'만을 다룬다."(아인슈타인)고 주장한다. 이 입장을 따르게 되면, 과학은 "인간의 관찰과 이성에 바탕을 두고, 신학(종교)은 신의 계시 (또는 성스러운 체험)에 근거한다."는 믿음을 받아들이게 된다.

종교와 과학이 서로 독립된 영역이라는 이러한 입장에서 한 걸음 더

나아가 서로를 '상호보완적 관계'로 보아야 한다는 입장도 있다. 이에 따르면, 현대과학의 발달과 함께 종교는 과학적 진리를 인정하면서도, 여전히 과학이 미치지 못하는 초월적이고 성스러움의 근원에 대해 답을 찾고자 노력한다는 것이다. 또 과학도 스스로 명확하게 대답할 수 없는 영역이 있음을 인정하면서 종교와 신앙의 가치를 인정할 수 있다는 것이다. 이러한 입장은 "과학은 오류와 미신으로부터 종교를 정화해 줄 수 있고, 종교는 맹목적 숭배와 잘못된 절대성으로부터 과학을 정화할 수 있다."는 말로 표현할 수 있다. 이를 통해 "종교와 과학은 서로를 더 번영하고, 더 넓은 세계로 끌어당길 수 있다(교황 바오로2세)." "과학은 인간에게 지식을 주지만, 종교는 인간에게 스스로를 다스릴 수 있는 지혜를 주기(마틴 루서 킹)" 때문이다.

# 예술을
# 바라보는 몇 가지 시선

PART 15

### 플라톤

어린아이는 무엇이 숨은 뜻이고, 무엇이 아닌지를 모르기 때문에,
그리고 (영향을 받아) 어린 나이에 갖게 된 생각은
좀처럼 씻어 내거나 바꾸기 어렵기 때문에
처음 듣는 이야기는 훌륭함(덕), 특히 덕을 가장 훌륭하게 가르치도록
지은 것들을 들도록 하는 것이 무엇보다 중요하다.

### 예기

예(禮)는 사람의 마음(감정)을 조절하고,
악(樂)은 사람의 소리를 조화롭게 하며,
정치는 도(道)를 행하는 수단이며, 형벌은 잘못을 예방하는 방법이다.
그러므로 이 네 가지 일을 올바로 행하는 것이 왕도를 갖추는 것이다.

### 니체

예술이 어떤 목적을 가져야 한다는 것에 대한 저항은
언제나 예술의 도덕적 성향에 대한 저항,
즉 예술이 도덕에 복종해야 한다는 것에 대한 저항이다.
예술을 위한 예술이란 말의 의미는 '도덕은 악마에게나 줘 버려라!'라는 뜻이다.

**아도르노**

우리는 '대중문화'를 '문화산업'이란 말로 대체했는데,
그 이유는 대중문화를 옹호하는 사람들의 입맛에 맞는 해석을
처음부터 배제시키기 위해서였다.
즉, 그것은 대중문화가 대중 스스로에 의해 자발적으로 생겨난 문화
또는 민중예술의 현대적 형태라는 식의 해석을 배제하려는 의도에서였다.

**대법원(2008)**

표현물이 포르노그래피인지를 판단할 때는
표현물을 만든 제작자의 주관적 의도가 아니라 그 사회의 '평균인'의 입장에서,
그리고 그 시대의 '건전한 사회 통념'에 따라 '객관적'이고
'규범적'으로 평가해야 한다.

열 살인 초등학생의 시가 우리 사회의 교육 현실을 냉정하게 돌아보도록 명령하고 있다. '학원 가기 싫은 날'이란 제목의 이 동시는 "학원 가고 싶지 않을 땐 / 이렇게 // 엄마를 씹어 먹어 / 삶아 먹고 구워 먹어 / 눈깔을 파먹어 / 이빨을 다 뽑아 버려 / 머리채를 쥐어 뜯어 / 살코기로 만들어 떠먹어 / 눈물을 흘리면 핥아 먹어 / 심장은 맨 마지막에 먹어 // 가장 고통스럽게"라는 내용이다. 이에 대해 일부에서는 "경악과 충격이다.", "아이가 세상을 너무 잔인하게 본다.", "혹시 집에서 엄마에게 학대당한 것 아닌가?", "너무 충격적이다.", "시를 출간한 부모가 너무 극성이다.", "관심받고 싶어서 하는 행동이다." 등 부정적인 평가가 지배적이었다.

하지만 정작 본인은 "이런 댓글에 많이 슬펐어요. 왜 사람들은 이렇게 생각하는지 궁금했어요. 조금은 이해하는데 제 입장도 조금만 생각해 주셨으면 좋겠어요."라고 말했다. 하지만 다시 돌아보면, 이런 반응 뒤에는 동심(童心)을 '순수', '순결', '환상과 꿈' 등과 동일시하는 우리 사회의 고정관념이 자리 잡고 있다. 이것은 마치 '삼둥이'가 출연하는 TV프로그램이 인기 있는 것과 같은 맥락이다. 하지만 '천사', '귀여움', '동심', '순수'라는 우리 사회의 아동에 대한 이미지는 어른에 의해 만들어진 아이에 대한 관념일 수 있다. 하지만 생각해 보자. 강경희 박사의 지적처럼 "어른들이 만들어 놓은 관념의 검열을 통과한 동심만이 진짜 동심일까?"

그런가 하면, 가수 아이유의 노래 '제제'에 대한 '소아성애(페도필리아)' 논쟁도 뜨겁다. 비판하는 쪽에서는 "학대받은 아동을 성적 대상으로 삼는 것은 듣는 이로 하여금 고통을 느끼게 하며, 아동의 성범죄 피해의 실상에 대한 무지이므로 뮤직비디오와 음원 모두 폐기해야 한다."고 주장한다. 하지만 이에 대해 반대하는 쪽에서는 "예술을 윤리 문제로 환원시켜서는 안 되고, 아이유의 표현의 자유도 중요하며, 문학에 표준적 해석을 적용하는 것은 잘못"이라고 반박한다.

어린아이는 무엇이 숨은 뜻이고, 무엇이 아닌지를 모르기 때문에,
그리고 (영향을 받아) 어린 나이에 갖게 된 생각은
좀처럼 씻어 내거나 바꾸기 어렵기 때문에 처음 듣는 이야기는 훌륭함(덕),
특히 덕을 가장 훌륭하게 가르치도록 지은 것들을 듣도록 하는 것이
무엇보다 중요하다.

— 플라톤

일명 '잔혹 동시' 논란은 예술과 도덕(윤리)의 관계를 다시 논쟁의 중심으로 끌어들인다. 일반적으로 예술이란 "인간이 의도를 가지고, 어떤 활동을 통해 아름다움[미(美)]을 만들어 내는" 활동을 의미한다. 이때문에 예술의 목적을 '미의 실현'이라고 말한다. 그런데 '아름다움(미)'이란 인간의 활동이 만들어 낸 것만으로 한정 지어 말할 수는 없다. 왜냐하면 자연을 통해 드러나는 '아름다움'도 있기 때문이다. 따라서 '아름다움'은 '자연미'와 '예술미(인간의 활동에 의한 아름다움)'를 모두 포함한다고 할 수 있다. 우리가 여기서 말하려고 하는 것은 자연미가 아니라 '예술'과 '도덕'의 관계이다. 또 예술이 아름다움을 목표로 한 인간의 의도적 활동과 관련된 만큼, 예술은 종종 미적인 것만이 아닌 윤리·종교·정치·사회적 동기와 의미를 갖고 창작되고 감상되기도 한다. 이것이 우리가 예술과 도덕의 관계를 살펴야 하는 이유이다.

그런데 예술은 아름다움을 추구하기 위해 도덕이나 이념의 구속에서 자유로울 것을 전제하는 경향이 강한데, 바로 이 점 때문에 의무와 당위라는 규범적 구속성을 중시하는 도덕이나 이념과 자주 갈등을 빚기도 한다. 위의 '잔혹 동시'나 '페도필리아(pedophilia, 소아성애)' 논쟁을 일으킨 아이유의 노래 〈제제〉가 이런 경우에 해당한다. 우리는 예술의 미적 가치의 기준을 오직 도덕이나 규범적 가치가 실현된 정도에 두어야 한다는 이런 주장을 '예술에서의 극단적(절대적) 도덕주의'라고 부른다.

예술에서의 도덕주의는 예술에서 가장 우선적인 중요성을 갖는 것은 도덕적 가치이기 때문에 모든 예술은 도덕적 판단의 대상이라고 주장한다. 따라서 모든 예술 작품은 도덕적 가치 기준에 의해 평가받아야 한다. 이 입장을 주장하는 대표적인 인물로는 청빈과 금욕적인 삶을 강조했던 톨스토이와 '철학자'에 의한 이상 국가를 그려 냈던 플라톤이 있다. 이들은 훌륭한 예술 작품이라면, 마땅히 도덕적 교훈이나 훌륭한 본보기를 제공함으로써 올바른 품성을 기르는 데 기여해야 한다고 주장한다. 한마디로 예술은 "건강한 개인과 건강한 사회의 실현을 위해" 일정한 역할을 해야 한다는 입장이다.

특히 플라톤은 좋은 양털과 좋은 염색 방법을 가지고 훌륭한 모직물을 만들 수 있듯이, 처음부터 좋은 교육과 훌륭한 교육 내용을 가지고 각각의 영혼들(이성, 기개, 욕망)이 조화를 이룬 이상적인 시민을 길러 내야 한다는 신념을 갖고 있었다. 또 목장의 해로운 꽃과 물이 그것을 뜯고 마신 동물들을 자신도 모르게 죽음으로 몰고 가듯이, 인간의 영혼 또한 해로운 환경에 노출되면 이상적인 이데아에 대한 인식이 불가능해지고, 영혼 또한 타락하게 된다고 생각했다. 따라서 인간의 영혼을 훌륭하게 염색해야 한다는 믿음을 갖고 있었다. 플라톤은 이것을 "젊은이들이 기름진 땅 위에서 아름다운 풍경과 소리 사이에서 살아가게 함으로써 만물 가운데에서 선(善)을 찾을 수 있게 해 주어야 한다. 훌륭한 작품이 주는.미(美)의 영향이란 맑고 신성한 공기를 휘몰고 와서 건강을 안겨 주는 사람처럼, 그들의 귀와 눈을 적셔 어려서부터 자신도 모르게 이성의 아름다움에 호감을 갖게 하는 것과 같다."고 설명한다. 그에게 예술을 포함한 모든 활동은 인간의 탁월성(덕, 德)의 발휘와 관련된다.

또 플라톤은 "우리는 작품 속에서 선(善)의 내용만을 그리라고 요구하며, 만약에 이에 응하지 않으면 나라에서 추방해야 한다. 만약에 이 규칙을 지키지 않는 자가 있다면, 우리 시민들의 취미가 그들로부터 영향을 받지 않도록, 그런 기술을 금지하는 것이 옳지 않겠는가?"라고 말함으로써 국가 권력에 의한 (예술 및 창작, 모든 표현의) 검열을 주장하고 있다. 나아가 그는 "만약에 모든 것을 모방할 줄 아는 재주를 지닌 사람이 와서 자신의 그런 재능이 만들어 내는 작품을 보여 주기를 원한다면, 우리는 그의 머리에서부터 향즙을 끼얹은 다음, 양모로 관까지 씌운 다음 다른 나라로 보내 버려야 한다."고 함으로써(시인) 추방까지 언급한다. 이것은 플라톤이 예술의 모방적 성격과 시의 부정적 측면을 비판한 것으로, 오늘날에는 예술과 언론 매체에 대한 통제와 검열을 정당화하는 논거로 활용되고 있다. 이처럼 플라톤은 예술에서의 도덕주의를 통해 예술이 인간 영혼의 조화와 균형, 그리고 국가 공동체의 삶의 원리에 기여할 것을 기대하고 있었다.

> 예(禮)는 사람의 마음(감정)을 조절하고,
> 악(樂)은 사람의 소리를 조화롭게 하며,
> 정치는 도(道)를 행하는 수단이며, 형벌은 잘못을 예방하는 방법이다.
> 그러므로 이 네 가지 일을 올바로 행하는 것이 왕도를 갖추는 것이다.
>
> – 예기

한편, 예술에서의 도덕주의는 '예악(禮樂)'이라는 표현에서도 알 수 있듯이 동양의 유학에서는 매우 강조해 왔던 관점이다. 이에 따르면, 인간은 감정(마음)을 갖고 있으며, 이 감정이 밖의 사물이나 현상과 만나 감응(感應, 어떤 느낌을 받아 마음이 따라 움직임)하면, 목소리[성(聲)]가 되어 나온다. 그리고 이 목소리들이 서로 호응하여 일정한 틀(음률과 음조)을 갖추면 음(音)이 된다. 즉, 음(音)이란 소리가 변해 이루어진 일정한 틀을 말하고, 악(樂)이란 음으로 이루어진 곡조를 악기로 연주해서 (방패, 토끼, 꿩의 깃, 소꼬리를 들고) 춤을 추기에 이르는 것을 말한다. 그러므로 악(樂)은 음(音)에 의해 생기지만, 그 근본은 인간의 감정(마음)이 주위 사물에 대해 반응하는(느끼는) 것을 표현하는 행위와 관련된다.

『예기』에서는 이 반응하는 소리를 여섯 가지로 설명한다. 바깥 대상에 감응해 마음이 슬플 때 나오는 소리는 목이 쉰 듯 다급하면서도 가늘며(애타고 약함), 마음이 즐거울 때 나오는 소리는 풍부하고 크고 느리며(너그럽고 편안함), 마음이 기쁠 때 나오는 소리는 드높고 빠르고 차분하지 못하며(높아져 흩어짐), 마음이 노여울 때 나오는 소리는 거칠고 준엄하며(날카롭고 거침), 공경하는 마음일 때 나오는 소리는 곧고 절개 있으며, 사랑하는 마음일 때 나오는 소리는 평화롭고 부드럽다. 이 여섯 가지 소리는 사람의 고유한 본성이 아니고, 마음이 바깥 사물이나 현상[외물(外物)]에 감촉(感觸, 외부의 자극이 피부 감각을 통하여 전해지는 느낌)한 다음 나오는 것이다.

순자 또한 「악론」에서 감정을 지닌 인간이 자신의 기쁨의 감정을 표현하기 위해 반드시 필요한 것이 음악이라고 강조하면서, 겉으로 표현될 때에는 반드시 올바른 도리에 맞아야 혼란을 피할 수 있다고 주장한다. "선왕(옛 임금)들은 그러한 혼란(감정과 욕망들 사이의 충돌이 초래하는 갈등과 혼란)을 싫어했다. 이 때문에 아송(연회와 제사를 지낼 때 연주하던 음악)을 제정해 올바로 이끌었다. 즉, 음악을 즐기면서도 어지러움으로 흐르지 않게 했고, 형식을 분별하면서도 없어지지 않게 했으며, 사람의 착한 마음을 감동시켜 사악하고 더러운 기운이 가까이 오지 못하게 했다. 이것이 음악을 제정한 이유이다."

그뿐만 아니라 순자에게 음악은 "사람의 마음과 뜻을 넓게" 만들어 주는 역할을 한다. "무무(武舞)처럼 무기(도끼)와 방패를 잡고서 몸을 숙이고 젖히고, 구부리고 펴는 동작을 익히면 용모가 웅장해진다. 또 춤추는 위치와 나가고 들어올 자리를 알게 하며, 음악의 장단에 맞추어 행렬을 바르게 할 수 있다. 이 때문에 음악은 밖으로 나가서는 적을 정벌하며, 안으로는 서로 공손하게 인사하고 사양하는 예(禮)를 지킬 수 있게 해 준다. 음악이란 천하를 크게 바로잡는 것이고, 알맞게 조화시키는 것이다." 이처럼 음악은 내적으로는 사람들을 서로 화합하고 질서를 만들게 하며, 외적으로는 나라의 군대를 강하게 만들어 준다.

순자의 주장처럼 "악(음악, 音樂)이 조화로 이루어지는 것이라면, 예(禮, 예의)란 이치(이, 理)로 이루어지는 것으로 결코 바꾸거나 없애서는 안 되는 것이다. 음악은 화합하게 하고, 예의는 구분 짓는 것이기 때문이다." 순자에게 예(禮)란 인간의 본성인 욕망(욕, 欲)들에 대해 경계를 설정해 줌으로써 절제 속에서 균형 있게 충족할 수 있게 해 주는 기준이 되는 것이다. "인간은 태어나면서부터 욕망을 갖고 있는데, 이를 충족하고자 할 때 일정한 기준에 따라 한계를 정하지 않으면, 서로 다투고 혼란스러워져 궁핍해진다. 옛 임금들은 이를 싫어해 예(禮)로써 그 경계(분계, 分界)를 정했고, 이 분별을 기준으로 욕망을 충족할 수 있게 했다."

또 『예기』에서는 예악에 대해 "악은 사람들의 공통적인 본성을 표현하고, 예는 사람들의 등급의 차이를 드러낸다. 공통의 본성이 표현되면 사람들은 서로 친근감을 느끼고, 등급의 차이가 드러나면 사람들은 서로를 공경한다.", "이상적인 악은 천지와 더불어 만물을 조화롭게 하고, 이상적인 예는 천지와 더불어 만물을 통제하고 관리한다. 이처럼 악은 조화의 작용을 하며, 예는 만물을 통제하고 관리한다."고 표현하고 있다. 이것은 음양(陰陽) 사상과도 관련이 있는데, 그 이유는 동양의 전통에서 악은 양을, 예는 음을 상징하기 때문이다. 즉, 예는 악을 절제하게 하고, 악(사랑)은 예(공경)를 조화롭게 만듦으로써 서로를 보완해 완성시켜 준다는 뜻으로 해석할 수 있다.

이렇게 보면, 동양에서 예(禮)와 악(樂)은 인간의 도덕성, 즉 성품을 도야(陶冶, 훌륭한 사람이 되도록 몸과 마음을 닦아 기름)하는 데 반드시 함께, 그리고 조화롭게 추구해야 할 것이었음을 알 수 있다. 인(仁)을 악과 가깝고, 의(義)를 예와 가깝다고 보았던 것도 이 같은 맥락에서이다. 이 때문에 『예기』에서는 "음악이 예를 압도하면 문란해지고, 예가 음악을 압도하면 상하가 서로 흩어진다."고 했고, 공자는 "사람은 예(禮)로 서고, 악(樂)으로 완성된다."고 했다. 또 순자도 "예와 음악은 모두 인간의 마음을 주관하는 것이다. 그 근본을 올바로 밝혀 지극한 변화를 모두 담아내는 것이 음악의 정신이고, 성실함을 드러내고 거짓을 제거하는 것은 예의 원리이다."라고 주장한 것이다.


예술이 어떤 목적을 가져야 한다는 것에 대한 저항은
언제나 예술의 도덕적 성향에 대한 저항,
즉 예술이 도덕에 복종해야 한다는 것에 대한 저항이다.
예술을 위한 예술이란 말의 의미는


예술을 바라보는 몇 가지 시선

# '도덕은 악마에게나 줘 버려라!'라는 뜻이다.

– 니체

이와는 반대로, 예술을 도덕의 간섭으로부터 완전히 분리해 자유롭도록 하자는 주장은 '예술에서의 극단적(절대적) 자율주의'라고 부른다. 예술에서의 극단적 자율주의는 예술 작품은 도덕 가치를 갖지 않으며, 갖더라도 그것이 예술적 가치에 어떤 영향을 미치는 것은 아니라는 입장이다. 따라서 도덕 가치와 예술적 가치 사이의 독립성을 강조하기 때문에 정치나 도덕의 하위 개념으로서 예술 또는 도구로서 예술 개념을 거부하며, '예술 그 자체를 위한 예술'을 목적으로 추구한다. 예술은 그 자체로서 자유이며 자기 목적적이라는 이 입장은 '예술 지상주의' 또는 '심미주의(유미주의)'라고도 부른다.

오스카 와일드는 "어떤 예술가에게도 윤리적 동정심은 요구되지 않으며, 오히려 예술가에게 동정심이란 단지 매너리즘(독창성과 새로움을 잃은 습관적이고 형식적인 기법)일 뿐"이라고 주장하면서 예술이 정치 · 도덕 · 종교 · 관습 같은 규범적 범주의 구속에서 자유로울 것을 주장한다. "작은 정직함도 위험한 것인데, 하물며 많은 정직함이란 완전히 치명적이다. 진정한 비평가라면 미(美)의 원리에 헌신해야 한다는 점에서는 언제나 '정직'해야 하지만, 이것은 모든 시대와 여러 유파로부터 미를 추구한다는 뜻이지, 정해진 관습에 따라 생각하고 틀에 박힌 방식으로 사물을 이해하고 평가해도 좋다는 뜻이 절대 아니다. 비평가는 예술과 도덕의 영역이 완전히 다르다는 것을 깨달아야 한다. 이 둘을 혼동

생활과 윤리: 20개 주제로 더 넓고 깊게 읽기

할 때 혼란이 일어난다. 예술은 도덕이 미칠 수 있는 영역 밖에 있다. 왜냐하면 예술의 눈은 끊임없이 변화하는 것에 고정되어 있기 때문이다." "착한 것보다는 아름다운 것이 더 낫다."

스핑건 또한 시에 대해 도덕적 혹은 비도덕이라고 평가하는 것은 마치 정삼각형이 아닌 이등변 삼각형에 대해 비도덕적이라고 말하는 것과 같이 무의미하고 무가치한 행위라고 비판한다. 서로 무관한 다른 범주의 개념을 가지고, 즉 적절하지 못한 개념과 기준을 가지고 평가하고 판단하는 행위는 그 자체로 잘못이라는 지적이다. 이처럼 극단적 자율주의는 예술 작품을 사회적 또는 문화적 산물로서 인식하는 것이 아니라 자율적이고 독창적인 행위의 총체로서 바라보아야 한다고 주장한다.

예술에서의 극단적(절대적) 도덕주의(extreme moralism)가 예술에 대한 도덕 가치의 우선성을 중시하는 반면, 극단적(절대적) 자율주의(extremeautomatism)는 예술에 대한 도덕 평가를 범주적 오류로 인식한다. 그런데 어떤 예술 작품은 사회적 요구를 수용해 도덕적 기능과 사회에 대해 메시지(교훈, 의도, 목적)를 전달하는 역할을 수행하고 있는 것이 현실이며, 또 어떤 예술 작품은 창작자의 의도와는 관계없이 도덕적 또는 가치론적 차원에서 해석될 수도 있다. 심미주의자였던 오스카 와일드의 주장처럼 "예술이 삶을 모방하는 것보다 삶이 예술을 훨씬 더 많이 모방한다."고 선언하더라도, 예술이 특정 시기의 사회적 산물이자 반영(예를 들면 『우리들의 일그러진 영웅』)이라는 주장 또한 유효하다.

예술과 도덕의 이런 관계 때문에 예술과 도덕을 한층 '온건한(moderate)' 입장에서 이해해야 한다는 주장이 있는데, 이를 '온건한 자율주의', '온건한 도덕주의'로 부른다. 온건한 자율주의에 의하면, "일부 예술은 도덕 판단의 대상이 될 수 있지만, 그것들의 도덕 가치는 미적 가치와는 무관하다." 즉, 일부 예술에 대해 도덕 평가는 가능하고, 예술이 도덕 가치(좋음/나쁨)를 지닐 수는 있지만, 그렇다고 해서 그 도덕적인 좋음/나쁨이 그 작품의 예술(미)적 가치에는 아무런 영향도 미치지 않는다는 것이다. 한마디로 상호 작용하지 않는 별개의 문제이다.

반면, 온건한 자율주의와 달리 온건한 도덕주의는 종종 일부 예술 작품은 도덕적 가치를 지니며, 이것은 그 작품의 미적 가치와도 관련된다고 주장한다. 즉, 작품에 표현된 도덕 가치(좋음/나쁨)는 미적 가치(좋음/나쁨, 결핍)와도 상호 연결된다는 것이다. 따라서 작품이 지닌 도덕적 결함(등장인물의 성격과 도덕적 결함, 작품에 표현된 도덕적 명제의 부도덕성)은 작품의 미적 결함으로 이어진다. 이처럼 예술에 관한 (절대적·온건한) 도덕주의적 입장은 작품의 도덕적 장점을 작품의 미적인 장점으로 인식하고, 작품의 도덕적 결점을 작품의 미적(예술적) 단점으로 인식한다.

예술 작품은 우리를 특정한 방식으로 반응하게 만들 의도를 갖고 만들어지는데, 그것을 도덕적 태도로 연결 지으려는 도덕주의적 관점은 '훌륭한 작품'의 기준을 도덕적 의미와 태도를 얼마나 표현하고 고양할 수 있는가에서 찾는다. 이러한 도덕주의적 관점은 아리스토텔레스, 토마스 아퀴나스, 흄, 러스킨), 톨스토이에게서도 나타나며, 오늘날에는 주로 페미니즘과 사회 정치적 비평에서 표명되고 있다. 메튜 키이란은 "아리스토텔레스는 비극이 되려면 작품은 어떤 도덕적인 성격을 지녀야만 한다고 생각했다. 우리가 중심 인물을 동정하고 그의 고난과 파멸을 비극으로 여기기 위해서는 그 인물이 도덕적으로 훌륭해야 한다."는 생각을 갖고 있었다는 점에서 그는 도덕주의적 입장을 대변한다고 주장한다.

또 흄은 "도덕과 예절에 대한 생각이 시대에 따라 바뀐다면, 그리고 올바른 비판과 불승인의 표지 없이 부도덕한 행실이 묘사된다면, 이것은 시를 훼손하며 시에게는 실질적인 결함이 된다. 나는 그러한 부도덕한 정서를 받아들일 수 없다. 받아들이는 것이 마땅하지도 않다. 내가 아무리 그 시대의 풍속을 감안해 그 시인을 너그러이 봐주더라도 나는 절대로 그 작품을 즐기지 못할 것이다."라고 주장하고 있다는 점에서 예술에서의 도덕주의적 입장을 드러내고 있다.

예를 들어 프란시스 베이컨(1909~1992)의 작품, "십자가 책형[1] 습작"(1944)은 그 기괴함과 섬뜩함 때문에 우리에게 구토, 혐오, 험악, 격노, 고통, 울부짖음과 같은 본능적인 충격을 일으킨다. 특히 배경이 되는 빨간색은 폭력성을 상징해 이런 느낌을 고조시킨다. 인간을 '고깃덩어리'에 비유하면서 관람자인 우리의 신경을 옥죄어 오는 이 본능적인 느낌은 분명히 그의 작품이 '도덕적으로 문제가 있는 작품'이라는 느낌을 준다. 그럼에도 그의 작품은 우리에게 영감과 통찰, 가르침을 제공하는데, 그것은 저열한 욕망의 인간 지배와 인간의 타락 가능성, 인간성의 어두운 측면에 대한 가르침 등이다. 그의 작품이 비록 인간 내면과 본성의 어두운 측면을 드러냈다는 점에서 도덕적으로는 해롭다고 할 수 있을지 모르지만, 더욱 중요한 것은 오히려 표현의 강렬함과 진정성, 독창성 때문에 훌륭한 예술 작품으로 성공했다는 점이다.

---

1    책형(磔刑)이란 죄인을 기둥에 묶고 창으로 찔러 죽이던 형벌을 말한다.

우리는 '대중문화'를 '문화산업'이란 말로 대체했는데,
그 이유는 대중문화를 옹호하는 사람들의 입맛에 맞는 해석을
처음부터 배제시키기 위해서였다.
즉, 그것은 대중문화가 대중 스스로에 의해 자발적으로 생겨난 문화 또는
민중 예술의 현대적 형태라는 식의 해석을 배제하려는 의도에서였다.

– 아도르노

예술의 본질이라 할 수 있는 '심미적 가치', 그리고 이 정신까지도 끊임없이 이윤 추구의 수단으로 만들려는 '상업화' 전략(경제적 가치)은 예술과 자본의 관계에 대해 비판적 검토를 요구한다. 예술(문화)의 상업화 문제를 다루기에 앞서 '문화'의 의미를 다시 생각해 보자. 레이몬드 윌리엄스는 문화는 (1) 고급문화나 순수예술처럼, '지적이며 정신적인, 그리고 심미적 능력의 계발과 관련된 일련의 과정', (2) 휴가, 축제, 젊은 이들의 행동양식처럼, '한 인간이나 시대 또는 특정 집단이 갖고 있는 모든 생활양식', (3) 순수미술, 시, 문학, 오페라처럼, '지적인 작품, 또는 이를 위한 실천 행위, 특히 예술적인 활동을 일컫는 용어'와 같이 세 가지 의미를 지닌다고 정의한다. 그런데 문화의 의미를 (1)과 (3)에 지나치게 집중할 경우, 일반 대중과 일정한 거리를 둔, 경제적 능력과 교양을 갖춘 사람들로 문화의 범위가 축소된다는 문제점이 있다. 흔히 말하는 '고급문화' 개념이 이에 해당한다.

이러한 '고급문화'에 대비되는 '대중문화'는 과학기술의 발달에 따른 각종 매체의 등장으로 '누구나 쉽게 접할 수 있는 문화'의 형태로 보편화

생활과 윤리: 20개 주제로 더 넓고 깊게 읽기

되었다. 대중문화가 지닌 이러한 장점에도 불구하고, 그 이면에 감춰진 의도를 밝혀낸 인물들이 아도르노와 호르크하이머이다. 두 사람은 『계몽의 변증법』에서 이 대중문화를 "문화 산업 : 대중 기만으로서의 계몽"이라고 규정한다. 그들은 자본주의의 대량생산 체제가 만들어 낸 '대중문화'를 하나의 '상품으로서 문화'라 규정짓고, 이를 '문화산업'이라고 이름 붙인다. 아도르노는 "우리는 '대중문화'를 '문화산업'이란 말로 대체했는데, 그 이유는 대중문화를 옹호하는 사람들의 입맛에 맞는 해석을 처음부터 배제시키기 위해서였다. 즉, 그것은 대중 스스로에 의해 자발적으로 생겨난 문화 또는 민중예술의 현대적 형태라는 식의 해석을 배제하려는 의도 때문이다. '문화산업'이란 단어는 '대중문화'에 대한 이러한 해석들과는 완전히 구분되어야 한다."고 말한다.

아도르노에 따르면, 자본주의적 생산양식 아래에서 대중문화(예술)는 이미 '문화산업'으로서 상품이며, 대중은 문화의 자발적이고 창조적인 생산자가 아니라 문화산업의 시스템 속에서 수동적 소비자의 지위에 머문다. 따라서 "문화산업에 의해 만들어지는 문화는 진정한 문화와는 다른 비자발적이고 사물화된 가짜 문화이며, 이러한 문화를 소비하는 계층은 비판의식이 결여된 익명의 대중일 뿐이다." 이 때문에 문화산업에서 "가치의 유일한 척도는 이목을 끌도록 얼마나 잘 포장했느냐에 달려 있다." 즉, 생산물의 실질적 가치나 의미와는 무관하다. 또 "문화산업의 궁극적인 생산주체는 '자본가'이다." 왜냐하면 예술가, 작곡가, 연출가 등 여러 분야의 전문가들은 사실 거대한 문화산업 체계에서 생산을 맡고 있는 하나의 분업 단위일 뿐이기 때문이다. 자본가는 생산의 방향과 한계를 결정하는 최종 결정권자이기 때문에 생산 과정에 참여하는 전문가 또는 예술가들을 언제든지 교체할 수 있는 지위를 갖는다.

권용선에 의하면, "문화산업의 생산자들, 자본가들, 그들과 연결되어 있는 권력자들은 대중들을 관리하고 포섭함으로써 이들을 문화산업의 소비자로 만들기 위해 이들의 취향과 교양의 수준을 목록으로 분류함으로써" 표준화된 소비양식을 만들어 낸다. "똑같은 표정, 똑같은 자세로 회전목마 위에 앉아 있는 사람들, 정해진 공간 속에서 동일한 움직임만을 반복하는 회전목마는 동일한 것을 반복함으로써 근대인의 신체를 훈육하는 계몽의 체제와 비슷하다. 사람들은 문화산업이 만들어 놓은 이 썰렁한 놀이기구를 어쩔 수 없이 소비해야만 하고, 그것을 소비함으로써 다른 가능성을 봉쇄당한다." 이 때문에 개인은 끊임없이 관리와 통제를 받고 조종되며, "문화산업이 정해 준 몇 개의 테두리 안에서 종목만 살짝살짝 바꿔 타는 것, 그 정도만을 할 수 있다. 그러므로 문화산업의 조종을 받는 개인의 개성은 보편적 동일성의 논리에 포위된 '사이비 개성'에 불과하다."

아도르노는 '대중문화' 자체를 부정하지 않기 때문에 대중이 예술과 문화에서 스스로 주체(주인)일 수 있는 가능성도 부정하지 않는다. 단지 자본주의에서의 대중문화가 하나의 산업으로서, 즉 "적극적으로 사유하는 것을 불가능하게 하는" '문화산업'이 대중을 관리 및 통제하고 지배하는 현실을 비판하고 있는 것이다. 아도르노는 모든 것을 '동질화'시키는 방식으로 대중문화를 지배하고 있는 '문화산업'을 비판함으로써 새로운 관점, 즉 개인의 심미적 경험과 태도를 하나의 대안으로 제시한다. 심미적 경험이란 권용선의 표현을 빌면, "예전에는 어떤 내용을 어떻게 표현할 것인지가 예술가들에게 중요한 고민거리였다. 예술의 수용자들 또한 예술작품으로부터 특정한 목적에 얽매이지 않는, 따라서 그 작품이 갖고 있는 고유한 측면과 질적인 부분, 그리고 그것으로부터 얻을 수 있는 예술적 감흥(향유)을 기대했다."

이것은 예술이 경제적 이윤 추구의 효율성에 봉사하는 '비즈니스[2]'의 대상이 아니라 고유한 심미적 가치를 지닌, 그리고 누구나 향유해야 할 대상이라는 점을 일깨운다. 이것은 예술을 자본과 동일시('물화')하는 것으로부터 예술 본래의 자율성과 정신을 회복하기 위한 저항이 필요하다는 의미이기도 하다. "위대한 예술가들은 결코 매끈하고 완전한 양식을 구현한 사람들이 아니라 카오스적 고통의 표현에 대항하기 위한 강인함을 통해, 양식을 '부정적 진리'로서 받아들이는 사람이다." 왜냐하면 진정한 예술은 이하준의 지적처럼, "눈에 보이는 현상 뒤에 있는 현실의 남루함과 비극성을 드러내고, 더 나은 가치의 세계를 보여 주려고" 하기 때문이다.

## 표현물이 포르노그래피인지를 판단할 때는 표현물을 만든 제작자의 주관적 의도가 아니라

---

2   예술을 비즈니스로 인식했던 인물들로는 "최초의 자본주의적 화가"로 불리는 루벤스, 렘브란트, 피카소, 앤디 워홀 등이 있다. 17세기 루벤스는 100명 이상의 도제들과 전문 화가들을 거느리고 '기업형 공방'을 운영하면서 중요 부분은 자신이 맡았지만 단순 채색은 도제나 일반 화가에게 맡기는 방식으로 '루벤스'라는 낙관이 찍힌 수많은 작품을 만들어 냈다. 또 피카소는 "예술은 무한한 화폐의 흐름이며, 예술은 곧 비즈니스"라고 말했다. 예술과 사업을 가장 잘 결합한 인물로 '팝아트의 거장'으로 불리는 앤디 워홀을 꼽는다. 그는 자신의 작업실을 '공장'에 비유하며, 일반 사업의 경우처럼, 예술 고객이 쉽게 다가갈 수 있도록 대중이 선호하는 작품을 생산해야 한다고 주장했다. 그는 작업실을 '예술 공장'으로 인식했으며, 덕분에 약 1조2천억 원의 수익을 올릴 수 있었다.

그 사회의 '평균인'의 입장에서, 그리고 그 시대의 '건전한 사회 통념'에 따라 '객관적'이고 '규범적'으로 평가해야 한다.

— 대법원(2008)

경주의 신라 미추왕릉지에서는 10㎝ 정도의 다양한 토우들이 나왔는데, 이 중에는 남녀가 섹스를 하고 있거나 남근을 높이 세워 여인의 음부에 맞대고 있는 것들도 있다. 학자들은 이를 두고 "생산력에 근거한 성기 숭배사상"을 반영하며, 또 "자손들의 번창과 저승에서의 부활을 소원하는 것"을 상징하고, "남녀 간 성 풍속을 소박하게 보여 준다."고 해석하기도 한다. 어떤 해석도 이들 토우들을 '포르노그래피'[3]와 관련해 해석하는 경우는 없다. 그렇게 해석한다면, 오히려 고대인들의 신앙과 세계관에 대한 무지이자 모독일 뿐이라고 비난받을 것이다.

그런데 상황을 바꾸어 사드 후작('가학성 성행위'의 용어의 원인이 된 인물)의 집에서 이러한 토우들이 발견되었다고 가정해 보자. 그는 창녀 네명과 집단 성행위를 했으며, 성적 욕망을 일으키는 최음제를 복용한 다음 성행위를 했고, 채찍 같은 기구를 이용해 가학적 성행위를 일삼았다. 사드(1740~1814)는 자신의 성적 탐욕(동성애, 가학적 여성학대, 신성

---

3 포르노그래피(pornography)와 에로물(erotica)을 구분해야 한다고 주장하기도 한다. 에로물은 관능적 세계를 묘사함으로써 성적 활동을 그려 내지만, 포르노그래피는 성적 관계 묘사에서 품위를 손상하는 지배와 정복적 방식을 사용하며, 폭력 같은 비인간적인 방식으로 표현하기 때문이다. 포르노그래피란 단어는 성매매 종사자들에 대한 글을 의미하는 그리스어에서 유래했다. 이는 여성을 시각적으로, 언어를 통해 비속화하고, 성을 노골적이고 폭력적으로 묘사하고 있는 자료들을 말한다.

모독) 때문에 세 차례에 걸쳐 총 27년형을 선고받는다. 따라서 토우가 사드의 집에서 발견되었다면, 사람들이 '퇴폐적인 변태 성욕자의 악마적 행위의 부산물'로 평가하더라도, 그것이 '그에 대한 무지와 인신공격'이라고 비난받지 않을지 모른다. 하지만 18세기 프랑스의 베르사이유 궁전과 귀족들의 성(城)에서는 섹스 파티 같은 퇴폐 행위는 거의 일상적인 일이었다.

그가 바스티유 감옥에서 쓴 『소돔의 120일』(1785)에는 근친상간, 가족 간 집단 성행위, 주교와 공작 딸과의 성행위, 가학적 성행위, 신부를 흥분시킬 목적의 고해성사, 예배당에서의 성행위 등 신성모독과 성도착(비정상적인 성욕, 변태 성욕)과 관련된 내용들이 많은 부분을 차지한다. 우리나라에도 번역되어 나왔지만 수거되어 폐기(2000)한 적이 있으나 "출판의 자유를 존중하지 않는 반민주적 조치"라는 비판으로 '19세 미만 구독불가'의 문구를 넣어 비닐로 포장해 판매(2012)했다. 이 책에 대한 평가는 극단적이다. 이미 짐작했겠지만, 이 책은 '포르노그래피'라는 도덕적 비난과는 반대로 "타락한 인간과 지배계급의 포악성을 표현한 에로티시즘 문학의 고전"이란 평가를 받기도 한다.

이외에도 '통 속의 철학자'로 알려진 디오게네스는 공공장소에서 종종 자위행위를 했지만 어떤 처벌이나 도덕적 비난도 받지 않았다. 또 그리스 도자기의 바탕 그림에는 성행위가 묘사되어 있고, 로마인들의 거실이나 목욕탕에는 성행위를 묘사한 벽화들이 발견되기도 했다. 하지만 이를 두고 포르노그래피 논쟁은 일어나지 않는다. 이들 사례를 통해 인간 정신의 '창조적' 산물로서 작품 및 행위에 대한 평가가 개인의 주관적 신념(가치, 도덕관)과 작품의 전체적인 맥락, 그리고 그 당시의 지배적인 가치 및 세계관(종교관)에 따라 다르게 평가될 수 있음을 알 수 있다.

포르노그래피와 관련해 우리나라 대법원은 한 인터넷 사이트의 위법성 여부를 판단하는 판결문(2008)에서 이전보다 한층 성숙한 기준을 제시하고 있다. 판결문은 "해당 동영상이 사회통념상 일반 보통 사람의 성욕을 자극해 성적 흥분을 유발하고 정상적인 성적 수치심을 해하여 성적 도의 관념에 반한다."고 함으로써 법조계의 기존의 입장을 그대로 유지했다. 그러면서도 대법원은 "표현물을 전체적으로 관찰하고 평가해 볼 때, 단순히 저속하다거나 문란한 느낌을 준다는 정도를 넘어서 존중하고 보호돼야 할 인격을 갖춘 존재인 사람의 존엄성과 가치를 심각하게 훼손 및 왜곡하였다고 평가할 수 있을 정도로, 노골적인 방법으로 성적 행위를 적나라하게 표현하고 있다. 또 사회 통념에 비추어 전적으로 또는 지배적으로 성적 흥미에만 호소함으로써 어떤 문학적·예술적·사상적·과학적·의학적·교육적 가치를 지니지 않는다."는 새로운 기준을 제시했다.

이 판결은 몇 가지 점에서 중요한 의미를 지닌다. 먼저 포르노그래피의 범위가 과거에 비해 축소되었다는 점이다. 달리 말해, 인격 가치와 함께 문학성과 예술성, 교육성, 사상성 등이 포르노그래피인지를 판단할 때 중요한 기준으로 작용한다는 뜻이다. 즉 이러한 요소들을 고려하면서 "표현물을 전체적으로 관찰하고 평가"했다는 말은 해당 표현물을 판단할 때 전체적인 맥락을 고려했다는 의미로 이것은 표현물의 문학성과 예술성이 포르노그래피인지를 가늠하는 기준으로 작용했다는 뜻이다. 따라서 전체적인 맥락 속에서 문학성과 예술성을 인정받는 작품일 경우, 성적인 묘사가 있을지라도 작품에 따라 포르노그래피로부터 자유로울 수 있다는 판결이라 할 수 있다.

나아가 전체적인 맥락 속에서 성적인 묘사를 통해 인간의 존엄과 가치를 높일 수 있다는 것도 인정하고 있다는 점에서 중요한 의의를 지닌다. 이러한 진전에도 불구하고, 법적 처벌, 즉 "윤리와 도덕의 이름으로 '포르노'인지에 대한 판단의 주체가 예술계나 시민이 아니라 유일한 사법적 권리를 지닌 국가"여야 하는가에 대해서는 여전히 해결되지 않는 문제이다.

한편, '자유'와 관련해 '자율 결정론(예술 옹호론)', 즉 예술에서의 표현의 자유를 주장하는 쪽에서는 밀(J.S. Mill)의 『자유론』에서 표명된 '해악의 원리'를 '포르노그래피' 논쟁에도 적용해야 한다고 주장한다. 『자유론』을 통해 "개인에게 합법적으로 행사될 수 있는 권력의 본질과 한계"를 밝히고자 했던 밀에 의하면, 개입(제재)은 다른 사람에 대한 해악을 방지하는 경우에 한해서만 정당화되기 때문에 "육체적이든 도덕적이든 그 자신의 선(善)에 도움이 된다는 이유는 정당한 이유가 아니다."라고 주장한다. 또 그는 "신체와 정신처럼 오직 자신에게만 관련된 부분에 대해서 개인은 누구나 절대적 권리를 갖는다."고 주장한다.

즉, 어떤 행동이 자신의 품위를 손상하고 타락시킨다 해도, 이 때문에 다른 사람이 영향을 받지 않는다면, 그 행동을 못하게 할 이유가 없다는 뜻이다. 그에 대한 제재가 비록 그 자신의 행복과 선을 위해서라는 명분을 내세우더라도 그렇다. 이에 대한 반론도 있다. 밀의 자유는 자유주의와 민주주의의 '언론의 자유'와 관련된 것이지, '포르노그래피'와 관련된 것이 아니라는 비판이다.

그렇다고 하더라도, 밀의 "자유라는 이름에 합당하고 유일한 자유는 우리가 타인의 행복을 탈취하려고 시도하거나, 행복을 성취하려는 노력을 방해하지 않는 한에서, 자신의 방법으로 자신의 선을 추구할 자유이다. 각자가 자신의 방식대로 살도록 내버려 두는 것이 각 개인을 타인에게 좋다고 생각되는 방식대로 살도록 강제하는 것보다 인류에게 더 이익을 가져다준다."는 주장을 따른다면, '표현의 자유'는 존중되어야 한다고 반박할 수 있다. 즉, "다른 사람에게 해악을 끼치지 않는 한, 모든 표현 방식은 허용되어야 한다."는 '해악의 원리'에 따라 예술에서의 창작의 표현은 보장되어야 한다는 주장이다.

또 포르노그래피의 기준을 "건전한 성 풍속", "정상적인 사람들의 성적 수치심", "사회 통념", "사회 전체의 이익(공공성)"처럼 추상적이고 모호하게 설정해 규제할 경우, 판단에 참여하는 사람들(법관, 심의위원)의 성적 취향과 기호, 교육 경험과 성장 배경 같은 주관적 요소가 판단에 영향을 미칠 수 있다는 비판도 있다. 나아가 예술이 정부의 통제 아래에 놓여 상대적 자율성만을 지니게 될 경우 "전체 사회 체계의 자율적 생산 능력과 활동을 해칠 수" 있다는 비판에도 관심을 가져야 한다.

포르노그래피는 '예술의 상업화'와 '성 상품화'와 맞물려 이 모든 것들이 자본주의라는 자유 시장 경제 원리 아래에서 작동하는 한, 그리고 법과 다른 가치를 지닌 시민의식을 지닌 사람들이 존재하는 한 해결되기 어려운 문제이다. 왜냐하면 고대 동양의 고자의 지적처럼, 인간의 본성은 식욕과 성욕인 반면, 법과 도덕은 언제나 이 두 가지 본성에 대해 문화와 교양이라 이름으로 억압과 강제를 정당화하려는 속성을 갖고 있기 때문이다.

# 분배적 정의를
# 바라보는 몇 가지 시선

*PART 16*

### 아리스토텔레스

서로 동등한 사람들이 동등하지 못한 몫을 할당받거나,
동등하지 못한 사람들이 동등한 몫을 할당받게 되면,
이것이 불평과 분쟁의 씨앗이 된다.

### 롤스

기본적인 자유, 그중에서도 중요한 것은 정치적 자유, 언론과 결사의 자유,
양심과 사상의 자유, 심리적 억압과 인신의 폭력으로부터의 자유,
이유 없는 체포와 구금으로부터의 자유이며, 이것은 제1원칙에 의해 평등해야 한다.

### 노직

소유물에 관한 정의의 이론에 의하면,
한 사람의 소유물(사유 재산)에 대한 권리가 취득에서의 정의,
이전에서의 정의의 원칙,
그리고 불의(不義)의 교정의 원칙에 따라 부여받은 것이라면,
그것은 정의로운(just) 것이다.

### 마르크스

노동이 생산 수단일 뿐만 아니라
그 자체가 삶의 가장 근원적인 욕구가 되면,
'각자는 능력에 따라, 그리고 각자는 필요에 따라'라고 쓸 수 있는 사회가 온다.

피케티 교수는 『21세기 자본』에서 "성장률이 떨어지면서 노동을 통해서 얻는 소득보다 과거에 축적된 부와 그로부터 얻는 수익이 더 중요해진다."고 하면서 "부(자산)에 대한 과세를 강화해야 한다."고 주장한다. 그런데 앞의 주장과 일치하는 연구 결과가 우리나라에서도 나왔다. 김낙년 교수는 "부의 축적에서 상속이 기여한 비중은 1970년대 37%에서 1980~90년대 27~29%로 떨어졌지만, 2000년대에 와서 42%로 상승하는 추이를 보였다."는 보고서를 냈다. 이 말은 개인이 쌓은 자산이 100만 원이라고 가정할 경우, 1980년대에는 27만 원이 부모에게 상속받은 것이고 나머지 73만 원은 저축 등으로 모은 것이었지만, 상속으로 쌓인 자산이 20년 만에 42만 원으로 크게 증가했다는 뜻이다. 이는 우리나라에서 부모로부터 자녀로의 상속의 중요성이 그만큼 커지고 있다는 의미이기 때문에 "우리 사회는 공정한가?"에 대한 문제가 자연스럽게 제기된다. '자연적·사회적 우연성에 의한 불평등'이 고착화되어 가

고 있는 우리 현실을 꼬집는 '새로운 계급 사회'를 지칭하는 용어인 이른

바 '수저론'이 사실로 증명되고 있는 셈이다.

안타깝게도 각자의 자유로운 (경제) 활동을 통해 이미 나타난 결과,

즉 이미 이루어진 '분배'에 대해 이를 또다시 '누군가(중앙의 어떤 존재)'

가 '나누는 것(즉, 재분배하는 것)'이 옳은(정의로운) 것인가에 대한 논쟁은

사적 소유제도가 발생한 이후 지금까지 계속되고 있고, 앞으로도 해결

되어야 할 과제로 계속 남아 있을 것이다. 그리고 이제 검토할 고대 아

리스토텔레스, 근대 마르크스, 현대 롤스와 노직은 이 문제와 관련하여

가장 대표적인 인물들이다.

동양에서도 '분배와 정의'에 관한 논의는 이미 고대 공자에게서 원론

적으로 언급되고 있다. 『논어』에서 공자는 "큰 나라이든 작은 나라이든

나라를 다스리는 사람은 부족한 것을 걱정할 게 아니라 골고루 분배되

지 않는 것을 걱정하며, 가난한(적은) 것을 걱정할 게 아니라 안정되지

못한 것을 걱정한다. 대체로 분배가 균등하면 가난한 줄 모르며, 화합

하면 부족한 것을 의식하지 않게 되고, 안정되면 나라 전체가 기우는

일이 없게 된다."고 주장한다. '고르다, 평평하다, 할당하다, 조화를 이

루다'의 뜻을 지닌 '균(均)'에 대한 해석은 각자가 지닌 가치와 이해관계

에 따라 다를 수 있겠지만, 맥락을 고려해 이해할 때 '형평(균형)에 맞는

분배적 정의'를 말하고 있는 것으로 볼 수 있다. 왜냐하면 '대체로 분배

가 균등하다'거나 '골고루 분배가 이루어진다'는 말을 절대적 평등의 의

미로 이해하기는 어렵기 때문이다.

서로 동등한 사람들이 동등하지 못한 몫을 할당받거나,
동등하지 못한 사람들이 동등한 몫을 할당받게 되면,
이것이 불평과 분쟁의 씨앗이 된다.

– 아리스토텔레스

아리스토텔레스는 『니코마코스 윤리학』에서 '정의'를 '중용'과 관련지어 설명한다. 즉, 정의란 "어떤 종류의 중용"이기 때문에 양쪽의 극단 사이에서 적절한(올바른, 마땅한) 중간 지점을 찾는 일과 관련된다. 정의는 적절한 것을 '원하고', 적절한 것을 '행하는 것'과 관련되기 때문에 정의롭다는 것은 (1) 합법적이란 말이고, (2) 공정하고 공평하다는 말과 관련된다. 물론, 정의롭지 못하다(부정의하다)는 말은 (1) 법에 어긋난다 (위법)는 말이고, (2) 공정하지 못하다(불공평)는 말이다.

분배적 정의와 관련해 아리스토텔레스는 "서로 동등한 사람들이 동등하지 못한 몫을 할당받거나, 동등하지 못한 사람들이 동등한 몫을 할당받게 되면, 이것이 불평과 분쟁의 씨앗이 된다."고 지적한다. 따라서 서로 다른(즉, 동등하지 않은) 사람들에 대해서는 서로 다르게 대우(분배)하고, 서로 같은 사람들에 대해서는 서로 같게 대우하는 것이 마땅하다. 물론, 어떤 가치와 공적이 분배를 위한 기준으로 작용해야 하는지에 대해서는 입장에 따라 다를 수 있겠지만, 비례적 의미에서 '가치와 공적'이 기준이 되어야 한다는 점에 대해서는 누구나 동의할 것이라고 아리스토텔레스는 주장한다. 예를 들어, 가치와 공적에 비례하여 명예나 보수를 관련된 사람들에게 분배하는 경우를 생각해 볼 수 있다.

왜냐하면 "공평하다는 의미로서 정의(올바름)란 '비례적인 것'이고, 공평하지 못함이란 비례에 어긋나는 것이기 때문이다." 공공 재산을 각자의 기여도에 비례하여 분배하는 이와 같은 분배적 정의에 대해 아리스토텔레스는 '기하학적 비례에 의한 분배적 정의'라고 부른다.

한편, 아리스토텔레스는 분배적 정의와 달리 "산술적 비례에 의한 시정적 정의(교정적 또는 조정적 정의)"에 대해서도 설명하는데, 이것은 개인 간 거래 관계에 적용되는 정의 개념이다. 그에 의하면, 이것은 자발적 거래나 비자발적 거래처럼 거래 관계에 적용되는 정의 개념이기 때문에 분배에서의 정의와는 달리 '산술적 의미의 비례' 관계가 적용된다고 주장한다. 시정적 정의는 거래에서 해를 입힌 자와 해를 입은 자 사이에서 산술적 중간(즉, 균등함)을 되찾는 것이다. 즉, 이것은 "조정한다(바로잡는다)는 의미이기 때문에 올바른 것이란 다름 아닌 손해와 이익 사이의 중간이라고 할 수 있다." 그리고 이 경우, 우리는 옳고 그름을 가리기 위해서는 재판관에게 의지해야 하는데, 이것은 곧 정의에 호소한다는 의미이다.

즉, 중간적 존재로서 재판관은 "마치 서로 동등하지 않은 두 선분이 있다고 가정할 때, 긴 선분을 떼어내 더 작은 부분에 붙이는" 역할을 맡는다. 이렇게 하여 각자가 자신의 몫을 동등하게 갖게 되면, 이 균등한 몫을 '올바른 것'이라고 한다. 이 때문에 재판관(dikastes)을 가리켜 "둘로 나누는 자(dichastes)"라고 부른다. "이익 또는 손해란 말은 자발적인 거래 과정에서 나오는 말이다. 따라서 자발적인 거래에서 올바른 것이란 일종의 이익과 손해의 중간인데, 그것은 거래 이전과 거래 이후에 동일한 양을 갖는다는 의미이다."

기본적인 자유, 그중에서도 중요한 것은 정치적 자유,
언론과 결사의 자유, 양심과 사상의 자유,
심리적 억압과 인신의 폭력으로부터의 자유,
이유 없는 체포와 구금으로부터의 자유이며,
이것은 제1원칙에 의해 평등해야 한다.

– 롤스

롤스에게 정의란 "기본적인 권리와 의무를 구체적으로 규정짓고, 적절한 분배의 몫을 결정"하는 역할을 한다. 따라서 정의가 우선적으로 관심을 두는 주제는 이것을 실현하는 '사회의 기본 구조', 즉 사회를 운영하기 위한 주요 제도를 통해 권리와 의무를 어떻게 나누고(배분), 사회 협동체로부터 발생한 이익을 어떻게 나눌 것(분배)인가이다. 그리고 여기서 '주요 제도'란 "정치에 관한 기본 규칙, 경제·사회적 기본체제(예를 들면 사상과 양심의 자유, 생산 수단의 사유와 경쟁적 시장)를 말하며, 이것을 통해 인간의 기본 권리와 의무가 규정된다.

이와 같은 정의관에 기초해 롤스는 계약론적 전통(사회에 앞서 존재하는 개인, 사회와 분리되어 존재하는 개인들 간 계약에 의한 사회 구성)에 따라, "로크, 루소, 칸트에게 알려져 있는 사회 계약의 이론을 고도로 추상화함으로써 일반화된 정의관을 제시"하려고 한다. 따라서 롤스는 특정 형태의 정부를 세우자고 주장하는 것이 아니라, 한 사회의 기본 구조를 형성할 정의의 원칙들이 근본적으로 원초적 합의의 대상이라는 주장을 하고 있는 것이다. 즉 "자신의 이익 증진에 관심을 가진 자유롭고 합리적인 사람들이 평등한 최초의 입장에서 자신들의 조직체를 운영할 기본 조건을 결정하는 원칙들을 채택하게" 하려는 것이다. 그리고 이 원칙들이 채택된다면, 이 원칙들은 그 후 모든 합의를 지배하는 원칙이 된다. 왜냐하면 그 원칙은 최초의 원초적으로 공정한 조건(상황)에서 공정한 절차에 따라 마련된 것이기 때문이다.

"(서로에게 무관심한) 합리적인 사람들이 평등하고 자유로운 가상적인 상황에서 (무엇이 자신에게 선인지를) 선택한다."는 것은 곧 이것이 '정의의 원칙'들을 결정한다는 것을 의미한다. 즉, 사회 계약론에서 말하는 '자연 상태'라는 개념은 '평등한 원초적 상황'이라는 개념으로 새롭게 태어나 '공정으로서 정의'를 이야기할 수 있는 출발점이 된다. 물론, 평등한 원초적 상황은 역사적으로 존재했던 상태도 아니고, 따라서 문화적 원시 상태 또한 아니다. 그것은 롤스가 이끌어 내고자 하는 정의의 원칙들을 위해 마련된 '순수한 가상적 상황'일 뿐이다.

한편, 롤스는 이 순수한 가상적 상황에서 각자는 자신들의 노력과 관계없이 갖게 된 선천적이고 우연한 특성들, 예를 들면 사회적·계층적 지위, 능력과 소질, 지능이나 체력, 가치관이나 심리적 성향에 대해서 알지 못한다(무지하다)고 가정해 보자고 제안하면서, 이를 '무지의 베일 상태'라고 이름 붙인다. 이 장치가 필요한 이유는 타고난 우연적 결과(조건)나 우연한 사회적 여건이 각자에게 유리 또는 불리하게 작용하지 못하도록 하기 위해서이다. 또 모두가 우연적 조건에 대해 무지하다면, 정의의 원칙과 기준도 그만큼 공정한 합의(약정)를 통해 도출할 수 있게 된다. 각자가 서로 동등한 조건에 놓여 있다는 말은 각자가 하나의 도덕적 인격으로서, 그리고 자신의 목적과 정의관을 지닌 합리적

생활과 윤리: 20개 주제로 더 넓고 깊게 읽기

존재로서 공정한 상태(공정한 최초의 상황)에 있다는 의미이기도 하다. 따라서 이와 같은 상태에서 이루어진 합의는 기본적으로 공정하다고 할 수 있다.

이로써 정의의 원칙은 '최초의 공정한 상황'에서 이루어진 합의라는 의미를 지니게 된다('공정으로서 정의'). 그렇다면 최초의 공정한 상황에서 각자가 선택(합의)할 가장 일반적인 것은 무엇일까? 이에 대해 롤스는 이것이 정의의 제1원칙을 구성한다고 주장하면서, 그것은 '평등한 자유'에 대한 합의라고 추론한다. 즉 "기본적인 권리와 의무를 할당할 때, 각자는 평등을 요구"하리라는 것이다. 이것을 '평등한 자유의 원칙'이라고 한다. 그리고 다음으로 각자가 합의할 내용은 제2원칙을 구성하는데, 이에 대해 롤스는 "사회·경제적 불평등, 예를 들어 재산과 권력의 불평등은 인정하지만, 단 그것이 모든 사람, 그중에서도 특히 그 사회의 '최소 수혜자'의 처지를 보상하는 경우에 한해서만 정당화된다."는 것에 각자가 동의할 것이라고 추론한다. 즉, 사회·경제적 불평등이 최소 수혜자(가장 불운한 사람)의 처지를 개선할 수 있는 한, 그리고 그것이 최초의 공정한 상황에서 공정한 절차에 따라 합의한 것인 한, 사회·경제적 불평등은 문제되지 않는다는 것이다.

이 두 원칙은 다음과 같이 정리할 수 있다. "첫째, 각자는 다른 사람들의 유사한 자유의 체계와 양립할 수 있는 평등한 기본적 자유의 가장 광범위한 체계에 대해 평등한 권리를 갖는다(제1원칙)." "둘째, 사회·경제적 불평등은 다음 두 조건을 만족하도록 조정될 때 정당화된다. 우선, 모든 사람들에게 이익이 될 것이라고 합당하게 기대되고(차등의 원칙, 최소 수혜자의 원칙), 다음으로 모든 사람들에게 개방된 직위와 직책이 결부되도록 조정되어야 한다(기회 균등의 원칙)." 그리고 이 두 원칙 간의 관계에 대해 롤스는 제1원칙이 제2원칙에 대해 서열에서 우선한다고 강조한다. 즉, 평등한 기본적 자유에 대한 보장이 무엇보다 우선한다는 뜻이다.

또 롤스는 칸트의 영향을 받았기 때문에 공리주의적 관점과 달리 '좋음(the good)'에 대한 '옳음(the right)'의 우선성을 주장한다. 이것은 (소수의) 사람들이 자신의 평등한 자유에 관한 권리를 침해받음으로써 사회 전체적으로 다수의 사람들에게 더 큰 효용(행복, 쾌락, 만족)을 가져오는 결과가 일어났다고 할지라도, 이것이 정당화될 수는 없다는 것이다. 왜냐하면 평등한 자유라는 기본 권리는 불가침의 것이기 때문에 이것이 '최대 다수의 최대 행복', 즉 사회적 쾌락의 총량을 극대화하려는 명분 때문에 희생되어서는 안 된다는 것이다. 두 입장이 이렇게 다른 이유는 공리주의의 기본 입장이 목적론적 관점에 토대를 둔 반면, 롤스의 기본 입장은 칸트의 의무론적 관점에 토대를 두고 있기 때문이기도 하다.[1]

## 소유물에 관한 정의의 이론에 의하면,

---

[1] 롤스의 이러한 기본 입장에 대해 공동체주의자들은 다음과 같이 비판한다. 첫째, 롤스가 전제로 삼고 있는 인간관(사회와 분리된 개인들)은 잘못된 것이다. 왜냐하면 개인이란 사회에 앞선 개인이 아니라 '사회화된 개인'이기 때문이다. 둘째, 롤스의 합리적이고 상호 무관심한 개인(인간) 개념은 우리의 실제 모습을 제대로 반영하지 못한다. 왜냐하면 우리는 타인의 이익과 손해에 대해 무관심하지 않기 때문이다. 결론적으로 공동체주의자들은 롤스가 인간이란 주어진 가치 체계 속에서(관계와 맥락 안에서) 이해하고 판단하며, 행동한다는 사실을 생각하지 않았다고 비판한다.

생활과 윤리: 20개 주제로 더 넓고 깊게 읽기

한 사람의 소유물(사유 재산)에 대한 권리가 취득에서의 정의,
이전에서의 정의, 그리고 불의(不義)의 교정의 원칙에 따라
부여받은 것이라면, 그것은 정의로운(just) 것이다.

— 노직

'자유지상주의자'인 노직의 기본 입장은 '최소 국가론'[2]과 '소유 권리론'으로 압축되며, 이 개념들은 이미 자유 시장과 개인의 소유권, 그리고 정부의 역할 제한을 강조했던 애덤 스미스의 '경제적 자유주의(자유방임주의)' 전통에서 주장되어 왔던 것들이다. 노직은 모든 정치·경제·사회적 성격을 띤 문제들이 '개인의 소유권을 절대시'함으로써 해결 가능하다고 보는데, 이러한 그의 입장을 '자유지상주의'라고 부른다. 이에 따르면, 각 개인은 자신이 갖고 있는 재능과 노동력을 포함해 자신의 신체에 대해 절대적 소유권을 갖는다. 따라서 정당한 절차를 거쳐 정당하게 획득한 것(재산)에 대해 각자는 절대적(독점적) 권리를 갖는다. 이 때문에 "사회적 또는 자연적 우연성에 의한 천부적 재능의 우연한 분포를 사회적 자산으로 간주"해야 한다는 롤스의 주장은 노직에게 받아들일 수 없는 부당한 요구 사항일 뿐이다. 소유에 관한 이와 같은 절대적 권리를 노직 자신은 '소유 권리론'이라고 부른다.

그의 소유 권리론, 즉 '소유에 관한 정의론'은 세 가지 원칙으로 구성

---

2  노직에 의하면, "오직 계약을 집행하고, 사람들을 무력과 절도와 사기로부터 보호하는 기능을 수행하는 최소 국가만이 정당화될 수 있다. 여기서 더 나아가면, 어떤 일도 강요받지 않아야 할 개인의 권리를 침해하게 되며, 그런 국가는 정당화될 수 없다."

되어 있다. 첫 번째 원칙은 '취득(획득)에서의 정의'이고, 두 번째 원칙은 '이전(양도)에서의 정의'이며, 세 번째 원칙은 '시정(교정)에서의 정의'이다. 첫 번째 원칙인 취득(최초 획득)에서의 정의란 로크의 소유권적 개념을 받아들인 것으로 아직 누구의 것도 아닌 것이 나의 것(소유물)이 되기 위해서는 다른 사람의 상황을 악화시키거나 피해를 주지 않으면서, 또한 자신의 노동을 통해 마침내 정당하게 자기의 것(소유물,사유 재산)이 된다는 것이다. 이것은 '정당한 최초의 취득' 또는 '소유재산에 대한 최초의 획득'이라고도 부른다.

소유의 권리를 정당화시켜 주는 두 번째 원칙인 '이전에서의 정의'란 첫 번째 원칙에 따라 정당하게 취득한 것(소유물)에 대해 권리를 지닌 사람(소유권자)이 자신의 자발적인 자유의사에 따라 자신의 소유물을 자발적으로 교환 또는 증여(선물로 줌, 기증), 상속 등의 방식을 통해 자유롭게 사용할 권리를 규정하는 원칙이다. 이것은 정당한 방식으로 취득한 것에 대해서는 '배타적 권리(소유권)'를 갖기 때문에 누구도 정당한 그 소유권을 침해해서는 안 된다는 믿음에 기초하고 있다.

마지막으로 세 번째 원칙인 '시정(교정)에서의 정의'란 소유권의 획득(첫 번째 원칙)과 그것의 이전 또는 양도(두 번째 원칙) 과정이 정의롭지 못한 경우, 현재의 부당한 소유 상태를 정당한 소유 상태로 바로잡는 것을 말한다. 이미 밝혔듯이 이 원칙들은 소유의 정당성을 규정하기 때문에 이 원칙들을 충족하고 있는 소유는 그 자체로서 정의로운 것이다. 이 모든 것을 고려할 때, 노직의 분배적 정의 이론은 소유의 '자격에 관한 이론'이라고 할 수 있다.

결론적으로 "합법적인 방식과 경로(절차)를 통해 이루어진 분배는 정의롭다. 그리고 특정 분배 상태에서 다른 분배 상태로 이행하는 합법적인 수단은 '이전에서의 정의의 원칙'에 규정되어 있다. 또 최초의 합법적인 '이행(moves)'은 '취득에서의 정의의 원칙'에 의해 규정되어 있다. 그러므로 정의로운 상황으로부터 정의로운 단계(방식)를 거쳐 발생하는 모든 것은 그 자체로 정의롭다."

노직의 정의론은 '소유권적 분배 정의론'이라 불리는데, 이에 따르면 다음 세 조건이 충족될 때 분배 정의는 실현된다.

1 취득(획득)에서의 정의의 원칙에 부합하게 소유물을 획득한 사람은 그 소유물에 대해 권리를 가진다.
2 특정 소유물에 대한 소유권을 지닌 사람으로부터 이전(양도)에서의 정의의 원칙에 부합되게 물건을 양도받은 사람은 그 소유물을 소유할 권리를 가진다.
3 어느 누구도 (1)과 (2)의 반복된 적용을 받지 않고서는 특정 물건을 소유할 자격이 없다.
이처럼 그에게 완전한 분배 정의란 모든 물건이 그에 대한 정당한 소유권을 가진 사람들에게 분배된 상태를 말한다.

그런데 노직의 정의관은 위의 경우처럼, 사회적 재화를 어떻게 나눌 것(재분배)인지에 대해 관심을 갖는 것이 아니라 '소유'는 어떻게 정의롭게 되는가를 밝히는 데에 집중되어 있다. 따라서 국가에 의한 재분배 정책이나 주장은 노직의 정당한 '소유 권리론'과 정면으로 충돌한다. 그렇기 때문에 재분배를 위해 정부나 국가가 제도적 틀을 짜는 것, 즉 정부가 개입하는 것은 정당한 소유권에 대한 심각한 도전으로 이해된다. 정의로운 분배는 정당한 최초의 취득과 정당한 이전의 원리를 충족하는 것으로 실현되기 때문에 특정한 재분배 구조나 일정한 기준이 또다시 필요하지는 않다.

왜냐하면 그것은 두 번째 원칙인 자유로운 처분권을 위반하기 때문이다. 노직에 의하면, 정의로운 분배는 자유롭고 자발적인 계약과 교환 행위를 금지함으로써만 가능하기 때문에 그와 같은 생각 자체가 정의롭지 못하다. 그에게 정의의 원칙은 "각자는 자신이 선택한 대로 주고, 각자는 자신이 선택받은 대로 받는 것"이 때문이다. 달리 표현하면, "내는 것은 각자가 원하는 대로, 그리고 받는 것은 타인이 정하는 대로"이기 때문이다.

따라서 이와 반대되는 국가의 개입에 관해 노직의 입장은 분명하고 단호하다. "국가의 역할에 관한 나의 결론은 첫째, 강압 · 절도 · 사기로부터의 보호이고, 계약의 집행 같은 축소된 기능만을 의미하는 '최소 국가'는 정당화되며, 둘째 그 이상의 포괄적 국가는 특정의 것들을 강제로 하게 해서는 안 된다는 개인의 권리를 침해한다. 셋째, 최소 국가는 옳을 뿐만 아니라 영감을 고취하는 데 도움이 된다." 그러므로 국가는 시민 각자의 선과 보호를 명분으로 어떤 행동을 하지 못하도록 하거나 시민들로 하여금 다른 시민들을 돕게 할 목적으로 어떤 강제적인 수단(법, 제도)을 사용해서도 안 된다.

노직의 주장대로라면, 국가는 '도덕적으로 올바른 것'과 '법을 통해 정당하게 강제되어야 하는 것'을 구분할 줄 알아야 한다. 예를 들어 굶주림 때문에 바로 앞에서 쓰러진 사람을 보면서 그냥 지나치는 행동이 도덕적으로 비난받을 수는 있을지 몰라도, 그렇다고 그 사람을 도울 것을 법적으로 강제해야 한다는 것은 아니라는 뜻이다. 왜냐하면 자선이나 인간애, 원조와 같은 도덕적 의무의 실천 영역들이 곧 법적으로 강제해야 할 영역은 아니기 때문이다. 노직에 의하면, 국가에 의한 이러한 행위의 강제는 전적으로 '소유 권리론'과 상충하는 잘못된 것이다. 이에 따라 노직은 복지(재분배)의 이념을 실현하기 위해 국가가 시민에 대해 조세 정책을 강화하는 것은 시민을 상대로 일종의 '노동을 강요(강제 노동)'하거나 '부분적으로 노예'가 될 것을 강제하는 것과 같다고 진단한다. 즉 "근로 소득에 대한 과세는 강제 노동과 같다"는 것이다. 다시 말해 "누군가에게서 n시간분의 소득을 세금으로 거두는 행위는 그로부터 n시간분을 빼앗는 것과 같다. 이것은 그로 하여금 다른 사람을 위해 강제로 노동을 하게 하는 것과 같다."

노직은 '분배 정의'라는 용어보다 '소유물에서의 정의' 개념을 중시하기 때문에 자신이 그려낸 이상적인 국가인 '최소 국가'에서의 정의 또한 '분배'가 아닌 '소유의 정당성'에 기초한다고 주장한다. 그는 공리주의에서의 정의란 전체 행복의 극대화에 관심을 가지기 때문에 소유물의 취득이나 이전(양도) 과정에 대해서는 관심을 두지 않는다고 비판한다. 그런가 하면, '정형화된 분배 이론'은 노동 시간이나 필요, 업적 등의 기준에 따라 분배하는 것을 정의로운 분배라고 주장하는데, 이에 대해서도 노직은 반대한다. 왜냐하면 중요한 것은 분배의 기준이 아니라 재산을 소유하게 되는 과정과 방식이기 때문이다. 이 점에서 그의 정의 이론은 '비정형화된 이론'이라고 할 수 있다.

노직에 의하면, "분배적 정의에 관한 '정형화된 원리'들은 재분배를 필연적인 것"으로 이해하는 문제가 있다. 이런 주장은 "누가 소유물을 받아야 하는가에 초점을 맞추기 때문에 누가 무엇을 받아야 하는가에 대한 이유와 소유물 전체를 고려하게 된다." 따라서 이를 주장하는 사람들은 "주는 행위를 완전히 무시하게 된다. 즉 받는 사람 중심의 정의 이론은 한 사람이 소유할 수 있고, 누군가에게 무엇을 줄 권리를 완전히 무시해 버린다."

한편, 개인의 선천적인 재능처럼 '우연'에 의한 산물(결과)을 개인의 것으로 간주하는 것은 옳지 않기 때문에 '사회적 자산'으로 여기자는 롤스의 주장에 반대하는 또 다른 인물로 신자유주의자인 프리드먼이 있다. 프리드먼은 『자본주의와 자유』에서 "신분이나 지위, 부의 차이는 우연의 산물"로 볼 수 있으며, 이것들은 모두 당사자의 것으로 보아야 한다고 주장한다. 그는 가상의 사례를 들어 네 사람이 서로 가까운 거리에 있는 네 개의 독립된 섬에 각각 한 사람씩 도착해 살게 되었다고 가정해 보자고 제안한다. 그런데 알고 보니 우연히 한 사람은 비옥한 섬에 도착했지만, 나머지 세 사람은 모두 척박한 섬에 도착했다. 이 경우 비옥한 섬에 도착한 사람이 나머지 세 사람과 함께 자기 섬에서 나오는 것을 나누어 갖는 것은 훌륭한 일이라 할 수 있다. 하지만 그가 그렇게 하지 않는다고 해서 나머지 세 사람이 서로 힘을 합쳐 그의 부를 함께 나누어 갖자고 강요한다면, 이것은 정당할까? 이 물음에 '정당하다'고 생각하는 사람들이 있을지도 모른다.

하지만 또 다른 상황을 가정해 보자. 네 명의 친구들이 길을 걸어가다가 한 사람이 5만 원짜리 지폐를 주웠다면, 그에게 세 친구가 힘을 모아 함께 나누어 갖자고 강요하는 것은 정당한 행동인가? 이 물음에 다수의 사람들은 '정당하지 않다'고 생각할 것이다. 심지어 주운 사람이 친구들과 함께 나누겠다고 하더라도 이것이 분명히 '옳은'지에 대해서도 논란이 일 것이다.

마치 복권(운, 우연)처럼, 인생이라는 복권(운, 우연)에서 누가 당첨되고 당첨되지 않을지는 아무도 모른다. 그렇다고 이것이 당첨되지 않은 다수의 사람들이 서로 결집해 당첨자에게 높은 세금을 부과한 다음, 서로 평등하게 나눠 가져도 된다는 것을 말하는 것은 더욱 아니다. 왜냐하면 복권에 당첨된 후에 세금을 부과해 그의 소득을 가지고 재분배를 하는 것이 옳다는 주장은 복권을 살 기회 자체를 봉쇄해 버리는 것과 같기 때문이다. 성실하고 검약하는 사람이 부유해지는 것은 당연히 '그럴 만하다'고 여겨지는데, 그에 의하면 이런 자질은 상당 부분 그가 운 좋게 우연히 물려받은 유전적 기질 때문이다. 그러므로 우연적 조건에 의해 갖게 된 재능이나 능력, 부, 신분을 인정하지 않으려는 시도는 정당화될 수 없다. 나아가 이를 통해 쌓은 부를 어떻게 사용할지(예를 들어 낭비할지, 물려줄지)는 다른 누군가의 몫이 아니라 모두 당사자의 몫이다. 그러므로 프리드먼은 위의 두 사례 모두 이를 따르는 것이 옳다고 본다.

이 때문에 소득 재분배를 명분으로 하는 누진 과세(과세 대상의 수량이나 값이 클수록 높은 비율로 세금을 매기는 일)는 그 정당성을 지니지 못한다. "나는 자유주의자로서 오직 소득 재분배만을 위한 누진 과세가 정당화될 근거를 찾을 수 없다. 이것은 일부 사람들에게 나눠 주기 위해 다른 사람들에게서 빼앗고자 강제력을 동원하는 것이며, 따라서 개인의 자유와는 정면으로 모순되는 것이다."

노동이 생산 수단일 뿐만 아니라

그 자체가 삶의 가장 근원적인 욕구가되면,

'각자는 능력에 따라, 그리고 각자는 필요에 따라'라고 쓸 수 있는 사회가 된다.

– 마르크스

자유주의적 시장 경제 원리가 채택하고 있는 성과와 업적에 근거한 보상(배분)이라는 원칙('업적에 의한 분배')과 정반대되는 원칙을 제시하는 인물은 마르크스이다. 그는 "공산사회라는 가장 높은 단계가 실현되면 개인은 노예처럼 분업에 예속되어 왔던 상태로부터 벗어나고, 이와 함께 정신노동과 육체노동 사이의 대립도 사라지게 되며, 노동은 생활(삶)을 위한 수단일 뿐만 아니라 그 자체로서 삶의 근원적인 욕구가 되고, 또 개인들의 전면적인 발전과 더불어 생산력도 함께 향상되어 부의 모든 원천이 넘치게 될 것이다. 그때가 되면 비로소 자본가적인 편협한 권리 주장은 완전히 극복되고(사라지고), 사회는 자신의 깃발에 '각자로부터는 능력에 따라, 각자에게는 자신의 필요에 따라'라는 문구를 쓸 수 있게 될 것이다."라고 주장한다.

마르크스는 공산주의 사회에서 개인은 자본주의에서처럼 분업과 기계화라는 획일화되고 표준화된 하나의 기준이 요구하는 원칙에 지배받는 것이 아니라 자신의 능력과 필요에 따라 자신을 실현할 수 있게 된다고 생각했다. 이외에도 마르크스는 『공산당 선언』에서 "공산주의 사회에서는 어느 누구도 하나의 배타적인 활동영역(예를 들면 육체 또는정신노동)을 갖지 않으며, 자신이 원하는 어떤 분야에서든지 자신을 조형

생활과 윤리: 20개 주제로 더 넓고 깊게 읽기

할 수 있으며, 사회가 전체적인 생산을 조절하게 되고, 이를 통해 오늘은 이 일을, 내일은 저 일을 하며, 사냥꾼이나 어부 또는 목동이나 비평가가 되지 않고도 마음이 하고 싶은 대로 아침에는 사냥을 하고, 오후에는 물고기를 잡고, 저녁에는 소를 치고, 저녁 식사 후에는 토론을 하는 것이 가능해진다."고 주장한다. 그의 이와 같은 낭만적 유토피아는 인간의 본질적인 측면, 즉 가능한 한 자기 보존과 자기 이익을 추구하려는 본질적 속성이야말로 인간에게 가장 강력한 노동 동기라는 사실을 간과했다는 비판을 받고 있다.

현재적 관점에서 '어떻게' 나누는(분배하는) 것이 정의로운(공정한) 분배 방식인지에 대한 논의는 대략 몇 가지 방식으로 나뉘어 주장되고 있다. 첫째, '절대적 평등에 의한 분배'이다. 이것은 개인 간 차이를 구분하지 않고 모든 사람에게 물질적 가치를 똑같이 분배해야 한다는 입장이다. 이 방식은 모든 사람을 동등한 하나의 인격체로서 존중하기 때문에 각자의 욕구와 가치를 동등하게 인정하는 장점이 있다. 또 이 입장은 각자에게 기회와 혜택을 평등하게(골고루) 주고자 한다는 점에서 의미를 지닌다. 하지만 이 입장은 서로 다른 특성을 지닌 개인들을 똑같이 대우하는 것, 즉 똑같이 분배하는 것이 오히려 불평등하다는 비판에 부딪친다. 또한 이러한 분배 방식은 개인의 자유와 노동 의욕을 감소시켜 사회 전반의 효율성까지 떨어뜨린다는 비판도 받고 있다.

'완전 평등' 또는 '순수 평등주의'에 대한 비판은 일찍이 영국의 경험론자인 흄에 의해 정확하게 비판받았다. 그에 의하면, "우리의 상식과 역사에 비추어 볼 때, 완전 평등은 아무리 깊이 생각해도, 사실상 실현 불가능한 것이며, 설령 그것이 가능하더라도 인간 사회에 지극히 해로울 것이다. 소유물을 똑같이 나누어 주더라도, 각 개인이 갖고 있는 서로 다른 기술과 관심, 근면성이 이것을 곧 무너뜨릴 것이고, 이런 개인의 탁월성을 통제하려 한다면 결국 사회 전체를 가장 빈곤한 상태로 몰아넣게 될 것이기 때문이다. 또 불평등이 발생하자마자 이를 시정하기 위해 가장 엄격한 감시와 법률을 필요로 하게 되지만, 이 막강한 권위는 곧바로 남용될 것이기 때문이다."

둘째, '필요에 의한 분배'이다. 이것은 각자의 필요에 따라 서로 다르게 분배하자는 입장이다. 이 입장을 따르면, 누구나 자신이 필요한 만큼 자신의 몫을 갖기 때문에 사회적 약자나 소외된 사람들을 우선 배려할 수 있고, 부양가족이 많은 사람도 배려할 수 있다는 장점이 있다. 하지만 이를 위해서는 물질적인 성장에 따른 풍요를 전제해야 하는데, 현실적으로 재화가 한정된 상황에서 각자의 필요를 모두 충족시킬 수 없다는 비판에 부딪친다. 그뿐만 아니라 '적정 필요(수요)'가 개인의 성격만큼 다양할 수 있기 때문에 '필요'에 대한 예측은 실질적으로 불가능하다고 할 수 있다. 그리고 단순히 각자의 '필요'만이 기준이 될 경우 우선되어야 할 '생산'을 전제하지 않음으로써 결국은 '절대적 평등에 의한 분배'처럼 사회 전반의 효율성을 떨어뜨리는 심각한 문제를 초래할 수 있다.

셋째, '업적에 의한 분배'이다. 이것은 사회에 대한 기여(공헌)나 업적에 따라 각자의 몫을 다르게 분배하자는 입장이기 때문에 (경제적) 불평등을 승인하는 결과를 수반한다. 이 입장과 관련해 아리스토텔레스는 '가치와 공적에 따른 분배'를 말하면서 각자는 각자에게 정당한 분배의 몫이 기본적으로 공적에 근거해 할당되어야 한다는 것에 동의는 하겠지만, 공적의 기준을 어떻게 설정할 것인지에 대해서는 서로 합의가 어려울 것이라고 이미 지적한 바 있다. 즉 "분배에서의 정의가 어떤 가치 기준에 따라야 한다는 데는 누구나 동의하겠지만, (각자의 이해관계 때문에) 모두가 동일한 종류의 가치를 염두에 두는 것은 아니"라는 것이다.

따라서 '업적에 비례하여' 분배하자는 입장은 무엇을 업적(공적)의 기준으로 삼아야 하는지에 대한 합의 문제, 그리고 합의되었을 경우 불평등을 어느 정도까지 허용해야 하는지 등의 문제를 안고 있다. 이 때문에 이 입장은 객관적으로 수량화(측정 및 평가)할 수 있는 업적이나 공적인 경우는 생산성을 높이는 동기로 작용할 수 있음에도 불구하고, 수량화가 어려운 영역(예를 들면 인문, 예술)과 수량화가 가능한 영역(판매량, 수익률)을 어떻게 공정하게 비교할 수 있는지와 같은 현실적인 어려움을 해결하는 데는 한계가 있다. 또 업적이나 공적이 기준이 될 경우 경쟁을 심화시키고, 사회적 약자(장애, 빈곤, 소외를 겪는 계층)를 배려하기 어려운 문제도 안고 있다.

이외에도 '노력에 비례하여', 그리고 '능력에 비례하여', '노동에 비례하여' 분배하자는 입장도 있다. 먼저 노력을 분배 기준('노력에 비례하여')으로 삼을 경우, 노력이 곧 업적이나 능력과 동일시되는 문제점을 안고 있다. 하지만 개인적·사회 환경적 차이 때문에 노력에 비례하여 언제나 결과(업적, 능력)가 함께 향상되는 것을 아니라는 사실을 우리는 잘 알고 있다. 그런가 하면, 능력이 우수한 사람이 더 많이 분배받도록 하자('능력에 비례하여')는 입장을 채택할 경우, 개인의 '능력'이 롤스의 지적처럼 자연적 또는 사회 정치적 우연성(선천성)에 의해 크게 영향을 받는다는 점이 문제된다('금수저 흙수저론'). 즉, 우연성과 선천성에 의해 영향을 받는 개인의 능력을 노직의 주장처럼 '배타적으로 오직 그의 것'이라고 할 수 있는지에 대한 동의가 어렵다는 뜻이다.

마지막으로 각자가 일한 만큼, 즉 노동 시간을 기준으로 분배하자는 주장 또한 노동 시간에 비례하여 가치 있는 결과가 산출되는 것은 아니기 때문에 현실성과 설득력이 떨어지는 주장으로 평가받고 있다. 특히 과학기술의 발달에 따라 기계가 육체노동을 급속하게 대체해 가고 있는 상황은 이 같은 주장의 설득력을 더욱 떨어뜨리고 있다.

이처럼 어떻게 분배하는 것이 정의로운 것인지에 대한 논쟁은 각자가 한 사회 집단 내에서 어떤 지위와 처지에 놓여 있는지와 관련된 성격의 문제이다. 즉, 아무리 이성적이고 합리적이며 공정할 수 있는 사람일지라도, 자신이 처한 상황과 가치에 따라 서로 상반된 기준과 방식을 제시하게 된다는 것이다. 이 때문에 우리가 이미 살폈던 것처럼, 롤스는 순수한 가상이라는 사고 실험을 통해 '순수 절차적 정의'를 우리에게 제안했고, 여기에서 마련된 원칙이 사회 운영의 원리로 작동하도록 하는 것이 공정하다고 주장했던 것이다.

생활과 윤리: 20개 주제로 더 넓고 깊게 읽기

# 적극적 평등 실현 조치를
# 바라보는 몇 가지 시선

*PART 17*

|

**헌법재판소**

'적극적 평등 실현 조치'란 지금까지 차별받아 온 집단에 대해
그동안의 불이익을 보상해 주기 위해 그 집단의 구성원이라는 이유로
취업이나 입학 등의 영역에서 직접 · 간접적으로 이익을 부여하는 조치이다.

**헌법재판소**

현재의 적극적 평등 실현 조치는 개인의 능력과 상관없이
단지 인종과 성별이라는 전체 집단과
자연적 요소를 기준으로 이루어지고 있기 때문에
능력과 업적에 기초한 배분이라는 정의의 기본 원칙에 어긋난다.

**헌법재판소**

적극적 우대 조치는 사회 구성원들의 다양성을 촉진시킴으로써
궁극적으로 사회 전체의 효용과 이익을 증대시킬 것이다.

일반적으로 인도의 신분제는 브라만(성직자), 크샤트리아(군인), 바이샤(평민), 수드라(천민)로 크게 구분되고 있지만, 세분화하면 매우 복잡하고 다양한 것으로 알려져 있다. 그런데 최근 '자트(토지를 소유하고 있는 상당한 수준의 부유층)'가 전통적인 카스트 기준에서는 바이샤 이상으로 볼 수 있지만, 자신들을 OBC(기타 하층민, Other Backward Class)로 '강등'시켜 달라고 시위를 벌였다. 이런 배경에는 공무원과 입학시험에서 OBC에 대해 정원을 할당해 우대하고 있는 조치가 있다. 현재 인도 인구의 약 80%가 이런 우대 조치의 대상에 포함되는 것으로 보고 있으며, 정부는 이들이 정원의 50%를 넘지 않도록 규정하고 있다.

국회의원의 아들이 서울의 자율형사립고에 사회적 배려 대상자 전형에 합격하고, ○○전자 부회장의 아들이 사회적 배려 대상자 전형으로 ○○국제중에 합격했다면, 쉽게 납득하기 어려울 것이다. 왜냐하면 사회적 배려 대상자 전형이란 일반적으로 기초 생활수급자(3인 가족 월수입이 963,582원 이하)와 차상위 계층, 북한 이탈주민, 한 부모 가정을 대상으로 하기 때문이다. 이 전형은 우리 사회의 사회·경제적 약자나 소수자에게 기회의 균등과 사회 화합의 차원에서 도입되었지만, 제도의 허점 때문에 부유층과 지도층이 악용하는 사례가 늘고 있다. 심지어 부유한 자영업자들이 재산을 제3자의 명의로 빼돌려 기초 생활수급자의 혜택을 받고, 부부가 형식상 이혼을 하거나 주소지를 농어촌으로 옮겨 일정 기간을 거주한 것으로 위장해 대학교의 기회 균형 선발 전형에 응시해 합격하는 사례도 나타나고 있다.

우리 사회에서 시행되거나 검토되고 있는 적극적 평등 실현 조치의 하나인 할당제는 청년고용 할당제, 지방대학 할당제, 고졸 할당제, 여성임원 할당제, 노인고용 할당제, 다문화 할당제, 지역 인재 할당제 등 매우 다양할 뿐만 아니라 계속해서 증가하고 있다. 사회적 약자를 배려하기 위해 도입된 할당제가 최근 각종 선거를 전후해 우후죽순처럼 쏟아지면서 정치 포퓰리즘이라는 논란이 가열되고 있다. 또 특정 지역이나 성별, 학벌이 차별 이유가 될 수 없듯이, 또 다른 특혜의 대상이 되어서도 안 된다는 역차별 논란도 거세다. 이처럼 무분별한 우대 정책을 두고 "대한민국은 '할당제' 인큐베이터" 공화국이라고 꼬집기도 한다. 특히 "지방대 할당제는 형평성 측면에서 위헌 소지가 많다"고 지적받는다. 왜냐하면 지방대 중에서도 수도권 대학보다 성적이 뛰어난 대학이 얼마든지 있기 때문이다.

'적극적 평등 실현 조치'란 지금까지 차별받아 온 집단에 대해
그동안의 불이익을 보상해 주기 위해 그 집단의 구성원이라는 이유로
취업이나 입학 등의 영역에서 직접·간접적으로 이익을 부여하는 조치이다.

— 헌법재판소

이제 검토하려는 주제는 뿌리 깊은 불평등과 사회구조, 그리고 관습 때문에 부당하게 차별을 받아 온 사람들이나 집단에 대해 우대하는 제도(정책)의 정당성에 관한 것이다.

1961년 케네디 대통령이 대통령령으로 선포한 다음, 1964년 존슨 대통령이 인권법으로 명문화한 이후 끊임없이 논쟁의 중심에 있는 이것의 이름은 '적극적 평등 실현 조치'이다. 존슨은 오랫동안 사슬에 묶여 있던 사람을 풀어 주며, "자, 이제 너는 모든 사람과 공정하게 경쟁할 수 있다."고 말하는 것으로 진정한 평등이 실현되는 것은 아니라는 요지의 연설을 한다. 존슨은 "100미터 경주에서 한 사람이 50미터를 갈 때, 다른 한 사람은 발목이 묶여 있어 10미터밖에 달리지 못하는 불공정한 상황을 바로잡기 위해 단지 묶인 발목을 풀어 주는 것만으로 공정해지는가, 아니면 40미터의 차이를 만회할 수 있도록 기회를 주어야 공정해지는가?"라고 반문한다.

이를 계기로 미국에서는 소수자에 대한 '적극적 우대 조치(affirmative action)'가 법으로 제정된다. 이후 이 조치와 관련한 논란과 소송이 계속되었고, 현재까지 세 번에 걸쳐 주목할 만한 사건들이 있었다. 이것은 '소수자(소수집단) 우대 정책' 또는 '적극적 평등 실현 조치', '소수 민족

우대 조치', '차별 철폐 조치', '잠정적 우대 조치'처럼 다양한 이름으로 불리고 있다.

'적극적 우대 조치'를 어떻게 규정해야 하는가에 대해서는 아직 일치된 합의가 없지만, 일반적으로 "일정한 정책을 통해 정치적 대표성으로부터 소외되었던 집단, 즉 전통적으로 차별을 받아 온 소수 집단에게 더 많은 참여의 기회를 부여하려는 일련의 조치들"로 받아들여지고 있다. 우리나라 헌법재판소는 이것을 다음과 같이 정의했다. '적극적 우대 조치' 또는 '적극적 평등 실현 조치'란 "지금까지 차별받아 온 집단에 대해 그동안의 불이익을 보상해 주기 위해 그 집단의 구성원이라는 이유로 취업이나 입학 등의 영역에서 직접·간접적으로 이익을 부여하는 조치"이다. 이 제도의 특징은 "첫째, 개인의 자격이나 실적보다는 집단의 일원이라는 것을 근거로 하여 혜택을 준다는 점이고, 둘째는 항구적으로 계속되는 정책이 아니라 추구하는 목적이 실현되면 종료하는 임시적 조치"라는 점이다.

한편, 적극적 우대 정책, 즉 적극적 평등 실현 조치는 보통 인종(또는 민족), 종교, 지역, 국가 유공자, 성(性), 장애 등을 기준으로 적용되며, 자발적으로 시행하는 경우도 있지만 법적 강제성에 근거해 시행되는 경우도 있다. 또 일반적으로 과거부터 어떤 특정 집단에 대해 가해진 차별과 불이익을 보상할 목적('과거 지향적')으로 시행되며, 사회적 효용과 배분적 정의를 실현하려는 '미래 지향적' 측면을 고려해 도입되기도 한다. 적극적 평등을 실현하려는 조치의 구체적 사례로 '여성(또는 지역, 고용) 할당제' 같은 할당제(quotas)나 목표제(goals)를 들 수 있다.

현재의 적극적 평등 실현 조치는 개인의 능력과 상관없이
단지 인종과 성별이라는 전체 집단과
자연적 요소를 기준으로 이루어지고 있기 때문에
능력과 업적에 기초한 배분이라는 정의의 기본 원칙에 어긋난다.

— 헌법재판소

그런데 이 조치는 우리나라의 경우에도 그렇지만, 미국에서도 이 조치에 따른 실질적인 효과와 함께 이 정책이 정의(justice)의 측면에서 올바른 것인지에 대해 논쟁이 끊이지 않고 있다. 이 조치에 반대하는 가장 적극적인 논거는 차별을 시정하려는 역차별[1] 제도로 인해 아무런 관계가 없는 제3자가 오히려 새로운 차별을 당해 공정한 기회에서 배제된다는 논리이다. 이 논거를 지지하는 사람들은 이 적극적 조치가 불평등을 시정하려고 도입되었음에도 불구하고, 오히려 새로운 차별과 불평

---

[1] '적극적 우대 조치(적극적 평등 실현 조치, affirmative action)'는 지금까지의 차별을 철폐한다는 의미에서 '차별철폐 조치'라고 할 수 있다. 차별철폐 조치는 우수한 능력을 지닌 다른 사람을 거꾸로 차별한다는 의미이기 때문에 '역차별(reverse discrimination)'이라 불린다. 이 때문에 '차별철폐 조치'와 '역차별'은 서로 중복되는 경향이 있다. 역차별 제도는 우수한 자를 높게 대우하고, 열등한 자를 낮게 대우하는 것이 아니라 거꾸로 이제까지 차별대우를 받아 온 열등한 자(소수집단)를 우대하는 제도이다. 예를 들어 성(性)이 고용(취업)에서 도덕적으로 합당한 고려 요소가 아님에도 여성이라는 이유로 지금까지 차별(성차별)받아 왔다면, 이에 근거하여 이제 남성과 여성의 능력이 비슷할 경우 여성을 우대하는 것이 '역차별'이다. 한마디로 '거꾸로 차별한다.'는 뜻이다. "'역차별'의 핵심은 또 다른 차별을 낳는다는 데에 있다." 채용과 관련해 "역차별은 이전에 권리를 보장받지 못했던 집단에 속한 사람을 적극적으로 우대(채용)하는 것을 말한다." 다시 말해 그동안 차별받아 왔던 집단의 사람들을 우대한다. 이 때문에 『실천윤리학』에서는 "불리한 집단의 구성원들에게 우선적인 대우를 해 주는 것이 '차별 시정 조치'"라고 설명하면서, "때로 이것을 역차별이라 부르기도 한다."고 설명한다. 하지만 사관학교에서 여학생 생도를 뽑는 것은 차별철폐에 해당하지만, 역차별이라고 할 수는 없다. 이것은 차별의 제거 또는 완화와 관련된 것이지, 이로 인해 남성이 차별받는다는 뜻은 아니기 때문이다.

등을 만들어 낸다(즉, 백인에 대한 새로운 차별 문제)고 비판한다. 실제로 미국에서는 백인 배키(Bakke)가 캘리포니아 의대를 상대로 소송을 내 근소하게 패소했지만, 연방대법원의 포웰 판사는 단지 인종만을 이유로 특정 비율을 보장하는 것은 부당한 차별에 해당하기 때문에 무효이고, 아무런 책임이 없는 사람에게 불이익을 주는 것 또한 옳지 않으며, 대학 구성원들의 인종적 다양성은 대학에서 고려할 수 있는 다양한 요소들 중의 하나일 뿐이라고 판시하기도 했다(1978).

그런가 하면, 미시간 대학교 로스쿨에 입학하려 했던 그루터(Grutter) 또한 인종을 이유로 입학이 거부되자 소송을 제기했는데(2003), 그는 지방 법원에서는 승소했지만, 항소심에서는 패소했다. 그렇더라도 이 조치는 "빠른 시간 내로 종료해야 한다."는 판결을 이끌어 냈다. 2008년 백인 여학생 피셔는 "백인이라는 이유로 역차별을 당해 헌법에 보장된 평등권이 보호받지 못했다."는 논지로 소송을 냈는데, 2013년 6월 연방대법원은 "교육적 다양성을 위해 인종 구분을 사용할 필요"가 있기 때문에 제도의 유지는 인정하지만, "철저한 조사를 통해 한층 엄격하게" 적용하라고 판결했다. 이는 소수집단을 우대하는 적극적 평등 실현 조치가 무고한 제3자인 백인에 대해 새로운 역차별(반대편에게 차별을 초래함)을 초래하고 있다는 비판에 대해 법원이 주목하고 있음을 보여 주는 가장 최근의 판결이다.

적극적 평등 실현 조치에 대한 또 다른 비판은 적극적 우대 조치의 혜택이 소수 집단 전체 구성원을 대상으로 한다는 점을 지적한다. 이에 따르면, 모든 소수 인종이나 모든 여성이 한 개인으로서 차별을 받는 것은 아니기 때문에 인종과 성을 기준으로 해서가 아니라 차별의 실제 피해자를 기준으로 해서 혜택을 주어야 한다고 주장한다. 현재 시행되고 있는 조치는 가난한 백인에게 더욱 큰 불이익을 줄 뿐만 아니라 불평등이 일차적으로 개인의 노력이 부족한 것에서 비롯된다는 사실을 무시하도록 조장한다고 비판한다. 따라서 보상은 실질적인 피해를 입은 당사자에게 주어지는 것이 정의로운 것이지, 특정 집단 전체를 대상으로 무차별적으로 이루어져서는 안 된다(부당하다)는 것이다.

또한 현재의 적극적 평등 실현 조치는 개인의 능력과 상관없이 단지 인종과 성별이라는 전체 집단과 자연적 요소를 기준으로 이루어지고 있기 때문에 능력과 업적에 기초한 배분이라는 정의의 기본 원칙에도 어긋난다는 비판이 있다. 따라서 인종이나 성에 의해 이루어지고 있는 장애물 또는 차별적 관행을 철폐하고 제거해 모두가 자신의 권리를 공정하게 행사할 수 있는 환경을 만들어 가는 것이 더욱 중요하다는 것이다.

이외에 현재의 적극적 평등 실현 조치가 이 제도의 혜택을 받는 집단에 속하는 사람들에게 잘못된 정체성, 즉 열등에 기초한 정체성을 형성하게 한다는 비판도 있다. 흑인이나 여성에게 적극적 평등 실현 조치와 같은 특별한 도움이 없다면 경쟁이나 성공도 할 수 없다는 의존적이고 무기력한 생각과 고정관념을 부추길 수 있다는 논리다. 이 때문에 능력 있는 소수 집단에 속하는 구성원들 또한 열등한 사람들이라는 낙인이 찍힐 수 있다는 지적이다. 따라서 계층이나 집단 전체를 대상으로 적극적 평등 실현 조치를 운영할 경우, 이것이 오히려 잘못된 사회적 편견을 낳고, '우리와 그들'이라는 이분법적인 사고를 만들어 낼 수 있다고 비판하기도 한다.

적극적 우대 조치는 사회 구성원들의 다양성을 촉진시킴으로써
궁극적으로 사회 전체의 효용과 이익을 증대시킬 것이다.

— 헌법재판소

　이와는 반대로 적극적 평등 실현 조치를 지지하는 사람들은 집단적
보상의 적절성, 배분적 정의와 사회적 효용성을 그 근거로 제시한다.
우선, 집단적 차원에서 보상을 해 주는 것이 적절하다는 주장은 개인
이 아니라 사회 전체가 소수 집단에 대해 현재와 같은 불공정하고 불평
등한 상황을 만들어 냈다는 점을 강조한다. 즉, 무고한 제3자가 이들
에 대해 차별적 행동을 하지 않았을지 모르지만, 그들 또한 사회 전체
적으로 행해진 차별로부터 이익을 누려 왔기 때문에 집단 전체에 대한
보상이 필요하다는 논리다. 이에 따르면, 소수 집단이 부당하게 차별
을 받아 오는 동안 다수의 지배적 집단은 상대적으로 부당하게 이익을
누려 왔다는 것이다. 따라서 소수 집단에 대해 적극적인 평등 실현 조
치를 채택해야 하는 이유는 과거 자신들의 조상에게 가해졌던 차별의
결과가 현재의 지배적 집단이 누리는 사회 전반의 혜택이기 때문이라
는 주장이다.

　집단 전체에 대한 보상을 주장하는 논리적 배경에는 '과거'에 행해진
차별에 대한 보상이라는 성격이 있는 반면, 배분적 정의의 관점에서 적
극적 조치를 지지하는 입장은 '현재'와 '미래'를 더 중요하게 고려하는 경
향이 있다. 즉, 적극적인 조치를 통해 장기적으로 인종적·성적 고정
관념이 사라질 것이고, 실질적인 기회 균등이 이루어져 공정한 경쟁이

생활과 윤리: 20개 주제로 더 넓고 깊게 읽기

가능해질 것이며, 이를 기초로 사회적 재화에 대해 평등한 접근 기회가 회복되리라고 기대할 수 있다는 것이다. 결론적으로 이 입장은적 극적인 우대 조치가 실질적인 기회의 균등을 실현함으로써 각자의 이익은 동등하게 고려되어야 한다는 '이익의 동등한 고려 원칙(principleof equal consideration of interests)'을 실현하는 데 도움을 줄 것으로 기대한다.

마지막으로 적극적 우대 조치가 사회 구성원들의 다양성을 촉진시킴으로써 궁극적으로 사회 전체의 효용과 이익을 증대시킬 것이라고 주장하는 입장이 있다. 이에 따르면, 적극적 우대 조치의 혜택으로 성공한 사람들은 같은 집단의 젊은 세대들에게 좌절과 열등의식을 극복하게 하는 훌륭한 모델로서의 역할을 하게 되어, 소수 집단이 갖고 있는 잠재력이 사회의 발전과 공익에 기여할 수 있도록 촉진하는 역할을 한다는 것이다. 예를 들어, 흑인 중심 거주 지역에 적극적 조치의 혜택을 입은 흑인 의사가 자신이 거주하던 곳에 개업해 지역 주민들의 건강을 보살피게 되면 보건 의료의 혜택이 사회 전반으로 확대되는 순기능을 한다는것이다. 또 이들 지역에 거주하는 젊은 세대들에게는 더욱 도전적이고 용기 있는 삶을 살아갈 수 있도록 자극하는 역할도 하게 될 것이다.

# 시민 불복종을
# 바라보는 몇 가지 시선

*PART 18*

---

### 롤스

시민 불복종은 법이나 정부의 정책에 변화를 주기 위해
공공적이고, 비폭력적이며, 평화적이기는 하지만,
법에 반하는 정치적 행위이다.

### 소로

정부란 사람들이 그것을 통해 방해받지 않고
서로 잘 살아갈 수 있도록 하기 위한 편의적 기관일 뿐이다.
따라서 먼저 사람이 되고, 그다음 국민이 되어야 한다.
법은 사람을 도덕적으로 만들지 못한다.

### 간디

진리 탐구야말로 삶에서 가장 최고선이다.
사티아그라하를 하는 사람은
감옥에 가는 것이 정상적인 운명이라고 받아들여야 한다.

### 마틴 루서 킹

비폭력 항의자들의 메시지는 명확하다.
부정의에 맞서 직접 행동하는 것이며, 이를 통해 설득하는 것이다.
그들은 고통을 기꺼이 감수할 준비가 되어 있다.

## 롤스

시민 불복종은 정의의 제1원칙인 평등한 자유의 원칙을 심각하게 위반하거나
제2원칙 중 두 번째 것, 즉 공정한 기회 균등의 원칙에 대한
심각한 위배가 있는 경우로 제한된다.

## 드워킨

'도망 노예법'이 비도덕적이라고 확신하여 그 법을 위반하는 것,
그리고 정의롭지 못한 전쟁에 가담하지 않겠다는
개인적 양심에 따라 전쟁에 참여하기를 거부하는 것은
인격(양심)에 기초한 불복종의 대표적인 사례이다.

## 싱어

법의 힘에 저항하지 않음으로써, 비폭력적으로 행동함으로써,
또 자신의 행위에 대해 법적인 처벌을 받아들임으로써,
시민 불복종을 하는 사람들은 자신들의 항의가 진지하다는 것을,
그리고 민주주의 기본 원칙과 법의 통치를 그들이 존중한다는 것을 명백히 한다.

시민 불복종은 법이나 정부의 정책에 변화를 주기 위해
공공적이고, 비폭력적이며, 평화적이기는
하지만, 법에 반하는 정치적 행위이다.

− 롤스

신의 법에 반하는 인간의 법에 복종하기를 거부했던 안티고네와 영혼의 자유를 위해 법의 처벌을 의연하게 감수했던 소크라테스 등 정의롭지 못한 법과 권력에 대한 '불복종'은 언제나 인간 정신의 발전과 함께해 왔다. 불복종의 정신은 2011년 미국의 시사 주간지 타임지를 통해 그 가치를 더욱 드러냈다. 타임지가 '올해의 인물'로 'The protestor', 즉 '시위자'를 선정하면서 "중동 지역에서의 아랍의 봄(23년간의 독재자를 축출한 튀니지의 재스민 혁명)과 그리스 경제 위기에 따른 시위, 그리고 세계 금융의 심장 월 스트리트 점령과 러시아의 부정 선거를 규탄하는 시위"를 부제로 달았다. 아마도 타임지는 인류의 역사와 발전이 '불복종'에서 시작한다고 주장했던 프롬을 떠올렸는지도 모른다.

프롬은 인류가 사랑을 통해 더욱 건전한 사회가 되고, 나아가 인류의 종말을 막을 수 있는 지혜가 불복종에 있다고 주장한다. 그는 신으로부터 불을 훔쳐 인류의 발전을 가능하게 한 프로메테우스의 신화적 사례를 불복종의 전형적인 사례로 든다. 그는 인간 정신의 원형을 표현하고 있는 신화 속 프로메테우스를 통해 인간의 문명이 불복종으로부터 시작되었다고 본다. 그는 "인류 역사는 불복종 행위를 통해 시작되었고, 복종 행위를 통해 종말을 맞이하게 될 것이다."라고 주장한다. 그에게 "불복종이란 이성과 의지에 의한 확증 행위이며, 원초적으로 무엇에 '맞서는' 것이 아니라 무엇을 하고자 '향하는' 태도이다. 그것은 본 것을 말할 수 있고, 보지 않은 것을 말하기를 거부할 수 있는 인간의 능력을 향한 행위이다."

현대에 와서 불복종은 시민 불복종의 형태로 한층 더 지지 기반을 다져 가고 있다. 우리에게 잘 알려진 『월든』의 지은이이기도 한 헨리 데이비드 소로를 기점으로 하는 현대 시민 불복종은 간디, 마틴 루서 킹, 롤스, 싱어, 드워킨 등에게서 나타난다. 그렇다고 모든 '저항권(right ofresistance)' 행사나 '양심적 거부'가 곧 '시민 불복종'을 의미하지는 않는다. 왜냐하면 저항권은 "민주·법치 국가적 기본 질서가 근본적으로 부정되는 상황에서 이를 회복하고 유지하기 위해 '국가권력 담당자'의 정당성을 철회(거두어들임)"하는 것인 반면, 시민 불복종은 "국가 권력이 제정한 부정의한 '일부 법률'에 대한 정당성의 철회"

를 의미하기 때문이다. 이 때문에 저항권은 폭력이 수반될 가능성을 완전히 부정하지는 않지만, 시민 불복종은 폭력을 부정한다. 또 '양심 적 거부(conscientiousrefusal)'와 '시민 불복종(civil disobedience)'은 모두 비폭력적이고 처벌을 감수한다는 점에서 공통적이다. 하지만 종교적 신념에 따른 국기에 대한 경례나 집총 거부 같은 '양심적 거부'는 법률 이 객관적으로 옳지 않다는 것을 증명하는 것이 아니라 "종교적·도 덕적·평화주의적 사상에 기초해 비폭력적이다." 반면, '시민 불복종' 은 "법률에 대한 충성의 한계 내에서 불복종하는 행위이기 때문에 비 폭력적이다."

| 양심적 거부 | 시민 불복종 |
|---|---|
| • 가치 상대주의 입장에서 자신들의 양심과 도덕을 인정해 주기를 기대하기 때문에 다수자의 정의감에 호소하는 청원이 아님<br>• 법질서가 용인하지 않는 종교적 원리나 다른 원리에 기초할 수 있음<br>• 계속해서 소수자로 남을 가능성이 있음<br>• 법치 국가 여부를 불문하고 주로 개인적 차원에서 이루어지는 경향이 강함 | • 다수가 공통적으로 공유하는 '정의관'에 호소하는 행동임<br>• 정치적 행위'로 정치적 효과를 의도하는 공적인 행위를 본질로 함<br>• 법 존중의 상징적 의미에서 처벌을 감수함<br>• 행위 결과로 소수가 다수가 될 가능성이 있음<br>• 법치 국가에서 집단적 성격을 띠는 경향 이 강함 |
| • 비폭력적이며 처벌을 감수함 ||

이렇게 볼 때, 어떤 행동이 '시민 불복종'인지를 설명해 주는 중요한 요소들이 있다. 우선 정의롭지 못한 법과 정부의 정책이 있어야 한다. 왜냐하면 시민 불복종은 정의롭지 못한 법이나 정책을 바꿀 목적으로 하기 때문이다. 다음으로 시민 불복종은 정의롭지 못한 상황을 바로잡

기 위한 방법으로 법을 위반하는 행동을 선택한다. 따라서 법질서 전체를 부정하는 것이 아니라 의도적으로 일부 특정 법률을 위반한다. 예를 들어, 인종 차별법에 항의하기 위해 의도적으로 백인 전용 출입구를 이용하는 방식이다. 또 시민 불복종은 정치권력을 쥐고 있는 다수자에게 항의한다는 점에서 정치적 행위이다. 따라서 롤스의 지적처럼 개인의 도덕적·종교적 신념으로 불복종하는 것과 다르다. 또한 이점에서 시민 불복종은 공익과 공개성을 염두에 둔 공공적 행위이다.

한편, 시민 불복종은 법에 대한 충성을 지닌 사람들에 의한 위법 행위이기 때문에 비폭력적일 뿐만 아니라 법이 부과하는 처벌을 기꺼이 감수하는 태도를 보인다. 이 점에서 시민 불복종은 위법 행위이기는 하지만 옳다는 확신을 갖고 하는(즉, 정의에 기초한) 양심적 행위이다. 마지막으로, 시민 불복종은 법질서 전반을 존중하는 토대 위에서 부정의를 제거하기 위한 합법적인 수단을 동원하였음에도 불구하고, 이 모든 노력이 아무런 효과를 거두지 못했을 때 비로소 전개된다는 점에서 최후 수단이라는 의미를 지닌다.

결론적으로 시민 불복종은 사회 정의를 훼손하는 법과 공익을 전제로 한다는 점에서 목적은 정당해야 하며, 그 방식은 비폭력적이면서 의도적으로 법을 위반함으로써 처벌을 감수하는 긴급한 최후의 수단이다. 시민 불복종의 이러한 성격에 기초해 롤스는 시민 불복종을 "법이나 정부의 정책에 변화를 주기 위해 공공적이고, 비폭력적이며, 평화적이기는 하지만, 법에 반하는 정치적 행위"라고 정의한다.

정부란 사람들이 그것을 통해 방해받지 않고
서로 잘 살아갈 수 있도록 하기 위한 편의적 기관일 뿐이다.
따라서 먼저 사람이 되고, 그다음 국민이 되어야 한다.
법은 사람을 도덕적으로 만들지 못한다.

― 소로

우리에게 『시민 불복종』(1866)으로 익숙한 이 책은 원래 소로가 "정부에 대한 개인의 권리와 의무"(1848)라는 주제로 매사추세츠 주 콩코드회관에서 행한 연설문이며, 처음 출간될 당시의 제목도 "시민정부에 대한 저항"이었을 뿐만 아니라 책 속에서도 "시민 불복종"이란 표현은 한 번도 나오지 않는다. 이 책의 바탕에는 미국의 독립선언서와 헌법정신이 깊이 배어 있고, 직접적인 사회·정치적 배경에는 노예제도에 대한 혐오와 반감, 그리고 멕시코 전쟁(1846~1847)[1]이 있다. 당시 미국의 노예제[2]는 북부와 남부가 대립하는 근본 원인이었고, 멕시코 전쟁은 연방제 내에서 노예제를 둘러싸고 벌어진 파벌 간 충돌이었다.

---

1  미국의 영토 야심으로 발발된 미국과 멕시코 간의 전쟁. 미국은 목화 재배 확대를 원하는 남부 대농장주들의 요구에 따라 1846년에 발생한 양국 간의 국경 무장충돌을 전쟁으로 확대시켜 무력으로 뉴멕시코와 캘리포니아를 점령한 데 이어 멕시코시티까지 함락시킴으로써 오늘날의 미국의 영토를 만든다. 멕시코는 미국과 '과달루페―이달고 조약(1848)을 체결하고, 텍사스를 비롯한 캘리포니아, 뉴멕시코, 애리조나, 네바다, 유타, 콜로라도 등 영토의 반 이상을 미국에 넘겨주어야만 했다. 그 결과 정치적으로는 남부의 발언권이 증대되고, 노예제를 둘러싼 논쟁이 더욱 격화되었다.

2  당시 30개 주 가운데 15개 주가 노예주였는데, 이를 인정하는 헌법을 수정하기 위해서는 전체주 4분의 3의 비준이 필요했다. 이 때문에 노예제를 폐지할 유일한 방법인 헌법 수정안의 통과는 사실상 기대할 수 없었다. 특히 남부와 북부가 대립하는 상황에서 민주적 선거와 절차라는 장치는 소로에게 '일종의 도박'으로밖에 간주되지 않았다.

이 때문에 소로는 다수결의 원리라는 공리주의적 방식을 따르는 선거에 의한 변화를 기대할 수 없다고 인식하고, 오직 개인의 양심과 도덕이라는 정의에 호소하는 불복종의 길을 선택한다. 즉, 영국의 공리주의자이자 부주교인 윌리엄 페일리는 "그리스도가 이 세상에 온 이유는 우리의 행동이 최대 다수의 최대 행복을 만족시키지 못하면, 우리 모두가 지옥에 떨어지게 될 것이라고 말하기 위해서였다."고 주장한다. 그는 계속해서, 그러므로 정부가 사회 전체의 이익을 보장해 주는 한, 국민은 정부에 순종해야 하며, 혁명과 저항은 우리가 원하지 않는 결과를 초래하기 때문에 회피해야 한다고 주장한다. 그에게 정부란 우리 모두를 위해 매우 유용한 '편의'적 장치였지만, 소로는 바로 이러한 생각에 전혀 동의하지 않았다.

소로는 우리 모두 (또는 사회 전체)를 위한 편의적 장치로서 정부란 사실 힘센 다수에 의한 통치일 뿐이기 때문에 양도될 수 없는 양심적 정의와 충돌한다고 생각했다. 그에게 정부란 독립선언서의 내용처럼 양도할 수 없는 평등한 권리를 지닌 개인들이 자신의 생명, 자유, 행복에 대한 추구권을 위해 "인민의 동의"를 기반으로 조직한 (사회 계약의) 결과물일 뿐이다. 따라서 각 개인은 "국민의 동의에 의존하고 있는 정부가 무슨 일을 하고 있는지를 알아야 하며, 정부는 국민인 각 개인이 정부가 마땅히 행해야 한다고 생각하는 바를 행해야 한다."

"투표는 단지 옳음과 그름 같은 도덕의 문제를 놓고 벌이는 일종의 도박이다. 그러나 투표자의 인격을 거는 것은 아니다. 아마 나는 내가 옳다고 생각하는 쪽에 표를 던지겠지만, 옳은 쪽이 반드시 이겨야 한다고 목숨을 걸지는 않는다. 나는 기꺼이 다수결에 맡길 뿐이다." 하지만 투표와 정치의 속성이 그렇기 때문에 우리가 투표를 마치는 것으로 자신의 의무와 책임을 다했다고 생각해서는 안 된다는 것이 소로의 생각이다. 소로는 "악을 뿌리 뽑는 데 자신의 모든 것을 바치는 것이 한 사람의 당연한 의무는 아니다. 사람은 다른 수많은 문제들에 대해 관심을 갖고 그것들을 추구할 수 있다. 그러나 적어도 악에서 손을 떼고, 악에 관심을 두지 않는다 하더라도, 실제로 악을 뒷받침하는 일은 하지 않는 것이 사람의 의무"라고 주장한다.

이것은 인두세(각 개인에게 매기는 세금)가 노예제도와 멕시코와의 전쟁을 정당화시켜 주는 수단으로 활용되기 때문에 이를 거부(불복종)해야 한다는 논거가 된다. 즉, 자신이 내는 세금이 정의롭지 못한 정부의 정책과 전쟁에 쓰이도록 내버려 두는 것은 "실제로 악을 뒷받침하는 일을 해서는 안 된다는 사람의 의무"를 저버린 행동이라는 뜻이다. 따라서 이것은 그의 불복종이 정당한 목적이라는 공공적 성격을 지닌다는 의미로 해석할 수 있다. 소로는 "정의롭지 못한 법"을 지닌 정부에 대해 우리들 각자가 "원칙에 따른 행동, 즉 정의를 알고 실천"해야 한다고 일깨운다. 왜냐하면 "우리는 먼저 인간이어야 하고, 그다음 국민이어야 하며, 법에 대한 존경심보다 우선하여 정의에 대한 존경심을 갖는 것이 바람직하기 때문이다. 우리가 떠맡은 유일한 의무는 어느 때든 우리 자신이 옳다고 생각하는 바를 행하는 것이다. 또 법이 우리를 정의롭게 만들지는 못하기 때문이다."

소로가 불복종을 선언한다고 해서 그가 곧 무정부주의자라는 뜻은 아니다. 그가 토마스 제퍼슨의 말을 인용해 "가장 좋은 정부는 가장 적게 다스리는 정부"라 말하고, "혁명의 권리를 인정한다."고 주장하지만, 그 스스로 밝히듯이 나는 "무정부주의자들과 달리, 지금 당장 정부를 폐지하자고 하는 것이 아니라. 다만 지금 당장 더 나은 정부를 요구하고 있는 것이다." 즉 "지금 당장 더 나은 정부"에 대한 요구가 좌절되었을 때 양심에 따라 불복종이 정당화되며, 그 불복종의 결과가 감옥에 갇히는 것이라면, 이것은 "노예의 나라에서 자유로운 인간이 명예롭게 거주할 수 있는 유일한 공간 역시 감옥"이라는 점을 보여 준다고 주장한다. "감옥의 담장 안에서는 정부의 적이 되지 못할 것이라고 생각하는 사람이 있다면, 이런 사람들은 진리가 오류보다 얼마나 더 강한 것인지를 모르는 사람들이다."

소로는 당시 노예제도와 멕시코 전쟁을 불복종과 연결 지어 "단 한 명이라도 부당하게 감옥에 가두는 정부 밑에서 정의로운 사람이 있을 곳은 감옥뿐이다. 비록 정부가 법에 따라 이들을 감옥에 가두었을지라도, 이 사람들은 사실 자신의 원칙에 따라 스스로를 감옥에 넣은 것이다." 그러므로 "평화적인 혁명이 가능하다면, 이것이야말로 평화적인 혁명이다." 정의롭지 못한 정부는 한 개인(인간)을 대할 때 그의 육체, 그의 감각만을 상대하려고 할 뿐, 한 개인의 지성이나 도덕을 상대하려고 하지 않는다. 이 때문에 이런 사람은 정부에 대한 복종이 오히려 자신의 가치를 스스로 떨어뜨리는 행동이라고 받아들인다. "그러므로 이런 정부에 복종하는 것보다 불복종하여 처벌받는 것이 훨씬 더 잃는 것이 적다." 이처럼 불복종은 정의롭지 못한 일부 법에 대해 공개적이면서도 처벌을 감수하는 위법 행동을 하면서 정의롭지 못한 법을 올바로 잡으려는 자발적인 행위이다.

소로는 자신의 불복종의 이념을 "국가가 자신의 권력과 권위의 원천으로서 개인을 더욱 고귀하고 독립된 힘으로 인정하고, 그에 합당한 대우를 함으로써 진정으로 자유롭고 계몽된 국가"가 실현되는 것에 두었다. 그리하여 마침내 "모든 사람을 공정하게 대하고, 개인을 한 이웃으로 존중할 수 있는 국가를 상상"했다.

**진리 탐구야말로 삶에서 가장 최고선이다.**
**사티아그라하를 하는 사람은 감옥에 가는 것이**
**정상적인 운명이라고 받아들여야 한다.**

― 간디

소로의 영향을 받은 간디의 불복종 운동은 사티아그라하와 아힘사로 요약할 수 있다. 간디는 자서전에서 사티아그라하에 대해 말하기에 앞서 먼저, 남아프리카 공화국과 인도에서의 경험, 즉 배와 기차를 이용할 때 있었던 인종차별(일등실 백인, 삼등실 인도인), 백인의 인도인에 대한 인종차별, 영주의 소작농에 대한 착취와 부당한 대우 등에 대해 수차례 언급한다. 그리고 이 과정에서 자신이 느꼈던 양심적이고 정의로운 분노에 따른 불복종 행동에 대해서도 서술한다.

그런 다음, 이 모든 과정에서 일어난 "자기 정화는 (모두) 사티아그라하(satyagraha)를 위한 준비 과정이었으며, 브라마차리아(brahmacharya)를 위한 맹세 또한 사티아그라하를 위한 준비 과정"이었다고 말한다. 그리고 이를 위해서는 금욕(엄격한 순결 또는 동정주의)을 의미하는 브라마차리아에 대한 맹세, 그리고 이를 통해 정욕과 욕망에 대한 집착에서 벗어나는 자기 정화의 결행(어떤 어려움이 있더라도 실천함)이 반드시 필요하다고 가르친다. 그에게 브라마차리아는 자신의 표현처럼, 자신만의 가정과 자녀의 양육에 집착하고 헌신해서는 안 된다는 의미이며, 오히려 인류에 대한 헌신과 사랑에 대한 맹세이자 실천이라고 강조한다. 하지만 간디 스스로 말하고 있듯이 이것(사티아그라하)은 "내가 미리 생각하고 의도한 것이 아니었다. 이것은 저절로 온 것이다. 하지만 내가 이전에 내디뎠던 모든 (불복종의) 발걸음이 나를 이것을 향해 암암리에 이끌고 왔다는 것을 비로소 깨달았다."

간디는 '이것'이 무엇인지를 명확하게 규정짓고 싶었다. 그래서 『인디언 오피니언』에 적절한 이름을 공모했고, 그 최종적인 결과가 간디의 비폭력 불복종 투쟁을 상징하는 '사티아그라하(sat=진리, agraha=확신)'이다. 이후 그는 모든 불복종 투쟁에 대해 '사티아그라하'를 사용한다. 이것은 영어로 '수동적 저항(passive resistance)'이란 말로 표현되기도 했지만, 간디는 이 말에 매우 부정적이고 비판적이었다. 왜냐하면 '수동적 저항'이란 용어는 힘이 약한 사람들이 달리 방법이 없기 때문에 무기력하게 저항하는 방식을 표현하는 것처럼 비춰졌고, 결국 만약에 힘이 커진다면 폭력으로 변질될 수 있다는 의미를 내포할 수 있기 때문이었다.

하지만 사티아그라하는 불의에 맞서는 강인한 정신과 용기를 상징하는 적극적인 행동, 즉 "고난을 견디어 냄으로써 힘(폭력)을 행사하는 상대방을 부끄럽게(무릎 꿇게) 만들 수 있다."는 진리에 대한 신념에 기초한 행동이며, 따라서 감옥이라는 처벌까지도 기꺼이 맞이(감수)하는 행동이다. 왜냐하면 불복종에 따른 처벌을 당연하고 자발적으로 감수함으로써 불복종하는 사람의 도덕적 정당성은 더욱 고양되며, 그 과정에서 스스로도 도덕적으로 더욱 정화되는 체험을 하게 되기 때문이다.

이에 관한 하나의 사례를 들어 보자. 간디는 네팔과 접경해 있는 갠지스강 북부의 참파란 지역(인도에서 가장 외진 곳 중의 하나)에서 일어나고 있는 소작인에 대한 가혹한 대우와 억압 실태를 조사하게 되었다. 코끼리를 타고 그곳으로 가던 중 경찰 국장으로부터 즉시 참파란에서 떠날 것이며, 이를 어길 경우 다음 날 재판을 받으라는 명령서를 받았다. 하지만 간디는 이 명령에 불복하고, 학대받은 소작농을 만났다. 간디는 그 순간에 대해 "내가 농민을 만나는 것은 신과 아힘사, 그리고 진리와 얼굴을 맞대면하는" 체험이었다고 기록한다.

하지만 법률에 의해 간디는 다음 날 법정에 섰다. 간디는 법정에서 국장의 "명령에 복종하고자 했습니다. 하지만 그것은 그들을 돕기 위해 여기까지 온 나의 의무감을 손상하지 않고서는 불가능했습니다. 내가 처한 상황에서 내가 하기로 결정한 것을 그대로 따르는 것, 다시 말하면 불복종에 대한 처벌을 저항 없이 받아들이는 것이 나의 확고한 신념이었습니다. (이것은) 나에게 준법정신이 부족해서가 아니라 우리 인간 존재에게는 더욱 높은 법, 즉 양심의 명령이라는 법에 복종하는 것이 옳기 때문입니다."

간디가 불복종을 통해 "감옥에 가는 일은 수치가 아니라 명예로운 일"이라고 말했을 때, 우리는 자연스럽게 소로를 떠올릴 수 있을지도 모른다. 앞에서 본 것처럼, 소로는 "노예의 나라에서 자유로운 인간이 명예롭게 거주할 수 있는 유일한 공간(집)은 감옥"이며, "감옥은 가장 떳떳한 자리"라고 주장한다. 실제로 간디는 소로의 『시민 불복종』을 읽었고, 이 책에 대해 "설득력 있고, 진실로 가득하며, 소로에 대해 더 알고 싶다.『월든』과 함께 즐거운 독서였고, 가치 있는 가르침을 얻었다.”고 말한 바 있고, 자신은 “소로를 통해 불복종 전술의 도덕적 정당성을 처음으로 알게 되었고, 자신은 소로의 이름을 빌렸을 뿐”이라 말한 적도 있다. 그런가 하면, 소로가 당시 미국에서 힌두 경전『바가바드 기타』(“진실된 행위란 결과를 생각하지 않고, 오직 행위 그것에 전념하는 것이며, 의무를 다하는 것”임을 가르치고 있다.)를 읽은 몇 안되는 인물이었다는 사실은 간디와 소로 생각에 사상적으로 공통된 어떤 흐름(예를 들면, 힌두교의 가르침)이 형성되어 있었음을 짐작할 수 있다.

하지만 간디의 불복종 운동의 핵심이 ‘아힘사[ahimsa, 불살생(不殺生)]’, 즉 비폭력이라는 점은 간디와 소로의 차이점으로 인정할 수 있다. 간디는 “아힘사는 포괄적 진리이다. 우리는 살생(himsa)의 불길 속에 갇힌 무력한 인간이다. 생명은 생명으로 산다는 말은 그 속에 깊은 의미를 담고 있다. 사람은 의식적으로든 무의식적으로든 살생을 범하지 않고는 한순간도 살 수 없다. 사람이 산다는 사실 그 자체, 즉 먹고 마시고 움직이는 그것이, 비록 매우 사소할지는 몰라도 필연적으로 어떤 힘사, 곧 생명의 파괴를 가져오게 한다. 그러므로 아힘사의 신자라면, 자신의 모든 행동의 원천을 자비심에 두고, 그것을 구해 주려고 애쓴다면, 그리하여 그 무서운 살생의 소용돌이 속에 빠져들지 않으려 끊임없이 노력한다면, 비록 완전히 외적인 살생에서 벗어나지는 못한다고 할지라도, 그는 변함없이 자신의 신앙에 충실할 수 있고, 또한 부단히 자제와 자비 속에서 성장하게 될 것이다.”라고 가르친다. 물론, 아힘사의 이러한 원리에는 모든 생명은 전체가 하나로서 통일성을 갖는다는 (힌두교와 불교의) 믿음이 내재하고 있다.

그러므로 진리에 헌신(사티아그라하)하는 사람, 즉 아힘사를 실천하는 사람은 간디의 가르침에 따라 스스로 언제나 자신을 정화하고, 바로잡을 준비를 갖추어야 하고, 또 자신의 잘못을 속죄하고 고백하는 태도를 지녀야 한다. 그리고 겸손과 자기희생, 즉 도덕적 순수성을 통해 영혼이 없는 기계인 정부의 권력이 행사하는 폭력을 부끄럽게 만들어야 한다. 왜냐하면 "무고한 한 명의 자기희생은 타인을 죽이려 하다가 결국은 자기가 죽는 백만 명의 희생보다 백반 배나 효과가 있기" 때문이다. 간디는 인도의 케다 지역에서 공장주와 여직공들 사이에서 분쟁이 발생했을 때, 여직공들에게 파업은 계속하되 성공적인 파업을 위해 다음 조건들을 반드시 지킬 것을 조언했다. 첫째, 절대 폭력을 사용하지 말 것, 둘째 절대 파업을 방해하는 자들을 괴롭히지 말 것, 셋째 절대 동정금(어려운 처지를 안타깝게 여겨 돕는 뜻으로 내는 돈)에 의존하지 말 것, 넷째 파업이 아무리 오래 지속되더라도 결코 흔들리지 말고, 파업하는 동안 다른 정직한 노동으로 생계를 유지할 것 등이었다. 즉, 비폭력의 사티아그라하를 실천하라는 도덕 명령인 것이다.

간디와 달리 소로는 시민 불복종을 "시민 정부에 대한 저항"이라고 표현하고 있는데, 이는 독립 선언서에 나타난 근대 계약론의 '시민 저항권'을 염두에 둔 측면이 있다. 따라서 정의를 추구하는 과정에서 '폭력의 사용'을 완전히 배제하지는 않았는데, 이는 노예제 폐지를 주장하며 연방 무기고를 공격했던 존 브라운을 옹호했다는 것으로도 확인할 수 있다.

하지만 간디에 의하면, 사티아그라하의 핵심으로서 "아힘사는 진리탐구의 기초이기 때문에 아힘사를 근본 원리로 하지 않는 모든 탐구는 잘못된 것이라는 사실을 매일 깨달아야 한다. 제도를 거부하는 것은 당연한 일이지만, 그 제도를 만든 사람에게 반항하는 것은 곧 자기 자신에게 반항하고 저항하는 것과 마찬가지이다. 왜냐하면 우리 모두는 같은 창조주의 자녀들이기 때문에 이것을 해치는 것은 곧 자신을 해치는 것이면서 동시에 온 세계를 해치는 일이기 때문이다." 간디에게 아힘사는 곧 최고의 진리이며, 만약에 신이 최고의 가치를 상징하는 존재라면, 진리가 곧 신이 된다. 또한 이 진리로서 신을 추구하는 삶이란 곧 도덕적인 삶이고, 이러한 삶 자체가 그에게는 종교적 삶이었다. 그러므로 그는 "신이 진리라기보다는 진리를 신이라고" 가르친다.

간디는 자신의 이러한 이상을 실현하기 위해 공동체인 '아쉬람(종교적 정신 속에서 사는 수도자의 거주지)'을 조직하여 운영했다. 아쉬람은 '수도자의 거주지'라는 의미를 담고 있는데, 간디는 이것을 "종교적 정신 속에서 사는 그룹"으로 이해했다. 아쉬람의 구성원들은 평등의 원리에 따라 자급자족의 공동생활을 위한 육체노동과 간소한 생활(무소유와 채식)을 하고, 순결의 종교적·도덕적 훈련을 통해 비폭력을 실천함으로써 사티아그라하의 구심점 역할을 했다. 대표적인 아쉬람으로 남아프리카에서의 피닉스 농원, 요하네스버그 근처의 톨스토이 농원, 인도의 사티아그라하 아쉬람 등이 있다.

비폭력 항의자들의 메시지는 명확하다.
부정의에 맞서 직접 행동하는 것이며, 이를 통해 설득하는 것이다.
그들은 고통을 기꺼이 감수할 준비가 되어 있다.

– 마틴 루서 킹

1950년대 미국 남부에서 흑백인에 대한 분리와 차별은 일상적인 모습이었다. 예를 들어, 학교나 화장실 이용은 물론, 대중교통인 택시나 버스 이용에 이르기까지 일상의 삶에서 일어나는 인종 간 분리(격리)는 매우 오래된 관행으로 굳어 있었다. 버스를 이용하려는 흑인은 버스 기사에게 욕설을 들어 가며 앞문에서 요금을 내고 흑인 전용석이 있는 뒷문으로 승차해야 했고, 이조차도 백인 승객이 많을 때는 자신의 자리를 양보해야 했다.

우리에게 잘 알려진 킹 목사의 시민 불복종 운동, 즉 '몽고메리 버스 보이콧' 운동은 모든 사람들이 이용하는 버스에서의 인종 차별과 분리에 대한 항의의 성격을 지닌다. 문제의 발단은 앨라배마 주의 몽고메리 회사 버스를 이용했던 흑인 여성 로자 파크스가 운전기사로부터 받은 부당한 차별대우 때문이었다. 버스 좌석의 넷째 줄까지는 백인 전용석이고, 다섯째 줄부터는 흑인도 이용할 수 있는 변동석이었다. 그녀는 변동석에 앉았는데, 백인 전용석이 모두 채워지자 운전기사는 파크스를 포함한 흑인 네 명에게 변동석에서 일어날 것을 요구했다. 세 명의 흑인은 일어났지만, 파크스만큼은 이를 거부했다. 앨라배마 주조례에 따라 그녀는 벌금 10달러와 재판비용 2달러를 선고 받았는데, 이 사건은 흑백 분리법을 위반한 혐의로 유죄판결이 선고된 최초의 사건이었다.

이에 몽고메리 지역의 흑인 교회 지도자들은 킹 목사를 대표로 선출하고, 흑인에 대한 좌석 배치의 불평등에 항의하는 '몽고메리 버스 안타기 운동'을 전개했다. 이에 대해 시당국은 킹 목사를 구속했는가 하면, 성난 일부 시민들은 킹 목사를 비롯한 흑인 지도자들의 집에 화염병을 던지기도 했다. 이러한 혼란과 공포 속에서도 킹 목사는 한결같이 '비폭력'을 견지했고, 마침내 연방대법원은 흑백분리를 규정한 앨라배마 주의 법률에 대해 위헌 판결(1956.11.)을 내렸다. 같은 해 12월 킹목사는 흑백 통합 버스에 올라탄 첫 승객이 되었고, 이로써 대중교통인 버스에서의 인종차별철폐라는 불복종의 목적도 달성할 수 있었다.

킹 목사는 이 운동을 전개하면서 간디의 비폭력 불복종 운동을 계속 공부했는데, 그는 "간디는 비폭력 사회 변혁의 방법을 찾던 우리에게 빛을 던져 준 등대였다."고 말했다. 이후 킹 목사는 인도를 방문했고, 이를 계기로 간디의 사티아그라하를 더욱 심화시켜 나간다. 킹의 인종차별 철폐와 불복종을 통한 사회 변화의 다음 목표는 앨라배마 주에서 인종차별이 가장 심했던 버밍햄이었다. 이곳은 흑인에 대한 살인과 폭행이 자행되고 있었지만, 공권력은 침묵했으며, 이 때문에 도시는 공포와 증오의 공간이 되어 가고 있었다.

이곳에서 킹 목사는 식당과 화장실에서의 인종차별 철폐와 흑인을 위한 일자리 운동을 전개했다. 그리고 비폭력 불복종 방식으로 연좌시위, 행진, 불매, 백인 전용 교회와 도서관 이용하기를 채택했다. 시당국은 킹 목사를 비롯해 무려 3천 명이 넘는 시위자들을 투옥했는데, 이것은 감옥의 수용 한계를 이미 넘어선 수치였다. 시위를 진압하기 위해 사용된 소방호스에 사람들이 쓰러지는 모습, 경찰견에 물어뜯기는 소년들, 그리고 곤봉을 휘두르는 경찰들의 모습이 텔레비전으로 생생하게 전달되었다. 마침내 케네디 정부는 시민권 법안을 법제화했고, 워싱턴 평화 행진(1963.08.)에는 백인을 포함한 25만 명이 모여 킹의 "나에게는 꿈

이 있습니다."라는 연설을 함께 들었다.[3]

킹의 시민 불복종에 대한 신념을 가장 잘 표현하고 있는 것으로 알려진 "버밍햄 감옥에서 보내는 편지"(1963)는 시위 중단을 요구하는 보수적인 백인 목사들의 비난에 대해 그가 버밍햄 감옥에서 쓴 것이다. 우리는 이 편지를 통해 시민 불복종에 대한 그의 생각이 단순한 호소나 설득의 차원을 넘어 정부기구의 작용을 방해하거나 중지하는 단계로까지 진전되고 있음을 확인할 수 있다. 이것은 설득과 호소에 대해 반응하지 않는 정부에 대해 새로운 전술의 필요성을 표현한 것으로 보인다. 그리고 이 모든 경우에도 간디의 사티아그라하와 비폭력의 원리는 그대로 적용되었다.

"정의롭지 못한 법을 위반하는 사람은 진심어린 마음으로 그렇게 해야 하며, 어떤 형벌도 기꺼이 감수해야 한다. 양심에 따라 부당하다고 판단한 법률을 위반하되, 지역 사회에 그 법률의 부당성을 알리기 위해 감옥에 가는 일도 서슴지 않는 사람이야말로 지극히 법률을 존중하는 사람이다." 킹에 의하면, 법에는 정의로운 법(우리의 인격을 고양하는 도덕적인 법, 하느님의 법에 일치하는 법, 영원한 자연법에 근거하는 법)과 정의롭지 못한 법(영원한 자연법에 근거하지 않는 법)이 있으며, 정의롭지 못한 법에 대한 불복종은 우리의 도덕적 의무이다. 그런데 흑·백인을 차별하는 법은 정의롭지 못한 법인데, 그 이유는 인간과 인간의 관계를 인격이 아니라 '인간과 사물'의 관계로 격하시켜 영혼을 왜곡하고 인격을

---

**3** 킹 목사는 1964년 노벨평화상을 수상했고, 같은 해 미국은 베트남 전쟁의 수렁에 빠진다. 킹은 미국 정부가 전쟁에 돈을 쏟아부으면서도 빈곤 퇴치와 인종차별에 대해서는 관심을 소홀히 하고 있다고 비판했다.

손상시키기 때문이다. 또 정의롭지 못한 법은 다수의 힘으로 소수의 인권을 억압하면서 소수에게는 법의 준수를 강요하면서도 다수에 대해서는 엄격하게 적용되지 않는 법이다.

이러한 논리에 따라 그는 비폭력 운동을 위한 네 가지 단계, 즉 정의롭지 못한 상황 또는 법이 있다는 사실들을 수집하는 단계 → 협상의 단계 → 자기 정화(self-purification)의 단계 → '직접 행동(direct action)'의 단계를 제시한다. 그리고 버밍햄에서의 불복종 행동은 직접 행동에 해당하며, 이 모든 과정을 거쳤기 때문에 정의로운 것이었다고 주장한다. 그에 의하면, 협상을 거부한 것은 자신들이 아니며, 자신들은 사전 토론회를 통해 발생할 수 있는 여러 문제와 희생에 따른 비난까지 감수할 것을 숙고하고 성찰하는 자기 정화의 단계까지 거쳤으며, 마침내 고통까지 감내하는 숭고한 행동에 이르렀다고 주장한다.

그에 의하면, "비폭력 항의자들의 메시지는 명확하다. 우리는 정부가 먼저 움직이지 않는 데 대해 부정의에 맞서 직접 행동을 한 것이다. 우리는 정의롭지 못한 법이나 관습을 따르거나 굴복하지 않는다. 우리는 설득하고, 비폭력 수단을 채택한다. 그리고 이 모든 것이 실패할 때 행동으로 설득한다. 이를 위해 필요하다면 고통받을 준비가 되어 있으며, 진리의 목격자가 되기 위해 목숨까지도 바칠 것이다." 이처럼 비폭력 직접 행동의 단계는 비폭력적 항의를 통해 긴장 상태를 이끌어 냄으로써 정부가 협상에 나오도록 하는 단계이며, 일부의 비난처럼 법을 무시하는 것이 아니라 법을 존중하기 때문에 형벌까지도 자발적으로 감수('자기 수난으로서 처벌 감수')하는 단계이다.

이 모든 불복종 운동을 통해 킹이 이루고자 했던 꿈은 소로의 희망과 같은 것이었다. 소로가 "국가가 자신의 권력과 권위의 원천인 개인을 더욱 고귀하고 독립된 힘으로 인정하고 그에 어울리게 대접하지 않는 한, 진정으로 자유롭고 계몽된 국가는 없을 것"이라고 선언했을 때, 이것은 곧 킹이 이루고자 했던 꿈과 같은 것이었다. 그것은 흑·백인의 구분 없이 하나의 동등한 시민이라는 인간 존엄의 가치를 이루고자 하는 꿈이었다. 킹은 자신의 꿈을 링컨 기념관 앞 계단에서 "나에게는 꿈이 있습니다. 그것은 언젠가 이 나라가 '모든 사람은 평등하게 태어났다'는 것을 자명한 진리로 선언하고 받아들이며, 실천하게 될 그런 날이 오리라는 꿈입니다. 노예의 후손들과 노예 주인의 후손들이 형제애가 넘치는 식탁에 둘러앉아 함께 식사하게 되리라는 그런 꿈입니다. 그리고 피부색이 아니라 인격으로 사람을 평가하는 그런 나라에서 살게 되리라는 꿈입니다."라고 밝힌다.

시민 불복종은 정의의 제1원칙인 평등한 자유의 원칙을 심각하게 위반하거나
제2원칙 중 두 번째 것, 즉 공정한 기회 균등의 원칙에 대한
심각한 위배가 있는 경우로 제한된다.

– 롤스

시민 불복종에 관한 롤스의 입장이 전제로 삼고 있는 가정은 비록 우리 사회 체제가 '완전하게 질서 잡힌(perfectly ordered)' 것은 아니지만, 상당한 정도로(또는 대체로) '질서정연한(well-ordered)' 체제 아래에 놓여

생활과 윤리: 20개 주제로 더 넓고 깊게 읽기

있다는 것이다. 다시 말해, 우리가 '거의 정의로운(nearly just)' 상황에 놓여 있는 한, 우리는 정의로운 법에 따라야 할 의무가 있을 뿐만 아니라, 부정의한 법에도 따라야 할 의무가 있다는 뜻이다. 이 말은 사회체제가 완전한 질서 체계 아래에 놓여 있다면, 당연히 정의롭지 못한 법과 정책 또한 발생하지 않겠지만, 현실적인 정치 과정에서 완전한 절차적 정의란 실현되기 어렵기 때문에[4] 이것이 경우에 따라 시민 불복종의 계기가 될 수 있다는 뜻이기도 하다.

또 헌법을 제정(입헌)하는 과정에서 다수자가 자신들의 편협함과 이기심을 드러내게 되면 잘못된 지식과 판단으로 오류가 발생할 수 있고, 이것이 정의롭지 못한 법이나 정책을 만들어 내는 원인이 될 수 있다. 물론, 이런 경우에도 정의로운 체제를 지켜야 한다는 우리의 '자연적 의무(natural duty)'[5] 때문에 그 법이나 제도의 부당성이 일정한 범위를 벗어나지 않는 한, 우리는 그 정의롭지 못한 법 또는 정책을 준수해야 하며, 그렇기 때문에 적어도 '군사적 행동' 같은 불법적 수단을 동원함으로써

---

**4** 예를 들어 '도박(노름)' 같은 '순수 절차적 정의'와 달리, '불완전한 절차적 정의'에 해당하는 재판의 경우는 비록 법을 준수했다고 할지라도, 그것이 반드시 올바른 결과에 이르게 되리라고 보장할 만한 절차는 없다. 예를 들어, 형사 재판에서는 기소된 범죄에 대해서만 유죄 판결을 내려야 한다는 독립된 기준을 갖고 있지만, 비록 이 법을 공정하고 주의 깊게 따랐다고 해서 그릇된 결과에 이르지 않는다는 것을 보장할 만한 절차는 없다.

**5** 롤스에게 '자연적 의무'란 적극적인 것과 소극적인 것이 있다. 적극적인 의무란 자신에게 지나친 손실만 없다면 궁핍하고 위기에 처한 타인을 도와야 할 의무이다. 그리고 소극적 의무란 타인을 해치거나 상해하지 않아야 할 의무, 그리고 불필요한 고통을 초래하지 않을 의무이다. 롤스는 적극적 의무를 '상호 협조의 의무'로 규정하면서 타인을 위해 어떤 선을 행할 의무라고 정의한다. 또 소극적 의무에 대해서는 타인에게 나쁜 일을 하지 않아야 할 의무라고 정의한다. 롤스는 "정의론'의 관점에서 가장 중요한 자연적 의무는 정의로운 제도를 유지하고 발전시켜야 하는 것"이라고 주장한다. 즉 "첫째, 정의로운 제도가 존재하고 그것이 우리에게 적용되고 있는 경우, 우리는 그것을 따르고 우리의 본분을 다해야 한다는 것이다. 둘째, 그러한 제도가 존재하지는 않지만, 우리가 조금만 노력하면 그러한 것이 성립할 수 있을 경우 우리는 정의로운 체제의 확립을 위해 협력을 해야 한다는 것이다."

그것에 반대할 수는 없다. 또 반대가 정당화될 수 있다면, 그것은 "분명히 비폭력적 반대여야" 한다. 왜냐하면 우리에게는 정의로운 체제를 지지해야 할 의무가 있고, 그 정의로운 체제란 기본적으로 '다수결의 원칙(the majority of principle)'이라는 민주적 권위를 지닌 체제에 기초하기 때문이다.

이 모든 점을 고려할 때, "내가(롤스) 보기에 시민 불복종의 문제는 어느 정도(또는 거의) 정의로운 국가 내에서 그 체제의 합법성을 인정하고 받아들이는 시민들에게서만 일어날 수 있다." 따라서 제도가 갖고 있는 결함을 당연한 것으로 받아들이고, 이러한 한계 안에서 그 제도가 주는 편익을 누리는 것은 우리의 의무이다. 즉 '거의' 정의로운 국가에서는 정의롭지 못한 법일지라도 일정한 한계 내에서는 그것을 준수해야 할 의무가 있는 것이다. "문제는 이 시민들이 지닌 의무들 간의 상충이다." 즉, 우리가 다수의 의견이 반영된 정의롭지 못한 법을 어느 정도까지 감내해야 하는가이다. 그것은 합법적인 다수자가 제정한 법을 따라야 할 의무가 각자의 자유를 지켜야 할 개인의 기본 권리, 그리고 정의롭지 못한 법에 반대할 의무와 충돌할 때, 어느 지점에서 그 구속력이 상실될 수 있는가의 문제이다. 이것은 동시에 다수결의 성격과 원칙의 한계이기도 하다. 이 때문에 시민 불복종은 "민주 사회의 기본 원리를 받아들이는 사람들이 갖고 있는 양심적인 신념들 사이의 불일치를 보여주며", 동시에 "시민 불복종은 민주주의의 도덕적 기초를 이루고 있는 이론들에 대한 검사"라는 성격을 지닌다.

이와 같은 전제를 기초로 롤스는 시민 불복종을 "흔히 법이나 정부의 정책에 변혁을 가져올 목적으로 행해지는, 공공적이고, 비폭력적이며,

양심적이기는 하지만, 법에 반하는 정치적 행위"라고 정의한다. 그리고 우리는 시민 불복종 행위를 통해 "공동 사회의 다수자가 갖고 있는 정의감을 드러내고, 자유롭고 평등한 개인들 사이에서 사회 협동체의 원칙이 존중되고 있지 않음을 보여 주게 된다."

롤스의 주장처럼 시민 불복종은 "정치권력을 쥐고 있는 다수자를 향해 제시된다는 점에서, 그리고 정치 원칙(즉, 헌법과 사회 제도 전반을 규제하고 있는 정의의 원칙)에 의해 지도되고 정당화되는 행위라는 점에서 '정치적 행위(political act)'이다." 따라서 시민 불복종은 단순히 개인적인 도덕 원칙이나 종교적 교설(가르침), 또는 집단의 이익과 일치한다고 해서(아니면 그것들의 지지를 받는다고 해서) 정당화되는 것은 아니다.

시민 불복종은 정치 질서의 바탕에 깔려 있는 공통된 공공적 정의관(a public conception of justice)에 기초하고 있기 때문에 '어느 정도(또는 거의)' 정의로운 민주 체제에서 시민들은 공공적 정의관에 대해 같은 생각을 하고 있으며, 이를 준거로 자신들의 정치적 문제를 처리하고, 헌법을 해석한다. 따라서 이러한 공공적 정의관(the commonly sharedconception of justice), 그중에서도 특히 '평등한 기본적 자유권'이 지속적이고도 의도적으로 침해받게 될 때, 시민들은 여기에 굴종을 하든지 아니면 저항을 하게 된다. 만약에 불복종을 선택한다면, (소수자로서) 시민 불복종은 다수자(또는 정부 권력)로 하여금 자신들의 불복종 행위가 공통된 정의감(the common sense of justice)에 기초하고 있기 때문에 그들이 이것을 자각하고 수용하여 바꾸도록 호소하는 역할을 한다. 물론, 이 경우 불복종 행위는 "공공적이고, 비폭력적이며, 양심적이어야" 한다.

이때 "'공공적'이란 말은 불복종 행위는 공적인 원칙과 공개성을 동시에 충족하는 행위라는 뜻이므로 은밀하거나 비밀리에 행해져서는 안 된다는 뜻이다." 또 불복종은 양심과 신중성에 기초한 정치적 신념을 청원의 형식으로 표현하는 것이므로 비폭력적이어야 한다. 시민 불복종이 비폭력적인 또 다른 이유는 그것이 비록 법의 바깥 경계선에 있기는 하지만, 법에 대한 충실성(fidelity to law)의 한계 내에서 법에 대한 불복종을 나타내기 때문이다. 즉, 비록 그 법을 어기기는 하지만, 법에 대한 충실성은 공공적이고 비폭력적이면서도 또한 불복종 행위가 낳는 법적인 결과에 대해 책임을 수용하겠다는 의지의 표현이라는 성격을 지닌다. 자기 성실성을 보증하는 주의 깊고 숙고된 행위로서 시민 불복종은 공동체의 정치적 신념과 양립하는 충분한 도덕적 기초를 지니며, 그러므로 이것을 다른 사람들(구성원들)에게 확신시키기 위해서는 처벌이라는 대가도 기꺼이 감수해야 한다.

롤스는 시민 불복종의 의미와 성격을 이렇게 설명한 다음, 이와 같은 시민 불복종이 정당화될 수 있는 조건으로 자신의 생각을 진전시켜 나간다. 무엇보다 시민 불복종은 "공동체의 정의감에 호소하는 정치적 행위"이므로 기본적인 평등한 자유에 대한 심각한 침해가 실제로 있어야 한다. 즉, 시민 불복종은 "정의의 제1원칙인 평등한 자유의 원칙을 심각하게 위반하거나 제2원칙 중 두 번째 것, 즉 공정한 기회의 균등의 원칙에 대한 심각한 위반이 있는 경우로 제한된다." 이것은 '침해의 중대성' 정도로 요약할 수 있는데, 예를 들어 어떤 소수자들이 직책을 맡거나 투표하지 못하게 하는 경우, 재산을 소유하거나 자유롭게 이동할 권리가 인정되지 않는 경우, 또 어떤 종교를 억압하거나 어떤 단체들에 대해 권리 행사를 금지하는 경우들이 해당된다.

하지만 롤스는 "제2원칙 중 첫 번째 것, 즉 최소 수혜자의 이익을 우선 고려하는 '차등의 원칙'을 위반하는 경우에는 시민 불복종이 정당화하기 어렵다."고 주장한다. 왜냐하면 이 원칙에는 합당하면서도 다양한 대립된 입장들이 존재할 수 있기 때문이다. 즉, 이 원칙은 경제 · 사회 제도 또는 정책과 관련된 성격이 짙기 때문에 이론적이고 추론적인 지식, 그리고 통계에 기초하거나 그렇지 않은 다른 정보들의 영향을 받기 쉽기 때문에 더욱 철저한 검토를 요구한다. '차등의 원칙'이 갖고 있는 이와 같은 복잡성은 이기심과 선입견을 배제하기 어렵게 만들 뿐만 아니라 자신의 입장을 다른 사람에게 설득하기도 어렵게 만든다.

예를 들어, 조세 관련 법률이 평등한 기본적 자유권을 침해하거나 박탈을 수반하지 않는다면, 이 제도를 일반적인 시민 불복종의 형식으로 거부해서는 안 된다. 즉, 이런 경우의 불복종은 공적 정의관에 호소할 수 있는 명확성이 부족하며, 또 '평등한 자유의 원칙'이 적용되는 한 정치적 과정에 맡겨 두고 조정하는 것이 더욱 바람직하다. 하지만 '평등한 자유의 원칙'의 위반, 즉 평등한 시민권이라는 정치 질서의 기본 원칙에 대한 위반은 시민 불복종의 대상이 된다.

시민 불복종이 정당화될 수 있는 다음 조건은 이것이 '최후의 수단'이어야 한다는 것이다. 우리는 정치적 다수자에게 정상적인 호소(즉, 합법적인 수단)를 성실하게 해왔음에도 불구하고, 그 호소(청원)가 아무런 성과를 거두지 못하고 있는 상황을 생각해 볼 수 있다. 예를 들어, 현존하는 정당들이 소수자들의 요구에 대해 무관심으로 일관함으로써 이들의 편의(처지 또는 형편)를 개선하지 않는 상황을 가정해 보자. 정의롭지 못한 법을 폐기하려는 합법적인 시도와 항의(시위)가 무시되고 아무런 성공을 거둘 수 없게 되는 경우, 최후의 수단으로서 시민 불복종이 필요하다는 점을 확신할 수 있다. 즉, 이런 상황이 시민 불복종의 정당성을 구성하는 두 번째 조건이 된다.

시민 불복종을 정당화하는 세 번째 조건은 '공정성'이다. 만약에 어떤 소수자가 시민 불복종에 참여하는 것이 정당화된다면, 마찬가지로 그와 비슷한 상황에 있는 처한 다른 소수자가 시민 불복종에 참여하는 것 또한 정당화된다. 따라서 법과 체제가 존중되는 가운데 시민 불복종을 할 수 있도록 그 범위에 대해 일정한 한계를 설정할 필요가 있다. 그렇더라도 이와 비슷한 상황에 처한 수많은 소수자들이 동시에 동일한 방식으로 시민 불복종에 참여하는 경우를 가정해 볼 수 있다. 이렇게 되면, 극심한 사회적 무질서로 인해 체제의 붕괴까지 염려할 상황에 이를 수 있기 때문에 모두에게 불행한 결과를 초래하지 않도록 소수 집단에 의한 협동적 '정치 연합'을 통한 현명한 지도력을 상상해 볼 수 있다.

한편, 롤스는 시민 불복종을 정당화하는 위의 세 가지 조건 외에 추가적으로 고려해야 할 요소가 있다고 주장한다. 롤스는 시민 불복종을 하는 행위자가 비록 자신의 권리 범위 내에서 행동하고 있지만, 그 과정에서 무고한 사람들(제3자)의 권리를 침해할 수 있다고 지적한다. 그렇기 때문에 시민 불복종을 행사하는 것이 현명하고 적절한 선택인지에 대한 고민이 있어야 한다는 것이다. 자신의 권리를 주장하는 행동이 다수자에게 보복을 초래할 뿐이라면, 그 같은 불복종 행위는 현명하지 못하기 때문이다. 그러므로 불복종 행위가 공동체에 대해 효과적인 호소(청원)가 되기 위해서는 적절하고 합리적으로 계획될 필요가 있다.

롤스의 시민 불복종은 '거의 정의로운 사회 체제'를 전제하고 출발한다. 따라서 시민 불복종이 일어나는 사회는 일정한 민주 정부의 형태를 갖추고 있는 사회이다. 또 이런 사회는 자발적 협동의 기본 조건인 정의의 원칙들이 자유롭고 평등한 개인들 사이에서 대체적으로 공인되고 있다. 이 때문에 시민 불복종은 진지한 숙고를 통해 자유로운 협동의 조건이 침해되고 있음을 다수의 정의감에 호소하는 공적이고 공개적인 행위이다. 물론, 왕권신수설에 기초한 사회라면 '평등한 개인들 사이의 협동 체제'라는 개념은 전혀 적용되지 못할 것이다. 또 그의 시민 불복종은 종교적이거나 평화주의적인 입장과는 필연적 연관성이 없다. 왜냐하면 시민 불복종은 공동체의 정의감에 호소하는 것이고, 오직 '자유롭고 평등한 개인들 사이의 공인된 협동 원리'를 일깨우는 정의관에 기초한 정치적 행위이기 때문이다.

'도망 노예법'이 비도덕적이라고 확신하여 그 법을 위반하는 것,
그리고 정의롭지 못한 전쟁에 가담하지 않겠다는
개인적 양심에 따라 전쟁에 참여하기를 거부하는 것은
인격(양심)에 기초한 불복종의 대표적인 사례이다.

– 드워킨

드워킨은 시민 불복종에 관한 롤스의 주장이 시민 불복종에 대한 일반적인 견해(일반론)를 설명하는 것이라고 평가한다. 다시 말해, 시민불복종의 성격에 대해 비폭력적 행위만을 말하는 것은 시민 불복종의 현

실적인 모습을 제대로 설명하지 못한다는 지적이다. 또 제2원칙 중 '차등의 원칙'에 대해서도 정책에 관한 입장이 다양할 수 있기 때문에 시민 불복종이 정당화되기 어렵다는 롤스의 주장에 대해서도 시민 불복종의 개념을 좁게 이해하는 것이라고 비판한다.

드워킨은 우리에게 불복종을 일으키는 법이 있다면, 그 법은 대부분 '헌법 정신'에 비추어 볼 때 의문의 여지가 있기 때문이라는 점을 강조한다. 즉, 헌법이란 전통적으로 정치 도덕의 근본을 이루는 것인데, 이 것을 해치는 법이 있다면 그와 같은 법의 헌법적 지위는 의심을 받을 수 밖에 없다는 뜻이다. 그러므로 시민 불복종은 특정한 '법 자체의 타당성(validity, 정당성, 유효성)'이 의심스러울 경우에 발생한다.

예를 들어, 베트남 전쟁 당시 미국의 징병법은 국회가 베트남 전쟁을 공개적으로 선언하지도 않았고, 전쟁으로 인한 국가적 이익이 생명의 위협을 능가할 만큼 충분한 것도 아니며, 시민들을 차별 대우함으로써 정당한 절차나 동등한 보호라는 법조항을 위반하고 있기 때문에 이에 불복종하는 것은 정당화될 수 있다고 그는 주장한다. 드워킨은 양심에 따라 이러한 징병법에 불복종하는 사람들은 탐욕을 목적으로 법을 위반하거나, 정부 전복을 기도하는 사람들과는 질적으로 다른 동기를 갖기 때문에 '법 앞의 평등'이라는 개념과 기준을 동일하게(획일적으로) 적용해서는 안 된다고 주장한다. 징병법에 불복종하는 사람들이 "일반적으로 국가에 대해 적대적인 경우는 거의 없으며, 오히려 국가에 가장 충성하고 헌신하는 시민들인 경우가 많다. 따라서 이들을 감옥에 가두는 것은 이들의 소외감을 더욱 심화시킬 뿐만 아니라 불복종을 단념한 많은 사람들까지 소외감을 느끼게 하는 결과를 초래할 것"이라고 주장한다. 그러므로 국가는 "자신의 신념과 판단에 따른 삶을 살도록 권장하는 우리의 관례에 따라" 이들에 대해 관용(leniency, 너그러움)을 보여야 할 책임이 있다는 것이다.

'법 자체의 타당성'이 의심스러웠던 당시의 '징병법'을 위반한 불복종 사례들을 '헌법 정신'에 비추어 재구성해 보면 다음과 같다.

1   미국은 베트남에서 부도덕한 무기와 전략을 사용한다(도덕적 문제). 하지만 헌법은 조약에 근거하지 않은 전쟁 참여를 불법으로 규정하고 있기 때문에 이는 옳지 못하다(헌법 정신).

2   전쟁은 의원들의 신중한 숙고에 의한 자유로운 투표의 결과를 따라야 하지만, 베트남에서의 전쟁은 이를 준수하지 않았다(도덕적 문제). 헌법은 적법한 절차와 평등한 보호를 규정하고 있으므로 경솔한 결정이며, 징집 연령에 해당하는 사람들에게 부담을 지우는 것은 위헌이다(헌법 정신).

3   대학생에 대해 징병을 유예하거나 면제하는 것은 경제적 약자에게 차별을 초래한다(도덕적 문제). 어떤 이유로든 차별 조치는 평등한 법적 보호라는 헌법 정신을 위반한다(헌법 정신).

4   징병법은 징병 거부를 상담하고 조언하는 행위를 범죄화하고 억압한다(도덕적 문제). 헌법은 언론의 자유에 대한 제한이 위헌임을 밝히고 있다(헌법 정신).

드워킨은 이처럼 헌법 정신에 근거해 특정한 법이 그 타당성을 의심받을 때 불복종이 정당화될 수 있다고 주장한다. 그는 헌법 정신에 위배되는 것으로 의심되는 법에 대해 우리가 선택할 수 있는 세 가지 방식, 즉 법을 개정하기까지 복종하기, 권한이 있는 기관이 우리의 생각과 다른 결정을 낼 때까지만 스스로의 판단에 따라 행동하고 그다음부터는 법에 복종하기, 마지막으로 의심스런 법에 대해 비록 연방대법원이 우리의 생각과 반대되는 판결을 내렸다 하더라도 자신의 판단에 따라 행동하기 등을 제시한다.

드워킨은 이 세 가지 중에서 특히 마지막의 것에 주목한다. "나는 세 번째 것이 인간의 사회적 의무에 가장 공정하고 합당한 것이라고 생각한다. 시민은 법에 충성해야 하는 것이지, 특정한 어떤 사람들의 견해에 충성해야 하는 것이 아니다." "법의 타당성이 의심스런 상황에서 시민이 숙고하여 합리적으로 판단하고 행동했다면, 그의 행위는 정당화되며 이는 불복종 행위자에게도 확대해 적용할 수 있다." 왜냐하면 시민에게는 "판례가 우선한다(선례 구속성 원칙)는 원칙에 따라 연방 대법원이 판결을 내렸다고 할지라도, 연방 대법원이 오해하고 있다는 주장이 제기될 수 있는 상황이라면, 이것을 거부할 사회적 권리가 있기" 때문이다.

이러한 논의를 배경으로 드워킨은 시민 불복종이 정당화될 수 있는 상황을 세 가지로 제시한다. 하나는 '인격(또는 양심)에 근거한(integrity-based) 불복종'으로 이것은 개인의 도덕적 양심에 충실함으로써 법을 위반하는 유형이다. 다른 하나는 '정의에 근거한(justice-based) 불복종'으로 이것은 정의롭지 못한 법률이나 정책에 대한 불복종이다. 마지막 하나는 '정책에 근거한(policy-based) 불복종'으로 국가의 법률이나 정책이 현명하지 못해 위험하기 때문에 반대하는 불복종이다.

드워킨은 '인격에 근거한 불복종'의 대표적인 사례로 '도망 노예법'[6]과 '징병법'을 든다. 그에 의하면, "'도망 노예법'이 비도덕적이라고 확신하여 그 법을 위반하는 것, 그리고 정의롭지 못한 전쟁에 가담하지 않겠다는 개인적 양심에 따라 전쟁에 참여하기를 거부하는 것은 인격에 기초해 불복종하는 대표적인 사례이다." 그는 비록 법의 요구라 할지라도, 개인의 양심이 절대로 금지하는 행위라면, 어떤 조건도 필요 없이 법을 어기는 행동이 정당화된다고 주장한다. 이것은 결과적으로더 큰 해악이 발생할지 모른다 하더라도, 우리에겐 '악'을 거부할 도덕적 권리가 있다는 뜻으로 해석할 수 있다.

'정의에 근거한 불복종'은 다수자가 소수자를 억압하는 정의롭지 못한 상황을 정당화시켜 주는 법과 정책에 대해 불복종하는 경우를 말한다. 예를 들어, 흑·백인의 동등한 권리 존중에 근거해 인종차별법에 불복종하는 행위, 다른 나라와 국민의 권리도 존중해야 한다는 원칙에 따라 자신들의 이익과 목표만을 추구하는 베트남 전쟁을 정당화하는 징병법에 불복종하는 행위가 여기에 해당한다. 특히 '정의에 기초한 불복종'은 양심과 인격이 금지하는 행동을 하지 않겠다는 '인격에 기초한 불복종'과 달리 부도덕한 정치 프로그램을 해체하려는 목표를 갖고 행동하기 때문에 '설득'과 '강요(non-persuasive)'라는 전략이 동원된다.

설득 전략은 다수결의 원칙을 기본적으로 침해하지 않으면서, 단지

---

6  도망한 흑인 노예를 소유주에게 되돌려주도록 규정한 법률(1793, 1850)로 남북 전쟁의 원인이 되기도 했으며, 1864년 폐지됨.

다수자에게 반대 의견을 경청하게 함으로써 반대하는 정책을 승인하지 않도록(즉, 생각을 바꾸도록) 요구하는 전략이다. 반면, 강요 전략은 다수자가 자신들이 선호하는 정책을 계속 추구하고자 할 경우 치러야 할 대가를 증대시켜 정책을 포기하게 만들려는 전략이다. 이것은 설득 전략만으로 목표를 달성할 수 없을 때 위협이나 불안감(공포)을 조성하거나, 아니면 교통차단, 수입차단, 공공기관의 업무 폐쇄처럼 재정적으로 부담을 지우는 방식을 활용하는 것이다. 따라서 이 전략은 특정 법률이나 정책이 매우 심각하게 정의롭지 못하고, 어떤 정치적 절차를 통해 해결(개선)되리라는 희망이 전혀 없을 때 채택한다. 또 이 전략은 의회의 다수파가 제정한 법률일지라도 정의의 원칙에 어긋나는 법률일 경우 이를 무효화시키고자 한다는 점에서 '다수결 원칙에 대한 예외'라 할 수 있다. 다수자라고 해서 자신들의 이익을 위해 정의롭지 못하게 행동하거나 소수자의 권리를 희생시킬 권리는 없기 때문이다.

마지막으로 '정책에 근거한 불복종'은 "특정한 정책이나 법률이 비도덕적이거나 정의롭지 못해서가 아니라 현명하지 못하고 위험스럽기 때문에 반대하고 불복종하는 것이다. 즉, 법률이나 정책이 기본적인 인권 침해가 아니라 모두에게 위험하고 해로울 것(국민의 생명과 존엄성 위협)이라는 판단에서 불복종을 하는 것이다." 드워킨은 정책에 대한 불복종 문제에서 설득 전략과 강요 전략을 구분하는 것은 매우 중요하다고 주장한다. 정책 문제는 소수자의 기본적인 인권 침해 문제라기보다는 공공복리(공동의 이익)에 부합하는가와 관련된 문제이기 때문에 정책에 대한 불복종의 경우에는 설득 전략만을 허용한다.

마지막으로 '정책에 근거한 불복종'은 "특정한 정책이나 법률이 비도덕적이거나 정의롭지 못해서가 아니라 현명하지 못하고 위험스럽기 때문에 반대하고 불복종하는 것이다. 즉, 법률이나 정책이 기본적인 인권 침해가 아니라 모두에게 위험하고 해로울 것(국민의 생명과 존엄성 위협)이라는 판단에서 불복종을 하는 것이다." 드워킨은 정책에 대한불복종 문제에서 설득 전략과 강요 전략을 구분하는 것은 매우 중요하다고 주장한다. 정책 문제는 소수자의 기본적인 인권 침해 문제라기보다는 공공복리(공동의 이익)에 부합하는가와 관련된 문제이기 때문에 정책에 대한 불복종의 경우에는 설득 전략만을 허용한다.

드워킨의 '강요 전략'과 '정책에 대한 불복종'은 불복종 연구에서 한층 진전된 주장이라는 평가를 받는다. 하지만 '정책에 대한 불복종'에서는 '강요 전략'을 허용하지 않고 '설득 전략'만을 인정한다는 드워킨의 주장은 곧바로 비판에 직면한다. 왜냐하면 하버마스의 지적처럼, 오늘날 핵문제와 같은 대량살상 무기는 인간의 실존을 위협하는 것으로 과거 노예제도에 견줄 만큼 심각한 문제이기 때문이다. 따라서 정치적으로 그리고 도덕적으로 거부하는 것 이외에 다른 방법을 통해 이를 해결할 수 있는 방법을 찾기 어렵기 때문에 오히려 '강요 전략'이 필요할 수 있다는 반론이다.

법의 힘에 저항하지 않음으로써, 비폭력적으로 행동함으로써,
또 자신의 행위에 대해 법적인 처벌을 받아들임으로써,
시민 불복종을 하는 사람들은 자신들의 항의가 진지하다는 것을,
그리고 민주주의 기본 원칙과 법의 통치를 그들이 존중한다는 것을 명백히 한다.

– 싱어

『동물 해방』을 주장하는 싱어는 시민 불복종의 문제를 동물에 대한 학대와 실험 문제에 적용하면서 공리주의 원리에 따라 논의를 전개한다. 싱어는 롤스의 시민 불복종 개념이 자신의 동물 해방과 동물의 고통 최소화 원리, 즉 '이익의 평등한 고려의 원칙'에 반한다고 비판한다. 칸트의 영향을 받은 롤스는 동물과 인간의 도덕적 관계에 대해, 인간은 동물에 대해 정의를 베풀어야 할 의무는 없지만, 그것들을 잔인하게 대하는 것은 그릇된 일이라고 주장한다. 따라서 롤스에 의하면, 인간이 동물을 아무리 잔혹하게 대우할지라도 이것이 시민 불복종을 정당화하는 논거는 되지 못한다. 물론, 롤스는 동물에 대한 잔혹한 대우가 도덕적으로 그르다고 말할 것이다. 하지만 롤스의 논리를 따라가게 되면, 정부가 동물에 대해 잔인한 처우를 허용하거나 아니면 조장하는 법률을 승인한다고 해서 이것이 시민 불복종을 정당화하지는 못할 것이다. 하지만 놀랍게도 이보다 훨씬 더 심각한 문제에 대해서는 "공유된 정의관"에 어긋난다는 논리로 시민 불복종이 정당화되는 매우 부당한 결론이 나오게 된다고 싱어는 롤스를 비판한다. 한마디로 롤스의 시민 불복종 개념은 싱어에 의하면, "이미 공동체가 받아들이고 있는 원칙들에만 근거하고 호소하는 방식"이기 때문에 "다수자로 하여금 공유된 정의관을 (새로운 도덕 기준에 맞게) 변경하거나 확대하도록 요구하는 불복종이 정당화되기 어렵다"는 것이다.

이러한 비판에 의거해 싱어는 "불법적인 행위가 동물에 대해 가해지는 극심한 고통스런 실험을 방지하거나 중요한 야생지역을 보호하기 위해, 또는 온실 가스 배출을 급격하게 줄일 수 있는 유일한 방법이라면, 이러한 목적들이 갖는 중요성이 비록 법에 대한 복종이라는 생각을 약화시킨다고 하더라도 다소간의 위험을 감수하는 것은 정당화될 수 있는 행동"이라고 주장한다. 싱어는 민주 사회에서 가까운 미래에 변화를 일으킬 전망이 매우 빈약한 경우, 불법적인 수단을 동원하는 것이 항상 나쁜 것만은 아니라고 주장한다.

예를 들어, 야생 보호 구역에 댐을 건설하려는 계획에 반대하는 행동, 공장식 동물 농장, 그리고 동물 실험으로 극심한 고통을 겪으며 죽어 가는 동물을 해방시켜 주려는 행동 등이 이런 경우에 해당된다. 이런 문제들과 관련된 불법적 행위가 다수결의 원칙에 어긋남에도 정당화되는 이유는 51%의 다수 또한 49%의 소수처럼 틀릴 수 있기 때문이다. 이런 의미에서 시민 불복종은 민주주의 의사 결정 방식을 무너뜨리려는 것이 아니라 다시 복원하려는 노력으로 보아야 한다는 것이 싱어의 생각이다.

싱어는 자신의 이와 같은 논리를 다음과 같이 논리적으로 형식화한다.

1  평화적인 방법으로 논쟁을 해결할 수 있다면, 이에 따른 판정을 받아들여야 할 이유가 된다.

2  민주주의적 방법을 통해 논쟁을 해결할 수 있고, 이것이 진정으로 다수의 견해 를 대변한다면, 이에 따른 판정을 받아들여야 할 더욱 강력한 이유가 된다.

3  그렇다고 하더라도 불법적인 수단을 사용하는 행동이 정당화될 수 있는 상황은 여전히 존재한다. 법의 힘에 저항하지 않음으로써, 그리고 비폭력적으로 행동함으로써, 또 자신의 행위에 대해 법적인 처벌을 받아들임으로써, 시민 불복종을 하는 사람

들은 자신들의 항의가 진지하다는 것을, 그리고 민주주의 기본 원칙과 법의 통치를 그들이 존중한다는 것을 명백히 한다. 법에 불복종 하는 것은 (합법적인 수단이 실패했을 때) 다수를 강제하려는 것이 아니라 다수에게 알리려는 시도이고, 심각함을 의원들에게 설득하려는 시도이며, 국가적인 관심을 촉구하는 시도이다.

싱어는 우리가 도덕적으로 그릇된 어떤 것을 멈추도록 해야 한다는 확신이 서면, 우리 스스로에게 (공리주의적) 물음을 던져 보라고 제안한다. 그것은 "우리가 중단시키려고 하는 악의 크기와 우리가 감소시킬 법과 민주주의에 대한 존중 의식을 서로 계산해 보아야 한다."는 것이다. 그리고 이익과 손해에 대한 계산을 마친 다음, "불법적이기는 하지만 합법적인 수단이 실패로 끝났을 때, 시민 불복종은 이러한 목적을 이루기 위한 적합한 수단"의 의미를 갖게 된다. 즉 "법의 힘에 저항하지 않음으로써, 그리고 비폭력적으로 행위하고, 자신의 행위에 대해 법적인 처벌을 받아들임으로써 자신의 불복종이 갖는 진지함과 민주주의 원칙(즉, 법치)에 대한 자신들의 존중을 명확하게 표현"하는 것이다.

# 원조를
# 바라보는 몇 가지 시선

*PART 19*

|

**싱어**

원조의 의무는 어떤 사람이 절대적 빈곤에 처해 있고,
다른 사람이 그것에 상당하는 도덕적 의미를 지닌 것을 희생하지 않고도
그를 도울 수 있을 때에만 적용된다.


**노직**

부자가 가난한 사람을 도울 '의무(obligation)'가 있다는 것이
곧 빈곤한 사람이 부자인 사람으로부터
도움을 받을 '권리(right)'가 있다는 것을 의미하지는 않는다.


**롤스**

원조의 목적은 고통받고 있는 사회가 자신의 문제를 합리적이고
정의로운 방식으로 관리할 수 있도록 도와줌으로써
최종적으로 질서 정연한 국제 사회의 구성원이 되도록 하는 것이다.

원조의 의무는 어떤 사람이 절대적 빈곤에 처해 있고,
다른 사람이 그것에 상당하는 도덕적 의미를 지닌 것을 희생하지 않고도
그들 도울 수 있을 때에만 적용된다.

— 싱어

　지금 우리와 함께 살아가고 있는 사람들 중에는 하루를 원두커피 한 잔 가격(약 3,000원)보다도 적은 1,200원(1달러)으로 살아가고 있는 사람들이 약 11억 명에 이른다. 우리나라 전체 인구(약 5천만 명)보다 20배나 더 많은 수치이다. 세계은행은 이들을 '극단적인 빈곤'에 처한 사람들이라고 규정한다. 이들은 안전하게 마실 물을 멀리까지 가서 길어 와 끓여 먹지 않으면 질병에 걸릴 수 있는 사람들이고, 지역의 대금업자들의 빚으로부터 벗어날 수 없는 사람들이며, 일 년 내내(또는 한때) 식량

이 부족해 자주 끼니를 걸러야 하는 사람들로, 아이의 배고픔과 자신의 배고픔 중에서 어느 한쪽을 선택해야 하는 처지에 내몰려 있는 사람들이다.

반면, 절대적으로 풍요로운 선진국의 많은 사람들은 극단적인 허기를 채우기 위해서가 아니라 미각과 분위기를 충족하기 위해 음식을 선택하고, 추위로부터 몸을 보호하기 위해서가 아니라 자신을 표현하거나 과시하기 위해 옷을 선택하며, 더위와 추위를 피하기 위해서가 아니라 더 넓고 아늑한 공간, 더 나은 공기와 자연 환경을 위해서 집을 선택한다. 하지만 이 모든 것들은 그들의 삶의 조건에서 기본적인 부분을 차지할 뿐이며, 수시로 떠나는 해외여행이 주는 여유와 호화로운 삶은 그들에게 단조로운 일상이 되기까지 한다.

이처럼 우리가 살고 있는 지금의 지구는 극단적인 빈곤과 극단적인 풍요가 함께 거주하고 있는 공간이다. 이와 같은 비극적인 현실 앞에서 제기되고 있는 논쟁적 주제가 빈곤국 국민들에 대한 원조 문제이고, 이에 대해 비교적 적극적인 주장을 펼치고 있는 인물이 앞에서 몇 차례 언급되었던 실천 윤리학자 피터 싱어이다.

원조에 관한 싱어의 입장은 "가장 못 가진 자들의 생활수준을 향상시킬 수 있도록 재화를 분배하라(공정성의 원칙)."는 것이다. 그는 이것이 자신의 표현에 따르면, '선호 공리주의[관련된 모든 사람들의 선호도에 따른 최대의 순만족(the greatest net happiness)을 가져오는 것을 판단기준으로 삼음]'에 의해 정당화된다고 주장한다. 이에 따르면, 첫째 오염을 일으킨 원인자가 (책임을) 부담해야 한다. 만약에 이것이 일반 원칙이 된다면, 오염은 줄어들 것이고, 또 모두에게 이익이 될 수 있는 어떤

생활과 윤리: 20개 주제로 더 넓고 깊게 읽기

것을 망가뜨릴 수 있는 행동을 하는 데 그만큼 신중해질 것이다. 둘째, 공리주의자라면 종종 가장 가지지 못한 사람들에게 자원을 배분하자는 원칙을 지지할 것이다. 왜냐하면 이미 많은 것을 가진 사람에게 10만 원을 더 주었다고 해서 효용(만족)이 크게 늘지는 않지만(한계효용체감의 법칙), 가장 적게 가진 사람에게 같은 돈을 준다면 효용은 매우 클 것이고, 그만큼 빈곤에 의한 고통도 줄어들 것이기 때문이다. 그러므로 우리가 현명한 공리주의자라면, 일반적으로 자원을 가장 적게 가진 사람들을 선호하여 분배하는 것이 바람직하다고 생각할 것이다.

원조에 관한 그의 공리주의적 입장은 그가 『실천 윤리학』의 "원조의 책무", 그리고 『물에 빠진 아이 구하기』와 『세계화의 윤리』 등에서 들고 있는 같은 사례에서 수시로 표현된다. 학생들을 가르치러 가는 길에 크지 않은 연못에 빠져 있는 어린아이를 본 나는 그 상황에서 아이를 구할 수 있는 사람이 자신밖에 없다는 것을 알게 된다. 만약 내가 아이를 구하기로 결정한다면, 나의 옷은 모두 젖게 될 것이고, 학생들에게 약속한 강의 시간에 제때에 도착하지 못할 것이다. 하지만 내가 아이를 구하지 않는다면, 그 아이는 죽게 될 것이 분명하다. 이 경우 공리주의자는 물론, 반드시 결과주의자가 되지 않는다고 할지라도 아이를 구하는 것이 옳다는 주장에 동의할 것이다. 당연히 공리주의자라면 최악의 상황을 피하게 할 수 있는 힘이 나에게만 있고, 또한 그 행동을 함으로써 내가 해야 할 다른 도덕적으로 의미 있는 일(학생을 가르치는 일)이 아이를 구하는 일보다 더 중요한 일이 아니라면, 우리는 그 일을 반드시 해야 한다.

싱어는 이 사례를 통해 '아이'란 극단적인 빈곤에 시달리고 있는 빈곤국의 사람들을 의미하며, '나(우리)'는 선진국의 풍요로운 국민임을 암시하고 있다. 그리고 그 결론은 "그러므로 나(우리)는 절대적 빈곤(가장 가지지 못한 사람들)에 처한 사람들을 도와야 한다."는 것이다. 즉, 원조는 우리에게 윤리적 의무이며, 이것은 공리주의적 관점에서 도덕적으로도 정당하다는 것이다. 우리가 도덕적인 측면에서 중요한 일을 희생시키지 않고도 절대적 빈곤을 감소시키는 일을 할 수 있다면, 그것을 해야 한다는 논리이다. 이로써 원조는 우리 모두가 마땅히 해야 할 의무가 된다.

싱어는 원조를 해야 할 또 다른 공리주의적 논거로 '이익에 대한 동등한 고려의 원칙'을 제시한다. 즉, 모든 사람은 그가 누구든지 자신의 이익에 대해 동등한 배려를 받아야 한다는 것이다. 따라서 음식을 절실하게 필요로 하는 극단적인 빈곤에 처한 사람이 있다면, 그가 어디에 살든, 어떤 인종이든, 남성이든 여성이든 상관없이, 그는 우선적으로 배려받아야 한다. 그는 이미 동물 중심주의에서 성차별주의와 인종차별주의가 옳지 않다는 것을 지적했는데, 이에 따라 자신과 같은 지역에 살고 있는지, 아니면 자기와 같은 인종인지에 따라서, 즉 친화력의 정도에 따라서 어떤 사람은 먼저 돌보고 또 어떤 사람은 그다음 돌보는 것은 옳지 않다는 것이 그의 입장이다.

그렇다고 싱어도 지적하고 있듯이 이제 "지금부터 우리 모두가 세계의 모든 사람의 복지를 똑같이 책임져야 한다고 주장하는 것은 어리석은 일이다." 우리에게 원조의 의무란 "어떤 사람이 절대적 빈곤에 처해 있고, 다른 사람이 그것에 상당하는 도덕적으로 의미 있는 것을 희생하지 않고도 그를 도울 수 있을 때에만 적용된다." 따라서 "내가 도움을 주는 사람이 여기서 10㎞ 떨어진 곳에 있는 어려운 아이이든, 아니면 10,000㎞ 떨어진 곳에 있는 아이(이방인)이든 나에게는 도덕적으로 아무런 차이가 없다." 무엇보다 원조는 "우리가 국가적인 경계가 아니라, 하나의 세계라는 생각에 기초한 윤리"를 실천하는 것과 관련된 문제이다.

이처럼 세계 시민적 관점에서 원조를 주장하는 싱어는 묵자의 '겸애'와 '교리', 즉 보편적 사랑과 상호 이익을 인용한 다음, 원조에 반대하는 대표적인 몇 가지 논리에 대해 반박한다. 예를 들어 가까운 사람을 먼저 돌봐야 한다는 '친소 논리'에 대해서는 '편향된 애정에 기초한 것'으로 '이익에 대한 동등한 고려 원칙'에 위배된다고 비판한다. 또 노직과 같은 '소유권(재산권)' 논리에 대해서는 '자연적 우연성'을 강조하는 것으로 바람직한 윤리 기준이 될 수 없다고 반박한다. 그리고 더 이상 수용할 수 없을 만큼 가득 찬 '구명정(즉 지구)'의 수용능력을 무시하고 구호(즉 원조)의 요구를 받아들이게 되면 구명정 또한 가라앉을 것이기 때문에 자연적이고 생태적 해결 방법(기아, 질병)에 맡겨야 한다는 '삼분법' 논리에 대해서도 지구의 수용능력은 충분할 뿐만 아니라 선진국 국민의 육류 중심의 음식 문화가 더 큰 문제라고 비판한다.

이러한 비판에 기초해 그는 우리에게 '효율적 이타주의자'가 될 것을 제안한다. "효율적 이타주의는 매우 단순한 개념에 기초한다. 각자가 할 수 있는 범위 내에서 선(善)을 최대화하는 것이다. 지금은 남의 것을 훔치거나 남을 속이거나, 해치거나 죽이지 않는 기본 도덕률을 지키는 삶만으로는 부족하다. 적어도 물질적 풍요라는 행운을 누리는 사람들, 본인과 가족에게 의식주를 제공하고도 돈과 시간이 남는 사람들은 더욱 그렇다. '최소한도의 윤리적 삶'이란 남아 있는 것(잉여 재원)의 상당 부분을 더 나은 곳으로 바꾸는 데 쓰는 삶이다. '충분히 윤리적인 삶'이란 선의 최대화를 목표로 살아가는 삶이다." 따라서 우리가 효율적 이타주의가 된다는 말은 '비용-효과'를 고려해 자선 단체에 기부[1]하는 것이며, 이것은 자신의 삶에 의미를 부여하고 성취감을 얻는 한 가지 방법이란 점을 깨닫는 것이다. 나아가 효율적 이타주의자는 도덕적 경계를 확장하는 사람인데, 그것은 자신의 이익과 사랑하는 사람들의 이익을 넘어 모르는 낯선 사람들과 미래 세대, 그리고 동물의 권익까지 염려하는 사람이다. 그러므로 "효율적 이타주의자에게 선의 실천은 적선(積善)이 아닌 정의의 문제인 것이다."

> 부자가 가난한 사람을 도울 '의무(obligation)'가 있다는 것이
> 곧 빈곤한 사람이 부자인 사람으로부터
> 도움을 받을 '권리(right)'가 있다는 것을 의미하지는 않는다.
>
> – 노직

싱어의 '윤리적 의무로서 원조'라는 주장과는 반대로 원조를 '개인의 자율적인 선택'의 문제로 이해해야 한다는 입장이 있다. 노직은 자신의

---

1  싱어는 기부를 죄책감, 자기희생, 자기만족 개념으로 이해하지 않는다. 따라서 그것은 측은지심이나 자비, 기독교적 사랑이 아니다. 그것은 비용-효과를 엄격하게 분석하여 "개인이 세상의 고통을 줄이는 데 실질적으로 영향력을 행사하는 ('가장 효율적인') 방법"이다. 따라서 기부의 결과는 '고통의 최소화'와 '선의 최대한의 실현'이어야 한다. 싱어의 물음은 단호하다. 4만 달러로 한 명을 구할 것인가? 아니면 2천 명을 구할 것인가? 즉, 한 사람에게 제공할 안내견 한 마리를 훈련하는 데 드는 비용과 위생상태가 나쁜 저개발국의 2천 명을 실명의 위기로부터 구하는 데 드는 비용이 같다면, 이 돈을 어디에 쓰는 것이 효율적인가?

재산에 대한 절대적 소유권, 그리고 자유지상주의적 입장에 근거해 이런 논리를 전개한다. 세금 제도와 같은 강제적인 수단을 통해 부를 재분배하는 것에 반대하는 노직은 "부자가 가난한 사람을 도울 '의무(책무, obligation)'가 있다는 것이 곧 빈곤한 사람이 부자인 사람으로부터 도움을 받을 '권리(right)'가 있다는 것을 의미하지는 않는다."고 주장한다. 노직은 도움을 받는 사람의 권리를 주장하는 이런 이론은 '수혜자' 중심의 이론으로 롤스의 '차등의 원칙'과 통한다고 비판한다. 이런 이론은 자신의 재산에 대해 절대적 권리를 갖고 있는 한 개인이 갖는 권리, 즉 누구에게 무엇을 줄 것인가의 권리는 오직 자신이 결정한다는 원칙을 완전히 무시한다고 비판한다. 이런 원칙은 오직 수혜자의 역할과 권리에만 초점을 맞춘다는 것이다.

끝으로 이제 원조에 관한 평등주의 입장과 롤스의 입장을 간략히 살펴보자. 먼저, '전지구적 관점에서의 평등주의'를 주장하는 입장은 평등의 원칙을 국내 사회는 물론, 지구적 차원에도 그대로 적용해야 한다고 주장한다. 이들은 선진국의 복지 정책이 빈곤을 제거하는 것에만 한정되지 않고, 불평등을 완화시키는 것까지 목표로 하고 있는 것처럼, 원조 또한 이와 같은 평등의 원칙을 국제적 차원까지 확대해 적용해야 한다고 주장한다. 이들의 논리에 따르면, 인간의 삶은 '우연적인 요인' 때문에 불이익을 당해서는 안 되며, 국적이나 시민권에 의해 결정되어서도 안 된다는 것이다. 따라서 우리가 "중세적인 불평등에 반대해야 하는 것처럼, 국적에 따라 기회를 불평등하게 분배하고 있는 국제 질서에 대해서도 반대해야 한다."고 주장한다.

원조의 목적은 고통받고 있는 사회가 자신의 문제를
합리적이고 정의로운 방식으로 관리할 수 있도록 도와줌으로써
최종적으로 질서 정연한 국제 사회의 구성원이 되도록 하는 것이다.

– 롤스

그런데 원조에 관한 평등주의 논리는 국내 문제와 국제 문제를 구분하지 못한다는 비판과 함께 현실적으로도, 그리고 규범적으로도 바람직하지 않다는 비판을 받는데, 이에 대해 적극적인 반대론을 펼치는 인물이 『정의론』의 저자인 롤스이다. 그는 『만민법』에서 "(질서 정연한 체제의) 만민은 정의롭거나 적정 수준의 정치 체제와 사회 체제의 유지를 저해하는 불리한 조건 아래에서 살고 있는 다른 만민을 원조할 의무(즉, 도와야 할 의무)가 있다."고 말한다.[2] 따라서 원조의 목적은 정치나 문화적 전통이 초래하는 불리한 여건들 때문에 고통받고 있는 사회의 체제나 구조를 개선하도록 도와줌으로써 그들 사회가 '질서 정연한 체제'가 되도록 도와주는 데 있다.[3] 즉, 원조는 고통을 겪고 있는 사회가 자신의

---

2    롤스는 자유주의 국민들 상호 간에 합의하고 지켜야 할 정의의 원칙으로 여덟 가지를 제시한다.
     (1) 만민은 자유롭고 독립적인 존재다. 이들의 자유와 독립성은 다른 국민에 의해 존중되어야 한다. (2) 만민은 조약과 약속을 준수해야 한다. (3) 만민은 평등하며 자신들을 구속하는 약정에 대한 당사자가 된다. (4) 만민은 불간섭의 의무를 준수해야 한다. (5) 만민은 자기 방어의 권리를 갖는다. 그러나 자기 방어 이외의 이유로 전쟁을 일으킬 수 있는 권리를 가지지 못한다. (6) 만민은 인권을 존중해야 한다. (7) 만민은 전쟁 수행에 있어 특별히 규정된 제약 사항들을 준수해야 한다. (8) 만민은 정의롭거나 적정 수준의 정치사회 및 사회체제의 유지를 저해하는 불리한 여건 아래 살고 있는 다른 국민들을 도와줄 의무가 있다.

3    롤스는 국제 사회를 구성하는 개별 사회 또는 국민들의 형태를 ① 자유주의 사회 또는 국민, ② 비자유주의적 사회이지만 적정 수준의 사회(또는 국민), ③ 무법국가, ④ 불리한 여건의 사회, ⑤ 자애적 절대주의 체제로 분류한 다음, ①의 합당한 자유주의 사회와 ②의 적정 수준의 사회의 국

일을 스스로 적절하고 합리적으로 처리할 수 있도록 도와주는 것과 관련된다.

롤스에게 원조의 목적이 "고통받고 있는 사회가 자신의 문제를 합리적이고 정의로운 방식으로 관리할 수 있도록 도와줌으로써 최종적으로 질서 정연한 국제 사회의 구성원이 되도록 하는 것"이기는 하지만, 원조의 범위는 매우 제한적이다. 왜냐하면 원조가 평등주의자들처럼 지구적 차원의 불평등을 완화시키거나 감소시키는 것을 목표로 하지는 않기 때문이다. 즉, 국가 간 경제적 격차를 줄인다거나 모든 사람들에게 기회의 평등을 보장하려는 것이 아니다. 롤스는 기본적으로 원조의 정치적 차원을 중시한다. 예를 들어, 원조는 고통을 겪고 있는 사회 체제가 민주화나 법치주의를 확립할 수 있게 되어 그 사회가 일정한 수준에 도달하게 되면, 다시 말해 자유와 평등, 인권을 확립하여 '질서 정연한 사회'가 되면, 또는 "그들 스스로 자신들이 어떤 방향으로 나가야 할지를 결정할 수 있는 단계에 이르게 되면", 그 지점에서 원조의 의무는 사라진다.

이렇게 볼 때 원조란 고통받는 사회 체제가 질서 정연한 사회로 '이행'하도록 하는 것에 국한된다. 원조에 관한 롤스의 이런 생각의 바탕에는 원조를 필요로 하는 나라들이 어려움에 처하게 된 가장 중요한 이유가 그들 나라의 '정치 문화'에 있다고 보았기 때문이다. 따라서 부존자원이

민들을 '질서 정연한 국민들(peoples)'로 간주한다. 질서 정연한 사회란 국민들의 기본적 인권이 존중되고, 정치적 결정 과정에 의미 있는 역할을 하는 사회이다. 또 ③의 무법 사회는 기본적 인권이 존중되지 않는 불리한 여건의 사회이고, ⑤의 자애적 절대주의 체제는 인권은 존중되나 정치적 결정 과정에 구성원들의 의미 있는 역할이 거부되기 때문에 질서 정연한 사회로 분류하지 않는다.

부족한 나라라 할지라도 "적절하고 합리적으로 조직되고 통치되기만 하면" 얼마든지 '질서 정연한 사회'가 될 수 있다고 보았던 것이다. 따라서 각 나라들에 대한 원조는 각 나라들이 처해 있는 상황이 다르므로 다르게 이루어져야 한다.

그런데 롤스는『정의론』에서 "누구도 정의의 원칙을 선택할 때 자연적인 기회나 우연적인 사회 환경에 의한 결과 때문에 이익을 누리거나 불이익을 당해서는 안 된다."고 강조했다. 하지만 지금 원조에 관한 자신의 이론에 대해서는 어떤 사람이 우연히 어떤 지역(국경 구분에 의한 어떤 나라)에 살게 되었는지의 문제는 관심사가 되지 않는다고 말한다. 다시 말해, 그에게 원조의 의무는 자유롭거나 적정한 체제를 확립하려고 애쓰는 민족들을 돕는 기획의 차원에서 성립하는 것이다. 이 때문에 싱어는 롤스의 원조에 관한 이론이 "굶어 죽어 가고 있거나 '기본적인 필요'도 만족시킬 수 없는 개인들을 도울 의무"를 말하지 않는다고 비판한다. 한마디로 자신의 차등의 원칙을 원조의 원칙으로 확장하지 않는다는 것이다.

# 배아, 인공임신중절, 뇌사와 장기이식, 우생학을 바라보는 몇 가지 시선

## PART 20

### 마이클 샌델
배아를 반드시 인격인 인간과 동격으로 간주해야만 존중할 수 있는 것은 아니다.
그리고 배아를 단순한 사물로 취급해서는 안 된다는 생각이
배아가 인격체라는 점을 증명하지는 못한다.
또 인격체라는 사실만이 존중을 위한 유일하고 정당한 근거가 되는 것도 아니다.

### 로널드 드워킨
거의 모든 사람들은 명백하게 혹은 직관적으로 인간 생명은
모든 사람에게 객관적이고
독립된 인격적 가치를 가지고 있다는 생각을 공유하고 있으며,
그 공유된 생각에 대한 올바른 해석에 있어서 의견이 일치하지 않는다는 것이
낙태 논쟁의 실질적인 핵심이다.

### 피터 싱어
왜 사람들은 뇌사가 실제 죽음이라는 것을 거부하는가?
가능한 하나의 설명은 사람들이 뇌사가 죽음이라는 것을 알고 있다 할지라도
그것이 너무 어려워서 죽음에 대한 진부한 사고방식을 버릴 수 없다는 것이다.
다른 하나의 설명은 뇌사가 실제 죽음이 아니라는 것을 알 수 있기 때문에
아무도 뇌사를 믿지 않는다는 것이다.

**칸트**

자신을 임의의 목적을 위한 한갓된 수단으로 처리하는 것은
그 인격에서의 인간성의 존엄을 실추시키는 것이다.
자기의 불가결한 기관 일부를 빼앗는 일,
예컨대 다른 사람의 턱뼈에 이식하기 위해서,
치아 하나를 선물한다거나 파는 일 등이 그러하다.

**하버마스**

사물화를 통해서도
우리는 여전히 우리 자신을 우리의 삶의 유일한 저자로서 이해하고,
다른 모든 인격체를 예외 없이 평등한 인격체로 인정할 수 있을까?

배아를 반드시 인격인 인간과 동격으로 간주해야만 존중할 수 있는 것은 아니다.

그리고 배아를 단순한 사물로 취급해서는 안 된다는 생각이

배아가 인격체라는 점을 증명하지는 못한다.

또 인격체라는 사실만이 존중을 위한 유일하고 정당한 근거가 되는 것도 아니다.

– 마이클 샌델

생명 과학 기술의 발달은 배아[1]의 도덕적 지위에 대한 논쟁을 촉발했다. 왜냐하면 우리들 중 어느 누구나 한번은 배아였던 시기가 있었는

---

1    수정 후 약 2주에서 8주 사이의 개체로 수정란이 세포 분열을 시작한 후 하나의 완전한 개체가 되기 전까지의 발생 초기 단계를 의미한다. 한편, 배아 복제는 배아 줄기세포를 얻기 위해 복제 후 배아 단계까지만 발생을 진행시키는 것이다. 연구와 치료 목적의 배아 복제에 찬성하는 입장에서는 배아가 아직 인간이 아니고, 단지 세포 덩어리일 뿐이라는 점을 강조한다.

데, 이는 배아를 어떤 관점에서 보느냐에 따라 잠재적 인간으로 볼 수 있는 반면, 단순한 세포 덩어리인 포배로도 볼 수 있게 하기 때문이다. 또 복제 배아를 이용한 줄기세포 연구가 난치병 치료에 기여할 것이라는 긍정적 기대에도 불구하고, 배아라는 생명의 파괴를 수반하는 도덕적 문제가 함께 존재한다는 점도 인간 배아 복제 연구로부터 제기되는 중요한 윤리적 쟁점이다.

이 문제를 더 잘 이해하기 위해 우선, 줄기세포를 추출해내는 배아에 대한 이해가 필요하다. 무엇보다 배아는 아직 인간의 특성(모습)이나 형태를 갖고 있지 않기 때문에 태아가 아니며, 여성의 자궁에 착상되어 자라는 배아도 아니다. 여기서 말하는 배아는 세포 덩어리(약 180-200개)인 포배로 우리가 눈으로 겨우 관찰할 수 있고, 배양 접시에서 자라고 있는 복제 배아다. 또 포배는 세포들이 아직 분화하기 이전 단계이기 때문에 신장이나 근육, 척수처럼 특정한 신체 조직이나 기관의 특성을 갖지는 않는다. 따라서 적절하게 배양하면 어떠한 종류의 세포로도 발달할 수 있는 가능성(줄기세포)[2]을 갖고 있는데, 바로 이 때문에 도덕 윤리적 논쟁이 발생하며, 또 줄기세포를 추출하기 위해서는 포배를 파괴해야 한다는 점도 중요한 윤리적 쟁점이다.

복제 배아의 도덕적 지위를 주장하는 사람들은 복제 배아가 인간과 동일한 유전자를 갖고 있음을 지적한다. 즉 복제 배아를 여성의 자궁에 착상하면 태아로 성장할 것이기 때문에 인간으로 간주해야 한다는 주장

---

[2] 특정한 조직이나 다양한 조직의 세포로 분화할 수 있는 능력을 지닌 세포를 말한다. 즉 신장이나 근육 등 여러 종류의 신체 조직으로 분화할 수 있는 능력을 지닌 세포이다.

이다. 이에 따르면, 복제 배아를 파괴하는 줄기세포 연구는 인간의 존엄성에 대한 훼손과 같은 의미를 지니게 된다. 이와 관련해 배아의 도덕적 지위를 주장하는 몇 가지 논거들이 있다. 먼저, 배아는 인류라는 종(種)을 이루는 구성원이며, 발달 과정을 거쳐 도덕적 주체가 될 수 있다는 것이다(종 구성원 논거). 또 배아는 인간과 동일한 유전적 특성을 갖고 있기 때문에 이와 같은 '동일성'에 근거해 배아는 도덕적 지위와 존중의 대상이 된다는 주장이다(동일성 논거). 다음으로 배아는 인간으로 성장할 잠재성을 지닌 잠재적 인간이므로 도덕적 지위를 갖는다는 주장이다(잠재성 논거). 마지막으로 배아와 배아가 아닌 태아의 단계를 구분 짓는 명확한 구분선(경계선)을 확정할 수 없으며, 이 모든 발달 과정은 인간이 되어가는 일련의 연속적인 발달 과정이므로 도덕적 지위를 지닌다는 주장도 있다(연속성 논거).

하지만 복제 배아를 인격인 인간으로 간주해야 한다는 주장이나 복제 배아의 도덕적 지위를 주장하는 논거에는 함정이 있다. 우리 모두가 한때 '배아'였다는 점은 맞지만, 그렇다고 우리들 중 누구도 '복제 포배'였던 적은 없었다는 점 때문이다. 따라서 '배아'를 이용한 줄기세포 연구와 '복제 배아'를 이용한 줄기 세포는 구분되어야 할 필요가 있다. 즉 연구용 복제 배아(생물학적 인공물)와 자연적 배아를 구분할 필요가 있는 것이다. 또 다른 비판은 '잠재적 인간'이 곧 '현실의 인간(인격)'은 아니라는 것이다. 도토리는 잠재적으로 참나무이지만, 그렇다고 도토리가 곧 성장한 참나무인 것은 아니다. 마찬가지로 잠재성을 근거로 하는 발달 과정의 연속성이 배아를 곧 인간으로 규정짓지는 못한다.

마이클 샌델은 '배아와 인간을 동일시'하는 주장을 비판하면서도, 배아가 인간의 목적을 위해 언제나 수단으로 이용되더라도 도덕적으로 문제되지 않는다는 주장에 대해서 비판하는 독창적 견해를 제시한다. 그는 "배아는 불가침의 권리를 지닌 존재(인격)도 아니지만, 그렇다고 우리가 마음대로 사용해도 좋은 대상도 아니다. 또 배아를 인간 존재와 동격으로 간주해야만 배아를 존중할 수 있는 것도 아니다."라고 주장한다. 그는 자신의 주장을 오래된 메타세쿼이아 나무에 빗대어 다음처럼 설명한다. 즉 오래된 메타세쿼이아가 존중받는 이유는 그것이 인격체는 아니지만, 우리가 그것을 경외할 만한 아름다운 자연물로 대하며 그것의 가치를 인정하기 때문이다. 따라서 그것을 존중하는 것과 그것을 가치 있게 사용하는 것은 양립할 수 있다. 배아 또한 인격체는 아니지만, 경외할 만한 자연물로서 그 가치를 인정하면서, 치료 증진이라는 고귀한 목적을 위해 사용할 수 있다. 인간 존재와 동일한 인격으로 여겨야만 그것을 존중할 수 있는 것은 아니다. 그는 우리가 생명(삶)을 선물로 인식함으로써 이것에 대해 경외감을 가질 수 있고, 인간의 무분별한 사용을 제한할 수 있을 것이라는 독창적 견해를 제시한다.

거의 모든 사람들은 명백하게 혹은 직관적으로
인간 생명은 모든 사람에게 객관적이고
독립된 인격적 가치를 가지고 있다는 생각을 공유하고 있으며,
그 공유된 생각에 대한 올바른 해석에 있어서
의견이 일치하지 않는다는 것이 낙태 논쟁의 실질적인 핵심이다.

– 로널드 드워킨

오늘날 인공임신중절(낙태)만큼 논란이 많은 윤리적 문제도 없다. 찬반 논변의 저울추는 이쪽저쪽으로 흔들려 왔지만, 어느 쪽도 상대편을 설득시키는 데 큰 성공을 거두지 못했다.[3] 일반적으로 인공임신중절이란 자연 유산과 달리 태아의 생명 활동을 인위적인 수단을 동원해 강제로 박탈하거나 의도적으로 중단시키는 행위이다. 그런데 인공임신중절은 '태아'가 여성의 몸 안에서 활동하고 있는 인간 생명이라는 특수한 지위 때문에 지금도 보편적 합의가 어려운 대표적인 사회적 도덕 문제 중의 하나이다. 응용 윤리학자인 피터 싱어는 인공임신중절을 보수주의와 자유주의의 입장으로 구분해 검토한다.

보수주의적 입장은 태아와 아이 모두 하나의 '인간'이며, 따라서 인간과 동일한 도덕적 지위를 부여받는다고 주장한다. 또 수정란에서 태아와 아이에 이르는 모든 과정은 하나의 연속적인 과정이며, 인간이라는 완전성에 이르는 점진적 과정이라고 주장한다. 따라서 아이를 죽이는 것이 살인이듯이 태아를 죽이는 것도 살인 행위라고 주장한다. 즉 태아와 인간 사이에는 명확한 경계를 구분할 수 있는 선이나 시점이란 존재할 수 없다는 것이다.

이에 대해 싱어는 인공임신중절을 비판하는 보수주의의 논리 구조[4]에서 선결되어야 할 중요한 문제가 있다고 비판한다. 그것은 그들이 강

---

3　우리나라는 2019년 4월 헌법재판소가 낙태죄 헌법불합치 판결을 내렸고, 2021년 1월 1일부로 낙태죄 처벌 조항[형법(제269조 및 제270조)]은 폐기됐다. 하지만 이를 대체할 법안은 아직까지 마련되어 있지 않다.

4　싱어는 보수주의의 논리 구조를 다음과 같은 삼단 논법으로 정리한다.　첫 번째 전제: 죄 없는 인간을 죽이는 것은 그릇된 일이다.　두 번째 전제: 인간의 태아는 죄 없는 인간이다.　결론 : 그러므로 인간의 태아를 죽이는 것은 그릇된 일이다.

조하는 '인간'이라는 용어의 뜻이 '호모 사피엔스라는 종의 구성원'이라는 것인지, 아니면 '자의식을 지닌 합리적 인격체'라는 것인지를 명확히 해야 한다는 것이다. 만약 호모 사피엔스라는 종의 구성원이라는 뜻이라면, 인공임신중절을 해서는 안 되는 이유가 단지 자신과 같은 종(種)에 속하는 구성원이기 때문이라는 것이 된다. 그렇게 되면 보수주의 입장은 종 차별주의라는 비판을 받게 될 것이다. 반면 합리성과 자의식을 지닌 인격체를 의미하는 것이라면, 논리적 모순에 빠지게 된다. 왜냐하면 태아는 합리성과 자의식을 지닌 인격체가 아니기 때문이다.

보수주의와 반대로 여성의 인공임신중절 권리를 주장하는 자유주의 입장은 태아와 아이의 경계선을 찾아 여성의 자율적 선택권을 정당화하려고 노력한다. 이 입장은 여성이 자신의 몸에서 일어나는 일에 대해 스스로 통제할 권리를 갖는다고 주장한다. 이들이 찾는 경계선은 주로 태동, 체외 생존 가능성, 의식의 시작, 출생시점 등이다. 태동(태아의 움직임)은 산모가 태동을 느끼기 이전부터 태아는 이미 움직이고 있었기 때문에 태동이 경계 시점이라는 주장은 설득력이 없다. 체외 생존 가능성은 태아가 산모의 몸 밖에서 생존할 가능성을 말하는데, 이 또한 의학기술 발달로 최근에는 6개월이 안 된 태아도 생존할 수 있기 때문에 언제든지 바뀔 수 있다.[5] 수정 후 6~7주 정도가 지나면 감각 능력이 형성된다는 연구 결과[6]에 기초할 때 의식이 시작되는 지점을 인공임신중

---

5   1973년 미국의 연방 대법원은 '로 대 웨이드(Roe vs. Wade) 사건'에서 체외 생존 가능성을 근거로 임신 6개월 내에는 산모가 인공임신중절을 할 헌법적 권리를 가진다는 판결을 내렸다.
6   일반적으로 18~25주 사이에 의식과 관련된 신경 전달 체계가 형성되는 것으로 본다.

절의 경계 시점으로 삼기에는 어려움이 있다. 끝으로 출생은 실제로 확인할 수 있는 인간의 모습이기 때문에 태아와 인간의 가장 명확한 구분 시점이 될 수 있다. 하지만 출생 시점을 기준으로 인공임신중절 권리를 주장하는 것은 매우 위험해 보인다. 왜냐하면 6개월 밖에 안 된 조산아는 죽이면 안 되지만, 8개월이 지난 태아는 죽여도 되는 모순이 발생하기 때문이다. 결국 보수주의 논증을 비판하면서 인공임신중절 권리를 주장하기 위해 의미 있는 구분 시점을 찾으려는 자유주의의 노력 또한 한계가 있음을 알 수 있다.

철학자 톰슨(J. J. Thomson)은 "인공임신중절의 옹호(1971)"라는 논문에서 여성주의에 기초하여 인공임신중절 권리를 주장했다. 그녀는 본인 의사와 상관없이 납치된 어떤 사람이 깨어나 보니 자신이 유명한 바이올리니스트 환자와 연결된 채 자신의 혈액을 그 환자에게 9개월 동안 투석해야 하는 가상 상황을 예로 든다. 여기서 납치된 사람은 원치 않은 임신을 한 여성, 바이올리니스트는 태아를 상징한다. 그녀는 납치된 사람이 9개월 동안 침대에 누워 투석을 허용한다면, 그것은 영웅적인 행위일 수는 있을지 모르지만, 그 음악가를 도와야 할 도덕적 의무가 그에게 있는 것은 아니라고 주장한다. 또 그 음악가가 생명권을 갖는다고 해도, 그에게 위와 같은 행위를 요구할 어떤 권리도 없다고 주장한다. 톰슨은 태아의 생명권 자체에도 회의적이지만, 이러한 비유를 바탕으로 여성은 자기방어를 위해 인공임신중절 권리를 갖는다고 주장한다.

지금까지의 논의에 더하여 인공임신중절에 관한 입장을 정리해 보면, 인공임신중절에 반대하여 태아의 생명을 옹호하는 '생명 옹호주의(pro-life)'는 (1) 연속성 논거('인간'이라고 정의할 시점을 규정할 수 없기 때문에 수정이 이뤄지는 순간부터 인간으로 보아야 한다.), (2) 존엄성 논거(태아를 인간으로 보고 인간의 존엄성을 보호해야 한다.), (3) 살인 금지 논거(태아는 죄 없는 인간이기 때문에 태아를 죽이는 것은 살인에 해당한다.), (4) 잠재성 논거(태아는 수정 후부터 성인으로 성장할, 또는 의식 능력을 지닌 인격으로 발달할 잠재성을 지닌 인간이다.), (5) 종의 구성원 논거(태아는 인류라는 종의 구성원이다.), (6) 정체성(또는 동일성) 논거(태아는 태어나기 이전부터 이미 고유한 정체성을 지니고 있다.)를 제시하면서 인공임신중절을 반대한다.

인공임신중절을 선택할 여성의 권리를 옹호하는 '선택 옹호주의(pro-choice)'는 (1) 소유권 논거(여성은 자기 몸에 대해 소유권을 갖기 때문에 몸의 일부인 태아에 대해 처분권도 갖는다.), (2) 생산 논거(생산자인 여성은 생산물인 태아에 대해 결정권을 갖는다.), (3) 자율성 논거(자율적 삶에 관한 여성의 권리는 태아에 대해서도 자유롭게 결정할 권리를 포함한다.), (4) 평등권 논거(여성과 남성은 평등하며 이는 인공임신중절 권리에도 적용된다.), (5) 정당방위 논거(여성은 자기방어의 권리를 갖기 때문에 상황에 따라 태아에 대한 결정권도 갖는다.)에 근거하여 인공임신중절 권리를 주장한다.

로널드 드워킨(Ronald Dworkin)은 인공임신중절에 대한 반대를 '파생적 반대'와 '독립적 반대'로 구분한다. 파생적 반대는 그것이 모든 인간이 갖는 권익이 존재하고 태아도 이를 가지고 있다고 전제하고 이 전제로부터 인공임신중절 반대를 도출하기 때문이다. 이와 달리 독립적 반대는 인공임신중절은 생명의 단계와 형태가 어찌되었건 인간 생명의 내재적 가치, 즉 신성성을 무시하고 모독하기 때문에 원칙적으로 나쁘다는 것이다. 드워킨에 의하면 인공임신중절 논쟁의 핵심은 독립적 반대와 관련된다. 즉 거의 모든 사람들이 직관적으로 인간 생명이 객관적이고 독립된 인격적 가치를 가지고 있다는 생각을 공유하고 있지만, 그 공유된 생각에 대한 올바른 해석에서 의견이 일치하지 않는다는 것이다.


> **왜 사람들은 뇌사가 실제 죽음이라는 것을 거부하는가?**
> **가능한 하나의 설명은 사람들이 뇌사가 죽음이라는 것을 알고 있다 할지라도**
> **그것이 너무 어려워서 죽음에 대한 진부한 사고방식을 버릴 수 없다는 것이다.**
> **다른 하나의 설명은 뇌사가 실제 죽음이 아니라는 것을 알 수 있기 때문에**
> **아무도 뇌사를 믿지 않는다는 것이다.**
>
> – 피터 싱어


1968년 5월 미국 버지니아 주에서 흑인 노동자 브루스 터커(Bruce Tucker)가 공장에서 추락해 머리에 중상을 입었다. 터커는 병원으로 옮겨져 뇌수술을 받고 인공호흡기로 생명을 유지하고 있었는데, 당시 병원에는 심장이식 수술을 기다리고 있는 환자 조셉 클렛(Joseph Klett)이 입원하고 있었다. 터커는 뇌파 검사 결과 뇌 기능을 완전히 상실한 '뇌사' 판정을 받았다. 터커의 담당 의사는 그가 소생할 가능성이 전혀 없어 죽음에 임박했다고 판단하고, 그를 수술실로 옮겨 심장과 양쪽 콩팥을 제거하는 수술을 했다. 인공호흡기를 제거한 5분 후 터커에게 죽음이 선고되었고, 심장은 클렛에게 이식되었다. 의사들은 그의 동생 전화

번호를 알고 있었는데도 보호자의 동의 없이 일방적으로 심장을 제거했다. 이 사실을 알게 된 터커의 동생은 담당 의사를 상대로 소송을 제기했지만, 버지니아 법원은 뇌사와 죽음을 동일시하여 의사에게 유리한 판결을 내렸다.

이 사건으로 뇌사 문제에 대한 사회적 관심과 윤리적 논쟁이 시작되었다. 전통적으로 죽음의 기준이 되어왔던 '심폐사' 대신 뇌사를 죽음의 기준으로 적용하고, 의사가 환자의 장기를 동의 없이 임의로 적출했기 때문이다. 죽음이란 죽어가는 과정 중의 어느 한 시점에서 일어난다. 이에 따라 '어느 한 시점'을 죽음의 기준으로 삼느냐에 따라 심폐사와 뇌사로 구분한다. 심폐사는 심장이나 폐의 기능이 불가역적으로(돌이킬 수 없이) 완전히 정지된 상태를, 뇌사는 뇌(대뇌, 소뇌, 뇌간)[7]의 기능이 불가역적으로 완전히 정지된 상태를 죽음의 기준으로 삼는다. 심폐사가 전통적인 죽음의 기준이었다면, 뇌사는 의학기술의 발달과 함께 새롭게 제시되고 있는 죽음에 대한 실용적 판단 기준이다.

뇌사에 찬성하는 사람들은 신체의 각 기관과 장기들이 중앙의 뇌에 의해 조정되지 못하여 더 이상 전체로서의 통합된 기능을 할 수 없다면, 인격체로서 인간은 이미 존재하지 않기 때문에 실질적인 죽음으로 봐야 한다고 주장한다. 더 이상 자율성에 기초한 주체적인 판단과 체험, 반응 및 행동을 할 수 없으므로 인격체가 아니라는 것이다. 뇌사는

---

7　대뇌는 운동과 감각을 지배하는 중추 신경이 있는 곳으로 기억, 사고, 의지, 정서, 언어와 같은 정신 활동이 이루어지는 기관이다. 소뇌는 운동 조절 중추가 있는 곳으로 몸의 평형을 유지하고, 운동을 원활하게 해주는 기능을 담당한다. 뇌간은 몸의 모든 장기 기능을 통합 조절하는 신경 중추와 반사 중추가 있는 곳으로 의식을 유지하는 중심이 된다. 특히 생명 유지에 가장 중요한 호흡과 순환의 중추가 있는 곳도 뇌간이다.

심장, 간, 폐, 췌장처럼 중요한 장기를 적출하여 그것을 필요로 하는 사람에게 이식할 수 있는 유일한 방법이기 때문에 실용적 이익의 관점에서 적극 주장되고 있다. 또 뇌사자의 생명 연장을 위해 많은 비용이 드는 상황에서 뇌사는 환자 가족의 경제적 부담을 줄이기 위한 현실적 선택이라는 주장도 있다.

하지만 뇌사를 반대하는 사람들은 비록 뇌가 신체의 중요한 일부이기는 하지만, 생물학적인 의미의 개체, 즉 한 개인이란 각각의 요소들이 통합된 조직체로서 신체이기 때문에 신체의 일부분인 뇌만을 가지고 죽음의 기준으로 삼아서는 안 된다고 주장한다. 뇌사를 반대하는 입장은 주로 세 가지 문제, 즉 ① 죽음 개념의 문제, ② 의학적 문제, ③ 윤리적 문제를 근거로 뇌사를 죽음의 기준으로 삼아서는 안 된다고 주장한다.

첫째, 죽음 개념의 문제는 뇌사가 (불가역적이라 하더라도) 결코 인간 개체의 완전한 죽음을 의미하는 것이 아니라는 것이다. 뇌사 반대 입장에 의하면 뇌사자는 '죽은 사람'이 아니라 '죽어가고 있는 사람'이다. 따라서 만약 뇌사를 죽음의 기준으로 받아들이게 되면, 자율성이나 의식 능력은 없지만 아직 살아 있는 존재를 생명으로 인정하지 않는 모순된 결과를 받아들여야 한다. 뇌사 반대자들은 뇌사란 죽음의 진행 과정에 존재하는 과도기적 상태이며 인간은 뇌라는 한 부분으로 제한될 수 없다고 주장한다. 뇌의 기능은 의식의 주체에 봉사하지만, 그렇다고 그 의식의 주체인 인간 그 자체는 아니라는 것이다.

둘째, 뇌사의 의학적 문제는 뇌사 진단이 항상 오진의 가능성이라는 위험을 동반한다는 것이다. 의식을 잃고 인공호흡기에 의존하는 중증 뇌손상 환자의 경우 모든 뇌기능이 정지되었는지에 대한 정확한 진단이 불가능하며, 이 경우 동공이 빛에 반응하는지, 자발적 호흡 및 반사작용이 정지했는지가 확실한 죽음 기준이 될 수 없다. 뇌파 측정 또한 사망 확인에서 결정적인 뇌간의 활동이 아니라 대뇌피질의 활동만 살피는 것이므로 사망 확인을 위해 불충분하며, 충분한 확인을 위한 다른 진찰 방법, 가령 환자의 뇌혈관에 높은 압력으로 조영제를 주사하여 뢴트겐으로 촬영하는 방법 등은 아직 살아 있을 수도 있는 사람의 신체적 불가침성을 해치는 위법 행위일 수 있다.

끝으로, 윤리적 문제는 뇌사와 관련된 논의가 죽음의 새로운 기준이라는 미명 아래 현실적으로 장기 이식을 염두에 둔 경우가 대부분이라는 점과 관련된다. 요나스(H. Jonas)는 『기술 의학 윤리』에서 뇌사 개념이 이식을 위한 장기를 확보하기 위해 고안된 것이며, 뇌사 진단은 사망 시간을 임의적으로 정하는 것을 의미할 뿐이라고 비판한다. 뇌사의 윤리적 문제는 뇌간사보다 대뇌사를 주장하는 경우에 더욱 심각하다. 대뇌사는 인간 및 인격체의 기준을 고등 정신과 이성 능력에만 두어, 뇌간의 일차적 생명 유지(호흡과 순환) 기능을 중요하게 고려하지 않기 때문이다. 이것은 마치 자연을 죽은 것, 또는 자동 기계와 동일시했던 근대 서구의 기계적 자연관을 기계적 인간관으로 바꾸어 놓은 것으로 보인다. 근대 서구인들이 의식이 없는 자연에 대한 인간의 이용과 지배를 당연시했던 것처럼, 오늘날의 뇌사 또한 의식이 없는 인간 존재를 기계적 자연으로 해석하고, 이것으로부터 의식이 있는 환자의 욕구를 충족하기 위해 뇌사자의 장기를 적출하려는 의도를 지닌 것으로 보인다.

자신을 임의의 목적을 위한 한갓된 수단으로 처리하는 것은
그 인격에서의 인간성의 존엄을 실추시키는 것이다.
자기의 불가결한 기관 일부를 빼앗는 일,
예컨대 다른 사람의 턱뼈에 이식하기 위해서,
치아 하나를 선물한다거나 파는 일 등이 그러하다.

– 칸트

장기 이식이란 질병이나 사고로 손상된 조직이나 장기를 치료하기 위해 건강한 다른 조직이나 장기를 이식하는 행위이다.[8] 장기 이식은 뇌사자나 기증자의 생체에서 건강한 장기를 추출하여 치료가 불가능한 말기 환자들의 장기를 대체하는 기술로서 지속적 발전을 거듭하고 있다. 또한 이식된 장기로 인한 거부 반응이 일어나지 않도록 새롭고 향상된 면역 억제제가 개발되어 장기 이식의 성공률도 높아지고 있다. 전통적인 심폐사 기준에 입각해 심폐 기능이 정지될 때까지 기다린다면, 대부분의 장기는 이식에 사용될 수 없다. 뇌사자 수는 연간 사망자 수의 1% 정도이고, 그 중 장기 이식이 가능한 수는 약 20% 정도로 추산된다. 수많은 사람들이 장기 이식을 기다리다가 죽어가는 현실을 고려한다면, 전통적인 심폐사 기준은 더 이상 현실적인 대안이 아닌 것으로 보인다. 뇌사 상태에서 기증할 수 있는 장기로는 신장, 간장, 췌장, 심장, 폐,

---

8　장기 이식의 종류에는 자기 신체의 일부를 신체의 다른 부분으로 이식하는 '자가 이식(autograft)', 한 개체의 신체의 일부를 같은 종의 다른 개체에 이식하는 '동종 이식(allograft)', 그리고 한 개체의 신체 일부를 다른 종에 속한 개체에 이식하는 '이종 이식(xenograft)' 등이 있다.

각막 등이 있다.

장기 이식은 여러 가지 윤리적 의의를 갖는다. 첫째, 뇌사자는 자신의 장기를 불치병 환자들에게 제공함으로써 인간의 생명을 구할 수 있다. 따라서 장기 이식은 자기희생을 통해 인류애의 보편적 가치를 실현하는 방안이 된다. 둘째, 장기 이식은 장기의 기증자와 수혜자가 반드시 일방적으로 구분되지는 않는다. 즉 누구나 수혜자가 될 수 있고, 누구나 기증자가 될 수 있다. 따라서 장기 이식은 공동체 의식을 고양하고 연대성을 강화하는 효과적인 수단이 될 수 있다. 셋째, 장기 이식은 인간의 생명을 구하고 건강을 회복시켜 줌으로써 인간의 삶의 질을 개선하여 준다. 넷째, 장기 이식은 고통 받고 있는 환자에게는 치료의 기쁨을 주고 기증자에게는 생명을 살리는 이타적 행위에 따르는 기쁨을 줄 수 있다.

그러나 장기 이식과 관련해서는 다양한 윤리적 문제가 제기될 수 있다. 첫째, 장기 기증자의 자율성 보장 문제가 있다. 이는 장기 기증자에게 충분한 정보를 제공하고 동의를 받아야 한다는 점, 그리고 가족 중 누군가 장기 이식을 받아야 할 경우 다른 가족 구성원이 무언의 압력을 받을 수 있다는 점 등과 관련된다. 장기 기증은 강제성을 띠어서는 안 되며 자유 의지에 따른 것이어야 한다. 사회적 이익을 추구한다는 명목으로 인간의 자유와 존엄성이 침해받아서는 안 된다. 둘째, 죽음의 판정 기준과 관련된 문제가 있다. 우리나라는 2000년 2월 국무회의에서 '장기 등 이식에 관한 법률 시행령' 개정안이 의결되면서 '뇌사'를 공식 인증하였다.[9] 죽음 판정의 기준으로 뇌사를 인정하는 것은 장기 이식에 필요한 장기를 획득하기 쉽게 한다는 긍정적인 측면도 있지만 죽음을 신중하게 판정하지 않을 수 있는 부정적 측면도 있다. 셋째, 장기 기증자에 대한 적절한 보상 문제가 있다. 무엇보다 장기 기증자에게 보상을 해야 하는가에 대한 찬반 논쟁이 있다. 특히 우리나라는 현재 장기 매매를 법률로 금지하고 있는데 장기 이식에 대한 보상이 과도할 경우 장기 매매의 위험이 있다. 칸트(I. Kant)는 다른 사람에게 이식하기 위해 자신의 신체 일부(예를 들어 치아)를 파는 행위는 자신을 한갓 수단으로 취급하는 부도덕한 행위라고 비판하였다. 넷째, 장기 분배 문제가 있다. 장기 분배와 관련해서는 공정한 분배 기준에 대한 사회적 합의가 필요하며, 임의적 분배가 아닌 공정한 분배 기준을 따라야 한다.[10] 아울러 사적 영역에서의 장기 매매나 강탈 등은 엄격하게 금지되고 감시되어야 한다.

장기 이식은 기증자 및 수혜자 양측 당사자의 자율적인 결정에 의한 것이어야 한다. 장기기증은 도덕적으로 선한 것으로 간주되지만, 자비나 희생은 강요할 수 있는 것이 아니다. 법적 규정을 통해 강요할 수 있다 하더라도 법적 규정이 개인의 자율적 결정을 무조건 능가해서는 안 될 것이다. 장기 기증을 법적 의무로 규정해야 하는가의 여부는 다수의

---

9   개정안 의결을 통해 우리나라는 세계 최초로 정부가 장기 이식을 주도하는 국가가 되었다. 개정안은 장기 이식 관련 모든 정보를 국립장기이식관리기관에서 통합 관리해 장기 이식이 신속하고 공정하게 이루어질 수 있도록 했다.

10  우리나라의 경우 의학적 응급도나 항목별 점수(나이, 대기 기간, 과거의 장기 기증 사실 여부, 혈액형 동일 여부, 지리적 접근도 등)를 고려하여 선정한다.

생활과 윤리: 20개 주제로 더 넓고 깊게 읽기

사회 구성원이 어떻게 결정하느냐에 달려있다. 곤경에 처해 있는 사람을 돕지 않는 사회에서 사는 것은 누구도 원하지 않을 것이다.


### 사물화를 통해서도
### 우리는 여전히 우리 자신을 우리의 삶의 유일한 저자로서 이해하고,
### 다른 모든 인격체를 예외 없이 평등한 인격체로 인정할 수 있을까?

– 하버마스


현재 우생학의 단계는 예방적 우생학을 넘어 적극적 우생학의 단계에 진입해 있다. 하버마스(『인간이라는 자연의 미래』, 2002.)는 이것을 '자유주의적 우생학', 또는 '인간이라는 자연에 대한 기술화' 또는 '사물화'라고 규정한다. 그는 '자유주의 우생학'은 생식에 관한 개인들의 다양한 선호에 대한 존중, 그리고 "투자자의 이윤 창출에 대한 관심과 정부의 성공에 대한 압력과 동맹"이 만들어 낸다고 주장한다. 생식의 방식에 대한 개인의 선호와 자본주의의 논리가 결합하고 있는 것이다. 착상 전 유전자 진단과 줄기세포는 자유주의 우생학의 중심을 이룬다. 하지만 "'착상 전 유전자 진단'과 줄기세포의 연구는 인간이 자기 실존의 생물학적 토대를 스스로 계획하는 자기 도구화와 자기최적화"의 기술이며, "자신의 생물학적 진화를 곧 자신의 손 안에 두게 된다."는 점에서 "인류의 자기 변형"이라고 비판한다.

그가 갖고 있는 문제의식은 "인간 생명이 (유전적으로 우월하거나 아무런 문제가 없다는) 일정한 조건을 만족시켜야 태어날 수 있고, 유전자 진단을 거친 다음에야 비로소 존재할 만한 가치가 있으며, 성장하게 할 만하다고 인정을 받는 것이 과연 인간 생명의 존엄성에 부합하는가?"에 관한 것이다. 그런 다음, 그는 "인간의 생명을 일단 한 번 도구화하기 시작한 사람은, 그리고 살 가치가 있는지 없는지를 일단 구분하기 시작한 사람은 멈출 수 없는 궤도를 달리게 된다."는 말을 인용해 자유주의 우생학의 문제를 지적한다. 이는 유전자 조작이 궁극적으로 인간의 자기 이해, 즉 인류의 정체성의 문제를 위협하게 될 것이라는 의미이다. 유전자 조작은 자연적으로 '성장한 것'과 '만들어진 것', 자신만의 삶을 살아가면서 형성하는 '주관적인 것'과 이미 계획되고 확정된 '객관적인 것' 사이의 경계를 무너뜨려 '자유롭고 평등한 인격체(도덕 주체)들'이라는 전통적인 관념을 허물게 될 것이라는 비판도 담겨 있다.

그렇다고 하버마스가 모든 생명 공학 기술 연구 자체를 규제해야 한다고 주장하지는 않는다. "유전적 소질에 대한 간섭을 포함해 모든 인간의 자연에 대한 간섭과 연구는 '치료'라는 규제 이념의 인도를 받을 때에만 허용될 수 있다."는 것이다. 왜냐하면 '치료' 목적의 기술은 사후 (事後)에라도 당사자의 동의를 얻을 수 있지만, 유전적 프로그래밍은 정당한 동의를 위한 모든 조건을 봉쇄할 채 한 생명체의 삶 전체를 결정해 버리기 때문이다. '자연의 운명의 결과를 받아들이는 것과 부모에 의해 결정된(계획된) 가치를 받아들이는 것은 전혀 다른 문제이다. 우리는 자신의 주관적(개인적) 삶을 자신의 능력과 신념에 따라 자신의 삶의 계획에 맞춰 추구할 권리를 지닌다.

하지만 우생학적 프로그래밍 또는 유전적 프로그래밍(부모의 간섭주의)에서는 일정한 삶의 방식을 미리 결정된 방식에 따라 강요하고, 삶에 관한 자유로운 선택과 의지를 제약하게 된다는 점에서 윤리적인 문제를 안고 있다. 또 설령 기술의 발달로 우생학적으로 검증된 기증자의 선택과 결합을 통제할 수 있게 되더라도, 누가 어떤 기준을 가지고 선택된 유전자 표본에 대해 우수하다고 판단할 수 있겠는가의 문제가 있다. 정신분열이나 혈우병처럼 논란의 여지가 없는 질병도 있지만, 냉철한 이성 대 따뜻한 마음, 감정적 예민함 대 강인함, 온순함 대 반항적인 기질 중 어떤 것이 더 바람직한 것인지를 누가, 어떤 기준에 의해 결정할 수 있다는 것인가? 이에 대한 표준화(획일적 기준)도 불가능하지만, 가능하더라도 그것은 일시적인 선호에 따른 것일 가능성이 높다. 인간의 본질이 아직 확정되지 않은 존재로서 특성이라면, 우생학 기술에 의한 유전자 간섭은 '오만한 기술의 광기'일 수 있다.

마지막으로 자유주의의 적극적 우생학은 "성 관계의 탈인격화, 사랑과 생식 및 결혼과 자발적 부모 됨의 분리, 인간에게 자연이 허락해 준 가장 내밀한 동반관계가 비밀스럽게 그려 내는 미래에 대한 공권력의 불순한 간섭"이며, 소극적 우생학과 달리 어떤 "안전도 보장해 주지 않는다."는 심각한 문제를 안고 있다.

한편, '오만한 기술'의 가장 극적인 광기는 '복제'에서 드러난다. 복제는 유전 정보를 교정하고 바꾸는 차원을 넘어서, 즉 "자연을 지배하려는 전략을 위반해 가면서까지 유전 정보를 인간 마음대로 고정시켜 버리려는 시도"이다. 원래 복제는 딸기나 감자 같은 줄기식물이 생식을 거치지 않고 유전적으로 동일한 것을 만들어 내는 것으로, 무성생식에 의한 증식의 한 형태를 의미한다. 따라서 동물의 경우 이러한 대체 생식은 일반적으로 불가능한 것으로 받아들여져 왔다. 하지만 생물학 기술의 발달은 생식세포가 아닌 체세포를 통해 생명을 복제할 수 있는 기술을 만들어 냈다.

원래 모든 '유전' 정보를 담고 있는 한 개체의 성장을 이미 지배하고 있는, 즉 부모의 것과 정확히 일치하는 복제물('자식')을 만들어 내는 데 성공한 것이다. 체내 수정과 자궁 내 태아 발육을 필요로 하는 포유류에 대한 복제는 한층 어려운 것으로 알려져 있지만, 이미 쥐와 양, 돼지, 소, 원숭이(1996)에서 성공을 거두었다. 유전학적으로 동일한 두 개의 개체란 존재할 수 없다는 지금까지의 지식이 마치 제비뽑기에 비유되는 자연과 우연을 부정하는 복제라는 기술적 수단에 의해 전복되었다. 더 탁월한 품종('상품')의 개발이라는 효용성의 원리는 동물복제의 가장 중요한 목적이다.

따라서 복제된 동물을 사육하게 될 동물사육자는 자신이 원하는 것이 무엇인지를 정확히 깨닫고 있다. 하지만 복제가 인간에게 적용된다면, 이는 동물복제와 완전히 다른 문제를 야기한다. 그것은 유전적 프로그램(배아연구와 착상 전 유전자 진단)에서 제기되었던 문제, 즉 "여전히 우리는 우리 자신을 우리의 삶의 유일한 저자로서 이해하고, 다른 모든 인격체를 예외 없이 동등한(평등한) 인격체로서 인정하는 그런 인격체로서 이해할 수 있는가?"이다.

복제된 '사물(인간)'과 자연적 '쌍둥이'는 근본적으로 다르다. 쌍둥이는 전적으로 '자연의 우연'에 의한 결과이기 때문에 복제가 아니다. "자연이 만들어 낸 쌍둥이는 '엄격하게 동시적'이다." 쌍둥이 중 한 명은 다른 한 명보다 앞서서 미리 삶을 산 것이 아니다. 따라서 다른 한 명이 미리

생활과 윤리: 20개 주제로 더 넓고 깊게 읽기

산 사람의 삶을 뒤따라 살지 않는다. 자신의 자아와 가능성을 다른 한 쪽에게 빼앗기지 않기 때문에 앞으로 전개될 삶에 대해서 완전히 '새로움 그 자체'이다. 자신의 삶이 이행되는 과정에서 자신의 정체성이 드러나고 밝혀진다. "무지야말로 자유의 전제 조건인 것이다." 마치 막 던져진 주사위처럼 스스로 발견하고, 스스로의 삶을 살기 위해 애쓰지 않으면 안 된다.

반대로 미리 결정되어 있는 유전자형 복제에 의한 인간은 "오직 자기만이 가지고 있는 일회적인 유전자형에 대한 권리 개념을 침해받는다." "아직은 가설이지만, 복제 인간에 대한 사전지식은 그가 스스로 '자신이 되어 갈 수 있는 자율성(자발성)'을 마비시킬 수 있다. 세포를 증여해 준 원형은 우리에게 이미 알려진 사람이며, 이것은 복제된 개인에게 그대로 알려질 것이다. 하지만 바로 이런 사실 때문에 설계된 인간 주체가 '자기 자신'을 찾기 위해 더듬거리며 나아갈 모든 시도들, 그리고 선과 악처럼 그가 갖게 될 삶의 놀라움 경험들을 모두 제거해 버리게 된다."

요컨대 그는 삶의 시작부터 '무지의 보호 아래' 스스로 만들어 갈 자신의 삶에 관한 자유를 박탈당하고 만다. 우리는 이로부터 자유의 근본 조건이 되는 '무지에 대한 권리'를 박탈해서는 안 된다는 도덕 명령을 만들어 낼 수 있다. 그것은 "자기의 고유한 길을 찾아가며, 자신에게 놀라워할 수 있는 인간적 삶의 권리를 존중하라(무지에 대한 권리 존중)."이다.

# 실천과 응용으로서 윤리와 윤리학의 이론들

## PART 21

### 윙클러

응용 윤리학(실천 윤리학)은
삶의 실천적 영역에서 일어나는 도덕 문제들을 이해하고,
해결하고자 하는 모든 체계적인 탐구를 일컫는 윤리학 분야이다.

### 칸트

어떤 행동을 할 때 자신의 주관적인 행동 규칙(격률)은
그것이 반드시 보편적인 원칙(정언 명령)이 되어야 마땅하다고 생각할 수 있는
그런 것이어야 한다.

### 토마스 아퀴나스

인간의 자연적 성향은 자연법에 속한 것이기 때문에
인간이 이성에 따라 행동하려는 경향성은 올바른 것이다.

### 벤담

유용성의 원리란 그것이 어떤 행위이든지 상관없이
관련된 사람들의 이익을 증대시키는 경향이 있는가,
아니면 감소시키는 경향이 있는가를 기준으로 삼아
그 행위를 승인(청찬)하거나 부인(비난)하는 것이다.

## 레이첼스

덕 윤리에서 도덕적인 덕이란 습관적인 행동에서 나타나는 성격적 특성으로,
사람들이 갖고 있으면 좋은 것이다.

## 하버마스

담론 윤리의 정당화 기획은 합리성에 관한 주장들을 통해
도덕적 규범들을 정당화할 수 있는 담론들의 논증 규칙의 획득을 목표로 설정한다.
모든 타당한 규범은 그것의 일반적 준수가 모든 사람(개인)의 이해관계의 충족에 대해
가져올 수 있는 결과와 부작용들이 모든 당사자들에 의해
비강제적으로 수용될 수 있어야 한다(보편화 원리: U).
담론 윤리의 정식은 다음과 같다.
어떤 실천적 담론의 참여자로서 모든 당사자들의 동의를 얻을 수 있는
규범들만이 타당성을 주장할 수 있다(근본 명제: D).
따라서 담론 윤리에서는 도덕적 논증의 절차가 정언 명법의 자리를 대신한다.

## 길리건

여성과 남성은 인간관계의 문제,
특히 다른 사람에게 의존하는 것과 관련된 문제를 다르게 경험한다.
남성적 발달에서는 어머니로부터의 독립이 핵심적이기 때문에
남성(남아)의 성 정체감은 독립과 개인화와 관련이 깊다.
반면, 여성(여아)의 성 정체감은
어머니로부터의 독립이나 개인화 과정이 완성되는 것에 의존하지 않는다.
남성성이 독립을 통해 규정되고, 여성성이 애착 관계를 통해 규정되므로
남성적 정체감은 친밀감에서 위협을 느끼는 반면,
여성적 정체감은 다른 사람들로부터 분리되는 것에 위협을 느낀다.
따라서 남성은 대체로 친밀한 관계를 맺는 데서 어려움을 느끼고,
여성은 개인화하는 데서 어려움을 느낀다.

응용 윤리학(실천 윤리학)은
삶의 실천적 영역에서 일어나는 도덕 문제들을 이해하고,
해결하고자 하는 모든 체계적인 탐구를 일컫는 윤리학 분야이다.

– 윙클러

더 좋은 삶, 또는 더 나은 삶에 대한 바람은 모두에게 공통된 것이다. 하지만 더 좋은 것과 더 나은 것에 대한 입장은 개인 또는 그가 속한 사회 집단이 처한 상황과 가치 기준에 따라 다를 수 있다. 하지만 그것이 무엇이든 '성찰'에 대한 요구는 반드시 필요하며, 그리고 이 성찰을 통해 우리의 삶은 더 좋아질 수 있고, 더 나아질 수 있다. 이 때문에 소크라테스가 강조했던 비판과 성찰로서 삶이란 가치는 우리의 삶이 지속하

는 한 언제나 우리 삶의 중심을 이루는 명제임이 분명하다.

지금까지 우리가 20개의 주제로 살폈던 도덕 주제들 또한 소크라테스의 이와 같은 요구와 명령에 대한 응답이라고 할 수 있다. 전통적인 도덕 주제들과 차이가 있다면, 여기서 다룬 주제들이 상대적으로 사례 중심적이고, 구체적인 현실 문제들이라는 점에서 실천적 성격이 한층 두드러진다는 점이다. 최근에는 이러한 윤리적 주제들에 대해 '문제 중심의 윤리학(problem-centered ethics)'이란 표현을 사용하기도 하지만, 더욱 일반화된 용어는 '응용 윤리학(applied ethics)' 또는 '실천 윤리학(practical ethics)'이다.

이를 더 잘 이해하기 위해 윤리학에 관한 테일러(P. Taylor), 그리고 포이만과 피저(Louis P. Pojman & J. Fieser)의 분류를 참고해 보자. 이들은 윤리학을 기술 도덕, 도덕 이론, 응용 윤리로 구분한다. 기술 도덕(descriptive morality)은 한 사회 집단이 갖고 있는 구체적인 도덕적 관행(관습, 신념, 원리)에 기초해 형성된 문화적 '사실(예를 들면 의식주에 관한 사실적 이해)'을 도덕적인 것으로 파악하는데, 이것은 사회학이나 문화 인류학에서 주로 관심을 갖는다. 그리고 윤리 이론(ethical theory, 도덕 철학)은 도덕 개념들을 이해하고 도덕 원리와 이론을 정당화하려는 체계적인 노력을 의미한다. 이것은 도덕 개념(예를 들면, 옳고 그름, 허용 가능한 등)을 검토하고, 신이나 이성 또는 욕구 같은 도덕의 원천에 대해 깊이 탐구한다. 또 이를 바탕으로 개인과 집단이 행동 지침으로 삼을 수 있는 올바른 행동에 관한 원리(기준)를 정립하려고 한다. 마지막으로 응용 윤리는 사형, 시민 불복종, 종교, 예술 같은 사회·문화 윤리는 물론, 낙태, 성(性), 안락사, 생명, 환경, 과학 기술처럼 지금 논쟁이 되고 있는 구체적인 윤리 문제들을 '윤리 이론'과 다양한 학문적 성과의 도움을 받아 윤리적으로 적절한 판단 기준을 마련함으로써 이를 해결하고자 시도한다.

그렇다고 소크라테스, 플라톤, 아리스토텔레스를 비롯한 수많은 철학자들이 구체적인 사회적 도덕 문제들에 관심을 갖지 않았다는 뜻은 아니다. 이들의 전통 윤리학 또한 사회적 도덕 문제들에 대해 실천적 관심을 갖고 있었지만[1], 20세기에 오면서 지배적 흐름을 형성한 분석 철학과 논리실증주의, 그리고 메타 윤리학[2]에 의해 윤리학이 갖고 있었던 사회에 대한 관심은 점점 소홀해지는 결과가 초래되었다. 이와 같은 학문들의 영향력이 커질수록 역설적으로 복잡하고 다양한 사회적 도덕 문제들에 대한 적절한 윤리적 이해와 규명의 필요성은 더욱 중요한 윤리적 과제가 되었다. 특히 사회 구성원들의 다양한 가치

---

[1]  이에 근거해 응용 윤리학(실천 윤리학)은 새로운 것이 아니라 잠시 사라졌던 전통 윤리의 '부활'이라고 말하기도 한다.

[2]  메타 윤리학은 윤리 이론에서 사용하는 용어와 개념들에 대해 철학적으로 연구한다. 전통 윤리학이 주로 올바른 도덕 이론을 체계적으로 설명하려고 한 반면, 논리실증주의와 언어분석학파에 의한 메타 윤리학은 윤리적 용어의 분석, 윤리적 판단과 사실 판단 사이의 관계에만 관심을 갖는다. 예를 들어 "'좋은'과 '옳은'이란 용어가 의미를 지닌다면, 그것의 의미는 무엇인가?"라고 묻는다면, 이것이 메타 윤리학적 물음이다. 이런 성격 때문에 메타 윤리학은 도덕적 언어에 담긴 의미를 분석하고, 이를 위해 도덕 진술의 논리적 타당성과 추론을 윤리적 탐구의 본질로 삼는 윤리 이론이라 할 수 있다. 이들은 언어적 진술이 의미를 갖기 위해서는 진위(참과 거짓) 판단이 가능해야 한다고 보기 때문에 이것이 불가능한 도덕적 진술(예를 들어 '낙태는 나쁘다.')에 대해서는 사실적 내용이 결여된 단지 (주관적인) '감정의 표현'에 지나지 않는다고 주장한다. 이것을 윤리에서의 정의주의라고 부른다. 하지만 이들의 주장처럼 윤리적 진술로서 정의적 표현이 실제로 어떤 의미를 전달하는 것이 아니라면, 또한 감정에 아무런 영향을 미치지 않아야 한다. 그렇지만 어떤 정의인 말은 어떤 특정한 감정을 일으키고, 또 어떤 정의적인 말은 그것 대로 또 다른 특정한 감정을 일으킨다. 이것은 진위를 담고 있는 정보로서 진술만이 감정을 일으키는 것이 아니라 정의적인 감정 표현으로서 말 또한 어떤 정보를 담고 있다는 의미가 된다. 즉 감정에 영향을 주는 것은 말하는 사람의 정의적인 말(표현) 그 자체가 아니라 오히려 듣는 사람이 그 말에 대해 갖고 있는 그 말의 의미이다.

생활과 윤리: 20개 주제로 더 넓고 깊게 읽기

와 신념들을 적절히 이해하고, 과학 기술과 경제 성장이 초래한 복잡한 도덕 문제들을 윤리적 관점에서 재구성하고 규명할 필요성은 시의적절하고 중요한 윤리적 과제가 되었다. 우리가 지금까지 살폈던 실천 윤리학적 주제들은 바로 이와 같은 현실적 요청에 대한 윤리적 검토라고 할 수 있다.

이 점에서 실천 윤리학은 전통 윤리학(또는 이론적 성격이 강한 윤리이론, 이론적 규범 윤리학)과 중요한 차이점을 보여 준다. 전통 윤리학은 "일반적인 도덕 이론이나 도덕 원칙(원리)을 주로 탐구하기 때문에 도덕 문제를 자신들의 (윤리) 이론을 보완하거나 반대 사례로 활용하는 경향이 있었다. 반면, 실천 윤리학(응용 윤리학)은 구체적인 삶에서 제기되는 도덕 문제들을 해결하고자 하는 데 중점을 준다. 즉, 삶의 실천적 영역에서 제기되는 도덕 문제들을 이해하고, 이를 해결하고자 하는 체계적인 모든 (윤리적) 탐구"에 관심을 둔다. 이 때문에 전통 윤리학이 '근본적인 도덕 이론이나 원리'를 강조한다면, 실천 윤리학은 "구체적인 현실의 도덕 문제를 어떻게 해결할 것인가?"를 강조한다. 즉, 도덕 문제의

| 영역 | 구체적 영역 | 성격 또는 사례 |
|---|---|---|
| 1. 기술 윤리학 | | 인류학적 현장 조사, 사회학적 분석 기술 |
| 2. 규범 윤리학 | 순수 규범 윤리학 (이론 규범 윤리학) | 도덕의 궁극적 기초, 본질 탐구 공리주의, 칸트 윤리 |
| | 응용 규범 윤리학 (실천 규범 윤리학) | 환경, 성(性), 생명 의료 윤리, 직업, 문화, 종교, 예술, 평화, 정의, 시민 불복종 등 |
| 3. 메타 윤리학 (분석 윤리학) | | 도덕 추론의 논리에 대한 분석 도덕 용어의 의미 분석 |

해결을 목표로 삼는다. 따라서 전통 윤리학의 일차적 관심 주제는 실천 윤리학에서 부차적 의미를 지니게 된다. 또 실천 윤리학은 사회적 도덕 문제를 해결하기 위한 과정에서 인접 학문들(법, 경제, 심리, 과학, 생명, 의료 기술 등)이 이뤄 놓은 다양한 연구 성과에 대해 개방적인 태도를 지닌다는 점도 두드러진 측면이다.

어떤 행동을 할 때 자신의 주관적인 행동 규칙(격률)은
그것이 반드시 보편적인 원칙(정언 명령)이 되어야 마땅하다고 생각할 수 있는
그런 것이어야 한다.

— 칸트

이제 전통 (규범) 윤리학을 대표하는 의무론과 공리주의에 대해 살핀 다음, 덕 윤리를 간략하게 검토하기로 하자.

먼저, 의무에 기초한 윤리 이론(의무론적 윤리)에 의하면, 우리에게는 '해야 할 또는 해서는 안 되는' 어떤 의무들이 존재하며, 따라서 이것을 따를 경우 나오게 될 행동의 결과와는 무관하게 우리는 이 의무들을 행해야 한다는 입장이다. 어떤 행위가 도덕적으로 옳거나 그른지는 그 행위가 가져올 결과와는 상관없이 오직 의무를 이행했느냐에 따라서만 결정된다는 의무론에는 두 가지, 즉 칸트의 윤리와 신의 명령(또는 자연법) 이론이 있다.

먼저, 칸트에게 의무란 무엇일까? 칸트는 의무를 '정언 명령' 또는 '도

덕 법칙'이라고 이름 붙이고, 이것은 이성적이고 자율적인 존재인 인간이 마치 자연계를 지배하고 있는 자연 법칙이 있는 것처럼, 인간이라면 마땅히 보편적으로 따라야 할 법칙(규칙, 명령)이 존재한다는 것을 이성을 통해 직관(인식)하고, 이것을 자신의 행동을 위한 보편 법칙(원리)으로 삼아야 한다고 본다. 또 그 법칙은 이성적 직관에 의한 것이므로 모든 이성적 존재에게 예외가 적용(허용)되지 않는 명령의 형식으로 확립되는데, 이것을 그는 어떤 목적을 염두에 두고 그 목적을 이루기 위해 행동한다는 '가언 명령'과 대비시켜 조건 없이 이행해야 하는 명령, 즉 '정언 명령'이라고 규정한다.

따라서 '정언 명령'은 이성적 존재인 인간에게 '이해관계에 따라 해도 좋은 것'이 아니라 '무조건 해야 할 당위'로서의 의미를 지닌다. 그러므로 어떤 사람이 어떤 행위를 하고자 할 때, 그는 자신이 옳다고 생각하는 자신의 주관적인 행동 규칙을 이성적 존재라면 반드시 예외 없이 무조건 보편적인 기준(원리)에 부합하리라고 할 만한 행동 규칙(정언 명령)과 일치하는 규칙에 따라 행동해야 한다. 그리고 그런 행동일 경우에만 도덕적으로 가치 있는 행동이 된다. 왜냐하면 도덕 법칙(정언 명령)을 자신이 마땅히 행해야 할 도덕적 의무로 받아들이고, 결과와 상관없이 오직 그에 따라서만 행동했기 때문이다. 한편, 칸트는 이것을 이성적 존재인 인간에게 적용하여 인간의 존엄성을 확보하는 정언 명령으로 확장한다. 즉, 이성적 존재라면 누구든지 자신의 인격은 물론, 다른 사람의 인격을 언제나 동시에 목적(존엄한 가치)으로서 대우하라는 것이다.

하지만 칸트의 의무론은 서로 충돌하는 도덕 법칙(규칙)들이 동시에 일어날 때 어떤 도덕 법칙을 우선해야 하는지, 그리고 예외 없는 도덕 규칙의 적용을 주장하지만 이런 주장이 우리의 복잡한 현실 상황에 언제나 일관성 있게 적용될 수 있는지를 적절히 설명하지 못한다는 비판을 받고 있다.

> 인간의 자연적 성향은 자연법에 속한 것이기 때문에
> 인간이 이성에 따라 행동하려는 경향성은 올바른 것이다.
>
> ― 토마스 아퀴나스

신의 명령(신명론)에 의하면, '도덕적으로 옳다는 것'은 신의 명령(의지, 뜻)이며, '도덕적으로 그릇되다'는 것은 신이 금지하는 것(의지에 반하는 것)이다. 자연법의 기초를 마련한 스토아학파에서는 신의 뜻을 반영하고 있는 것을 자연의 질서(법칙)로 이해했다. 따라서 신적인 속성을 지닌 이성적 존재로서 인간은 자연(법)적 질서를 존중하고 따르는 것을 자신의 의무로 받아들여야 하고, 이에 따라서 행동해야 한다. 한마디로 신의 섭리(의지)를 따른다는 것은 곧 자연의 질서를 따른다는 뜻이고, 그렇기 때문에 올바른 행동이라는 주장이다. 이러한 사고는 현재적 관점에서 매우 중요한 새로운 개념을 도출하게 했는데, 그것은 신적인 이성을 함께 나누고 있는 한 모든 인간은 동등한 존재로서 대우해야 한다는 세계시민주의적 사고이다.

한편, 중세의 신학자인 토마스 아퀴나스는 신의 영원한 법이 반영된 자연적 질서(자연법) 체계 내에서 인간의 법(실정법)을 이해했다. 이에 따르면, 신이 인간에게 부여한 이성 능력을 통해 인간은 영원하고 절대적인 도덕 원리를 발견할 수 있고, 이것을 우리가 따라야 할 도덕적 의무로 받아들이고 따라야 한다고 주장한다. 그는 "인간의 자연적 성향은 (신적인) 자연법에 속한 것이기 때문에 인간이 이성에 따라 행동하려는 경향성은 언제나 올바른 것이다. 이에 따라 선은 행해야 하고 증진해야 하지만, 악은 피해야 한다."는 자연적 경향성으로서 자연법은 가장 우선하는 보편 원칙(계율)이다. 그리고 이것은 다른 자연법적 계율들의 근거가 되는데, 그것은 "인간이 자연적 경향성으로 지니고 있는 모든 것은 이성적 직관에 의해 선으로 자연스럽게 이해되고, 그 때문에 추구 대상이 되지만, 그 반대는 악이요 회피의 대상이 된다. 그러므로 자연법의 계율은 자연적 경향성을 따르라고 명령한다."

결론적으로 토마스 아퀴나스에게 가장 우선적인 자연법(자연적 경향성)은 "선은 행하고, 악은 피하라."는 것이며, 이로부터 또 다른 자연적 성향들, 예를 들어 "자신의 생명을 보존하고, 건강을 유지하라.", "자손을 늘리고, 절도 있는 성행위를 하라.", "이성을 가지고 선을 추구하라."와 같은 자연적 성향으로서 자연법(신의 명령) 윤리들이 도출된다. 그에게 자연법적 질서를 따르려는 자연적 성향은 곧 정상적인 것, 선한 것이기 때문에 추구되어야 할 것으로 받아들여졌고, 이에 반하는 것은 비정상적인 것, 악한 것이기 때문에 배척해야 할 것으로 받아들여졌다. 근대 자연법을 거치면서 오늘날 세계 인권 선언에도 표현된 "모든 사람은 인간으로서 생명, 자유, 안전에 대한 권리"를 갖는다는 말 속에는 "자연법은 보편적인 것이며, 불변하는 것"이라는 자연법의 근본 원리가 반영되어 있다.

하지만 신명론과 자연법 이론은 신을 믿지 않는 무신론자에는 설득력이 없다는 비판과 함께, 그들이 선한 것의 기준으로 삼고 있는 '자연적 경향성(성향)'이라는 것이 '동성애'처럼 모두에게 예외 없이 적용되기 어렵다는 비판을 받고 있다. 왜냐하면 '자연적 경향성(성향)'을 '도덕적 가치(선)'와 동일한 개념으로 받아들일 수는 없기 때문이다.

> 유용성의 원리란 그것이 어떤 행위이든지 상관없이
> 관련된 사람들의 이익을 증대시키는 경향이 있는가,
> 아니면 감소시키는 경향이 있는가를 기준으로 삼아
> 그 행위를 승인(칭찬)하거나 부인(비난)하는 것이다.
>
> – 벤담

공리주의가 결과주의로도 불린다는 말에서 알 수 있듯이, 이 윤리 이론은 어떤 행위가 올바른 것인지 아니면 그릇된 것인지를 판단할 때, 칸트의 의무론처럼 그 행위가 정언 명령에 대한 존중과 의무 의식에서 비롯되었는지를 문제 삼지 않고, 그 행위가 가져오는 결과를 문제 삼는다. 쉬운 예로 "거짓말은 무조건 그릇된 행동"이라는 의무론과 달리, 공리주의는 "(관련된 사람들에게) 유익한 결과를 가져오는 한, 거짓말은 좋은(올바른) 행동"이라고 정당화한다.

한편, 공리주의에게 '결과'란 곧 '유용성(효용)', '행복', '쾌락', '만족'과 같은 의미이고, 나쁜 결과란 '고통', '불행', '불만족'과 같은 의미이다. 따라서 어떤 행동이 그 행동과 관련된 모든 사람들에게 쾌락 또는 행복을 가져온다면, 그 행동은 도덕적으로도 가치 있는 행동이 되며, 그 반대는 그릇된 행동이 된다.

흥미로운 것은 '어떤 행동이 쾌락과 행복을 가져오는지를 어떻게 알수 있는가?'라는 물음에 대해 공리주의자 벤담은 그것은 계산해 봄(수량화)으로써 알 수 있다고 주장한다는 것이다. 이런 주장은 벤담의 공리주의에서 가장 중요한 요소 중 하나인데, 벤담은 어떤 행동(또는 정책)이 가져올 쾌락 또는 행복의 총량을 계산해 봄으로써 그 행동의 도덕적 가치를 정확하게 파악할 수 있다고 주장한다. 예를 들어 어떤 행동이 쾌락을 가져온다면, 그 쾌락은 얼마나 강력한 것인지, 쾌락을 가져올 가능성은 어느 정도인지, 가져온다면 그 쾌락은 얼마나 지속되는지, 가져온 쾌락이 또 다른 쾌락을 낳는지, 쾌락의 영향을 받는 사람들은 얼마나 되는지 등을 계산해 보면 그 행동(또는 정책)의 유용성(효용성, 쾌락, 행복)이 밝혀질 것이고, 그에 따라 그 행동의 선악, 옳고 그름, 좋고 나쁨을 정확하게 알 수 있다는 것이다.

이 모든 것들을 종합한 결과가 우리에게 잘 알려진 벤담의 "최대 다수의 최대 행복" 원리이다. 벤담의 공리주의는 쾌락을 가져오는 행동(행위)에 초점을 맞추기 때문에 '행위 공리주의'라고 불리기도 한다. 하지만 행동이 어떤 결과를 가져올지 매 순간 어떻게 그것도 정확하게 계산할 수 있는지, 그리고 쾌락에는 양적인 것도 있지만 주관적인 정신적 만족과 관련된 질적인 것도 있다는 비판에 부딪친다.

쾌락을 수량화하려는 벤담의 '양적 공리주의'에 대한 이와 같은 비판을 극복하려는 시도는 그의 제자인 존 스튜어트 밀에 의해 이루어진다. 밀은 쾌락의 양적인 측면은 물론, 질적인 측면까지 고려해야 한다고 주장하는데, 특히 그는 다양한 쾌락을 모두 경험해 본 '교양을 갖춘', 그리고 '쾌락에 관한 전문적인 식견을 갖춘' 사람들이 '좋아하는 것(선호)'을 근거로 어떤 행동을 할 것인지에 대한 기준으로 삼아야 한다고 주장한다. 밀의 이러한 공리주의는 '질적 공리주의' 또는 '선호 공리주의'라고 부르기도 한다. 즉, '품위'를 지닌 '교육받은 정상적인 사람'이라면 양적으로 가득한 '돼지'의 만족보다는 부족하고 불만족스러울지라도 더 높은 수준의 문제의식을 지닌 '인간'이기를 선호하리라는 것이 그의 믿음이었다.

하지만 밀이 벤담을 극복하기 위해 노력했을지라도, 두 사람 모두 '결과'로서 유용성을 중시한다는 점에서 여전히 결과주의 윤리 이론을 지지하고 있다. 이 때문에 공리주의는 결과에 지나치게 집착함으로써 우리가 지고 있는 특수한 의무들, 예를 들면 가족에 대한 의무, 민족이나 국가에 대한 의무, 사랑하는 사람에 대한 의무 등을 적절하게 설명할 수 없다고 비판받는다. 즉, 이러한 의무들은 공리주의자들의 주장처럼 반드시 행복이나 쾌락과 곧바로 연결되지 않는다는 주장이다. 이렇게 볼 때 공리주의는 결과에 집착해 너무나 많은 예외들을 허용하게 된다는 비판을 피할 수 없다. 결과만을 우선 고려하여 특정 행동에 대한 도덕 판단을 하려고 하기 때문이다.

이와 함께 공리주의는 '좋다'는 것과 '옳다'는 것을 제대로 구분하지 못한다는 비판도 받는다. 우리가 알고 있는 것처럼 '결과가 좋다.'는 말이 곧 '그러므로 결과가 옳다.'는 말은 아니다. 하지만 공리주의자들에게' 결과가 좋다(즉, 최대 다수의 최대 행복을 낳음).'는 말은 곧 '결과가 옳다

(그러므로 그 결과를 가져온 행동은 옳다).'는 뜻이다.

이러한 비판에 대해 현대 공리주의자들은 경험을 토대로 공리주의에서도 어느 정도 일관성 있는 '규칙'을 마련할 수 있다고 대응한다. '규칙공리주의'라고 부르는 이 공리주의 이론은 행동이 가져오는 결과만을 문제 삼는 행위 공리주의와 달리, 어떤 행동이 옳은지를 판단할 때 그 행동이 어떤 규칙을 따르고 있는지를 문제 삼는다. 즉 "어떤 행동이 유용성을 가장 많이 산출하는가?"가 아니라 "어떤 규칙이 유용성을 가장 많이 산출하는가?('더 큰 유용성을 산출하는 규칙')"를 기준으로 삼는다.

**덕 윤리에서 도덕적인 덕이란 습관적인 행동에서 나타나는 성격적 특성으로, 사람들이 갖고 있으면 좋은 것이다.**

– 레이첼스

근대를 대표하는 칸트의 의무론과 벤담의 공리주의는 어떤 행동이 도덕적 가치를 지니는지에 대해 판단할 때 서로 상반되는 입장을 지녔음에도 불구하고, "어떤 행동을 해야 하는가?"에 초점을 맞추고 있다는 점에서는 중요한 공통점을 갖고 있다. 그리고 이에 따라 의무론은 "그것이 옳기 때문에 무조건 하라."고 명령하고, 공리주의는 "그것이 좋은 결과를 낳기 때문에 하라."고 주장한다. 이 점에서 두 윤리 이론은 모두 어떤 행동을 해야 하는지에 대한 '보편적인 기준(원칙, 규칙)'을 제시하고 있다는 점('규칙 지배적')에서도 서로 공통점을 갖고 있다. 이러한 공통점에 근거해 현대 '덕 윤리'에서는 근대의 두 윤리가 어떤 행동을 해야 하는지에 대해 말할 때 명확한 원칙에 기초한 행동을 강조한다는 점에서 '행동 중심적 윤리'이고 '원칙 중심적 윤리'라고 지적한다.

그러면서 덕 윤리는 원칙에 따라 어떤 행동을 해야 하는가보다 더욱 중요한 앞선 주제가 있는데, 그것은 먼저 우리는 "어떤 사람이 되어야 하는가?", "어떤 성품을 지닌 사람이 되어야 하는가?", "어떤 유형의 사람이 되어야 하는가?"와 관련된 주제라고 강조한다. 즉, 규칙(원칙)에 근거한 적절한 행동을 하는 것이 아니라, 그 이전에 먼저 좋은(또는 훌륭한) 성품(인격, 성격)을 지니고 덕 있는(유덕한) 사람이 되어야 한다는 것이다. 따라서 덕 윤리에서는 '행동(행위)'에 주목하는 것이 아니라 '행동하는 사람(행위자)'에 주목한다. 덕 윤리는 행동 규칙을 중시하는 것이 아니라 행동하는 당사자가 어떤 성품(인격)을 지녔는지에 주목하기 때문에 그의 행동의 원인이 되는 성품, 성향, 자연적이고 내면적인 감정, 덕을 지닌 사람의 행동 성향과 판단을 중시한다.

이를 종합할 때, 아리스토텔레스의 고대 덕 윤리에 기초를 두고 있는 현대 덕 윤리에서 도덕적인 덕이란 "습관적인 행동에서 나타나는 성격적 특성으로, 사람들이 갖고 있으면 좋은 것"으로 정의된다. 이들은 '도덕을 위해 인간이 존재'하는 것이 아니라 '인간을 위해 도덕이 존재'한다고 생각하기 때문에 규칙에 인간의 행동을 종속시키지 않으며, 그렇기 때문에 정신적 자질인 성품으로부터 나오는 자연적인 동기와 행위를 가치 있는 것으로 평가한다. 정해진 규칙과 원리만을 따르는 사람이 곧 도덕적으로 훌륭한 사람은 아니기 때문이다. 그리고 이를 위해 덕 윤리를 주장하는 사람들은 내면적인 성품과 인성을 길러 내는 공동체와 전통, 즉 공동체 구성원으로서 삶을 중시한다.

하지만 덕 윤리는 자유주의와 개인주의에 기초한 현대의 복잡하고 다양한 사회적 삶에 부합하기 어렵다는 비판을 받는다. 덕 윤리론자들에게 덕이란 (규모가 크지 않은) 공동체의 덕(미덕)을 염두에 두는 경향이 있는데, 현대 사회는 자유주의와 다원주의에 기초한 거대 복잡 사회이자 익명성이 존중되는 사회이기 때문에 그 적절성을 의심받을 수 있다는 지적이다. 또 어떤 덕들을 장려해야 하는지에 대해서도 다양한 견해가 존재할 수 있는데, 이것은 자칫 특정인들(또는 특정 집단)이 선호하는 삶의 방식을 덕으로 규정하고 장려할 위험성이 있다는 것을 내포하기도 한다. 이것은 덕 윤리를 보수적 이론으로 불리게 하는 원인이 되기도 한다.

담론 윤리의 정당화 기획은 합리성에 관한 주장들을 통해
도덕적 규범들을 정당화할 수 있는 담론들의 논증 규칙의 획득을 목표로 설정한다.
모든 타당한 규범은 그것의 일반적 준수가 모든 사람(개인)의 이해관계의 충족에 대해
가져올 수 있는 결과와 부작용들이 모든 당사자들에 의해
비강제적으로 수용될 수 있어야 한다(보편화 원리: U).
담론 윤리의 정식은 다음과 같다.
어떤 실천적 담론의 참여자로서 모든 당사자들의 동의를 얻을 수 있는 규범들만이
타당성을 주장할 수 있다.(근본 명제: D).
따라서 담론 윤리에서는 도덕적 논증의 절차가 정언 명법의 자리를 대신한다.

— 하버마스

사회적 존재인 인간은 '언어'를 매개로 각자의 생각과 주장을 주고받으면서 이성적 합의에 도달하고자 노력한다. 이 과정을 '합리적 의사소통' 과정이라 하고, 여기에 기초한 공동체를 '의사소통 공동체'라고 한다. 따라서 합리적 의사소통 행위를 위해서는 이성적(합리적)이고 진실해야 하며, 공정하고 언어에 대한 올바른 이해가 반드시 필요하다. 또 이상적인 '담론(이성적 대화를 통해 합의에 이르는 과정)'은 이처럼 개방적·합리적 의사소통 행위가 있을 때 가능하다. 금기나 특권이 아니라, 인종적·계급적 편견이 아니라, 그리고 억압적 조건이 아니라 서로를 동등한 인격 주체로 인정하는 개방적이고 합리적인 의사소통 행위를 강조하고, 이것이 윤리적 행위의 기반이 된다는 주장을 '담론 윤리'라고 한다.

따라서 담론 윤리에서 말하는 윤리 규범은 합리적 토론에 기초한 자유로운 동의라는 이상적인 의사소통 공동체를 지향한다. 하버마스(Jurgen Habermas)는 칸트의 윤리학을 받아들여 이와 같은 이상적인 의사소통 공동체의 형성을 주장한다. 즉 "우리가 일단 자신의 신념과 가치의 감옥에서 벗어나 공통의 관심사에 관해 '말하기' 시작하면, 우리는 이성의 규칙에 관한 '합의'에 도달할 수 있다. 이것은 이성 진보의 필연적 결과라 할 수 있다. 달리 말해, 다원주의 사회에서도 이상적인 토론과 대화를 통한 공동체 형성이 가능하다는 뜻이다."

자연을 지배하는 데 가장 효율적인 힘을 행사했던 근대의 계산적이며 도구적인 기술적 이성('도구적 이성'을 '목적 합리성'이라고도 함)은 그 영역을 확장하여 인간까지도 관리하고 지배하려는 문제를 초래했다. 그리고 개인의 고유성과 다양성을 인정하지 않으려는 이성의 독재에 대한 비판은 포스트-모더니즘으로 나타났다. 그럼에도 하버마스는 근대와 근대적 이성을 옹호하고, 근대 이후 지속적으로 성숙해 온 계몽주의적 이성을 통해 근대의 이와 같은 문제들을 해결해야 한다고 주장한다. 하버마스는 근대 이후 목적 합리성의 도구적 이성만 발전해 온 것이 아니라, 동시에 '의사소통 합리성'도 함께 발전해 왔음을 강조한다.

목적 합리성과는 반대로 의사소통 합리성은 "인간이 서로를 자율적이고 이성적이며 절대적인 가치를 지닌 인격으로 대하면서 서로 대화하는 능력"을 말한다. 즉 대화에 참여하는 사람들이 외부로부터의 강제나 억압 없이 자유로운 토론을 통해 합의에 이를 수 있도록 해 주는 이성(그렇기 때문에 칸트의 선험적 도덕 법칙과 다름)을 의미한다. 이 점에서 담론 윤리의 간명한 정식은 "모든 타당한 규범은 그것들이 단지 실천적 담론에 참여하게만 된다면, 모든 당사자들의 동의를 얻을 수 있어야 한다."는 것이다.

한편, 하버마스는 도구적 이성의 문제(현대 관료제와 전문가 중심의 효율적 의사 결정 모델의 문제)를 해결하기 위해 이성을 포기하는 것이 아니라 오히려 이성이 갖고 있는 가능성, 즉 의사소통할 수 있는 합리성에 주목한다. 하버마스는 자본주의 사회에서 도구적 이성 또는 목적 합리성이 갖고 있는 지배력은 불필요할 만큼 너무나 강력한 과잉 억압 상태라고 진단한다. 그렇기 때문에 이와 같은 억압적인 사회 체제로부터 벗어나기 위해서는 시민들의 비판적인 반성을 통해 이성적 의사소통 능력을 키우지 않으면 안 된다고 주장한다. 현대 사회는 가족과 노인, 교육과 사랑 같은 '생활 세계'의 문제들까지 시장 경제의 일부로만 이해하려는 경향('시장 인간')이 강하다는 비판이기도 하다. 따라서 도구적 이성에 포위된 '생활 세계의 식민화' 문제를 극복하기 위해서는 이성의 잠재력을 회복해야 한다는 것이 그의 논리이다.

하버마스는 이상적이고 합리적인 의사소통을 위한 네 가지 조건으로 (1) 자신과 관련해서는 진실할(참될) 것, (2) 사회적으로는 보편적으로 타당한 규범을 따를 것, (3) 사실과 부합할 것, (4) 진술이 문법적으로 타당하고, 의미가 분명할 것(이해가능성)을 제시한다.[3]

그는 이처럼 근대 이후 성숙해온 이성의 의사소통 능력을 통해 합리적 의사소통 공동체가 가능하고, 또 이를 기반으로 근대의 문제를 해결해나 갈 것을 주장한다. 그에게 사회적 행위는 의사소통 행위이며, 이것은 "적어도 두 명 이상의, 그리고 언어와 신체적 행위 능력을 지닌 행위 수행자들이 대인관계를 형성하였을 경우, 그들 간에 이루어지는 행위를 가리킨다. 담론의 당사자들은 이러한 상호 이해를 통해 상반된 말과 행동에 대해 합의를 찾아가게 된다. 이 경우 행위자들은 그들이 처해 있는 상황과 행위 계획에 관하여 상호 이해를 추구하게 되고, 나아가 서로에게 동의함으로써 서로의 행위 방식을 조율하게 된다."

마지막으로 담론 윤리를 주장하는 하버마스에게 '자율적 의지'와 '실천 이성'은 다음과 같은 의미를 지닌다. "모든 사람들이 공동으로 바랄 수 있는 것을 통해, 다시 말해 도덕적 통찰을 통해 스스로를 인도하

---

3  합리적 의사소통을 위한 과정에서 지켜야 할 규범으로 다음과 같은 것들이 있다. ① 대화 상대를 동등한 인격의 소유자로 대하고, 판단력과 지각이 있는 주체로 대한다. ② 어떤 상황이든 본인이나 다른 대화 상대자를 기만하거나 속일 의도를 가져서는 안 된다. ③ 모든 대화 참여자는 타인의 의견을 경청하고, 이들의 물음에 개방적으로 답변하고 토론에 임한다. ④ 인종이나 계급적 편견 또는 지위가 대화 상대의 의견을 막는 억압적 수단으로 사용되어서는 안 된다. ⑤ 대화 중 제기된 물음 또는 질문에는 어떤 금기도 적용되지 않으며, 누구도 질문에서 벗어날 특권을 누릴 수 없다.

는 의지만이 자율적이다. 그리고 자신의 공평무사한 판단에 따라 정당화된 모든 것을 입법적 의지의 산물로 생각하는 이성만이 실천적이다. 자율적 의지는 오직 이성적으로 정당화된 법칙만을 스스로에게 부여한다. 그리고 실천적 이성은 자신이 구상하고 동시에 지시하는 법칙들만을 발견한다. 이를 통해 자유와 이성 사이에 비로소 교차 관계가 가능해진다."

여성과 남성은 인간관계의 문제,
특히 다른 사람에게 의존하는 것과 관련된 문제를 다르게 경험한다.
남성적 발달에서는 어머니로부터의 독립이 핵심적이기 때문에
남성(남아)의 성 정체감은 독립과 개인화와 관련이 깊다.
반면, 여성(여아)의 성 정체감은
어머니로부터의 독립이나 개인화 과정이 완성되는 것에 의존하지 않는다.
남성성이 독립을 통해 규정되고, 여성성이 애착 관계를 통해 규정되므로
남성적 정체감은 친밀감에서 위협을 느끼는 반면,
여성적 정체감은 다른 사람들로부터 분리되는 것에 위협을 느낀다.
따라서 남성은 대체로 친밀한 관계를 맺는 데서 어려움을 느끼고,
여성은 개인화하는 데서 어려움을 느낀다.

— 길리건

'배려(또는 보살핌) 윤리'를 이해하기 위해서는 먼저 '정의 윤리' 또는 '정의의 도덕성'을 이해할 필요가 있다. 여기서 정의란 모든 사람이 언제든지 어떤 경우이든 채택하기를 바라는 도덕 원리 정도의 의미이다. 즉 다양한 갈등 상황에서 그러한 갈등을 해소시켜 줄 수 있는 보편적이며 객관적인 원리(기준)를 말한다. 반면, '배려(또는 보살핌)'란 '마음을 쓰고 염려하다', '돌보아 주다', '다른 사람이 성장할 수 있도록 도와주다' 정도의 의미이다. 이와 같은 '배려 윤리' 또는 '배려의 도덕성'을 대표하는 학자는 길리건(Carol Gilligan)과 나딩스(Nel Noddings)이고, 정의 윤리(또는 '남성의 목소리')를 대표하는 학자는 콜버그이다. 콜버그는 보편적이며 객관적인 원리를 강조하는 소크라테스, 칸트, 롤스의 영향을 받았기 때문에 이성의 합리적 능력이 절대적인 정의의 원칙을 추론할 수 있다고 생각했다. 따라서 한 개인의 도덕성은 이성을 통해 보편적·추상적 원리인 정의, 즉 도덕 원리를 추론하는 능력과 불가분의 관계를 이룬다. 다시 말해 하나의 절대적 정의 원칙(원리)에 근거하여 연역적으로 판단을 추론해 내는 것이다. 예를 들어 하인즈의 딜레마에서 '생명의 가치'는 절대적이어서 '돈의 가치'보다 우선하기 때문에 약을 훔쳐야 한다고 추론하는 것이다. 이와 같은 도덕적 추론 능력은 한 개인의 도덕성이 어느 정도 수준과 단계에 이르렀는지를 가늠하는 기준으로 작용한다. 도덕성을 이성에 의한 도덕적 추론 능력과 동일시하는 그의 도덕성 발달에 관한 인지적 입장은 3수준 6단계로 구분하여 제시되었는데, 이를 분석하기 위해 그는 주로 '도덕적 딜레마(하인즈 딜레마)'를 가지고 분석하는 방법을 사용했다.

## ⊙ 콜버그의 도덕성 발달 단계

- 제1수준 : 인습 이전 수준(pre-conventional level)

  1단계 : 처벌과 복종 정향

  2단계 : 개인주의, 도구적 목적 및 거래 정향

- 제2수준 : 인습 수준(pre-conventional level)

  3단계 : 착한 소년·소녀 정향

  4단계 : 법과 사회 질서 유지 정향

- 제3수준 : 인습 이후 수준(post-conventional level)

  5단계 : 사회 계약적 정향

  6단계 : 보편적 도덕 원리 정향

그렇지만 콜버그의 도덕성에 관한 인지적 접근(도덕적 추론 능력)은 전통적인 남성중심주의에 기초한 것이기 때문에 도덕성의 발달에서 남성과 여성 사이에 존재하는 차이를 고려하지 않았다고 비판받는다. 길리건은 콜버그가 표본 집단으로 오직 남성만을 대상으로 함으로써 여성은 완전히 배제했고, 그가 도덕성 발달 단계로 주장했던 3수준 6단계를 보편적 정의의 기준으로 적용하고 있다고 비판한다. 또 그가 주로 채택했던 딜레마에 대응하는 방식에서 남성과 여성 사이에 차이가 있다는 점이 전혀 고려되지 않았다고 비판한다. 이러한 한계 때문에 콜버그 이론에서 여성은 도덕성 발달 단계에서 3단계를 넘어서지 못하게 되어 남성보다 열등한 도덕성을 지닌 존재로 나타난다는 것이다.

결국 자유와 자율성, 공정성, 권리와 독립성을 중시하는 남성의 목소리가 정의의 원리로 작용하는 한, 다른 목소리인 연민과 동정심, 배려와 보살핌, 친밀감과 상호의존성, 유대감(애착)과 인간관계, 도덕적 책임을 중시하는 목소리가 적절히 반영되지 못한다고 그녀는 지적한다. 한마디로 콜버그의 정의 윤리는 도덕성 발달에서 나타나는 남녀의 성차를 무시했다는 것이다. 이에 근거해 그녀는 남성의 도덕성과 여성의 도덕성, 정의(원칙) 윤리와 배려 윤리는 우열의 개념이 아니라 질적으로 다른 차원에서 바라보아야 한다고 주장한다.

길리건은 배려 윤리를 여성에게 한정 지을 필요는 없으며, 남녀 모두에게 필요한 도덕성으로 보려고 했다. 길리건의 배려 윤리를 이어받은 나딩스는 배려 윤리가 여성의 관점에 기초한다고 해서 어떤 다른 성을 지배하거나 통제하는 수단이 되어서는 안 된다고 주장한다. 배려 윤리는 더 나은 세상을 만들고 더 훌륭한 의미를 발견하기 위한 것이지, 결코 여성만을 위한 윤리가 아니라는 점을 강조한다. 무엇보다 배려 윤리가 여성만의 것이 된다면, 여성에게 순종과 희생, 모성애적 배려만을 강조하여 여성을 억압할 수도 있는 것이다. 따라서 배려는 여성만이 아니라 모든 인간을 위한 보편적 가치가 되어야 한다는 것이 그녀의 생각이다. 그녀는 남성과 여성 모두가 기존의 고정적 성역할이 강요하는 부담과 기대가 초래한 폭력과 억압에서 벗어나기 위해서 도덕성을 변증법적으로 통합하는 배려 윤리가 필요하다고 본다.

도덕적으로 훌륭한 사람이란 정의와 배려의 도덕성이 조화를 이룬 사람이기 때문이다. 나딩스의 인간관은 인간이란 관계 안에서 정의된다는 관점에 기초하고 있다. 그리고 그 관계란 배려 윤리의 토대가 되는데, 배려란 '정서적으로 인식하는 개인들의 연결 또는 결합', '관계를 맺고 있는 사람들이 서로에 대해 무엇인가를 느끼는 일련의 만남'을 의미한다. 또 배려 관계란 배려하는 사람과 배려받는 사람 사이의 관계이다. 이러한 관계가 가장 자연스럽게 발견되는 경우는 모자녀 간의 배려, 즉 어머니와 자식 간의 자연적 배려 관계이며, 남성보다는 여성에게서 더욱 자연스럽고 전형적인 모습으로 드러난다. 이 점에서 배려의 관계 윤리는 여성적 특성을 갖는다고 할 수 있다.

요약하면, "관계 윤리, 곧 배려 윤리는 자연적 배려에 근거를 두고 있고, 자연적 배려에 의존한다. 감정을 멀리하고, 항상 의무의식으로부터 행동해야 한다는 칸트의 입장과는 반대로, 배려의 관점에서 행위 하는 사람은 의식적으로 자연적 배려를 유지하기 위해 의무감(의무의식)에 호소한다. 그러므로 더 우월한 상태는 자연적 배려의 상태이다. 왜냐하면 자연적 배려 상태는 배려를 하는 사람은 물론, 배려를 받는 사람에게도 힘을 주는 관계이므로 훨씬 더 효과적이기 때문이다. 윤리적 배려는 자연적 배려에 속한다. 자연적 배려는 윤리적 배려의 근원이자 최종 귀착점이기 때문에 모자녀 관계를 배려의 원형으로 사용하는 것이 더 합리적이다."

# 도움을 받은
# 유익한 자료들

## ▌인간 중심 환경관의 몇 가지 시선

- 경향신문, "기후의 역습", 2016.02.23.
- 맥클로스키 지음, 황경식 · 김상득 옮김, 『환경윤리와 환경정책』, 서울 : 법영사, 2000.
- 김일방, 『환경윤리의 쟁점』, 서울 : 서광사, 2005.
- 송명규, 『현대 생태 사상의 이해』, 서울 : 따님, 2004.
- 문종길, 『더 좋은 삶을 위한 도덕 주제들』, 서울 : 책과나무, 2013.
- 문종길, "환경윤리학의 이론적 정초", 원광대학교 박사학위 논문, 2006.
- 데자르뎅 지음, 김명식 옮김, 『환경윤리』, 서울 : 자작나무, 1999.
- B. Norton, "Environmental Ethics and Weak Anthropocentrism", R. G. Botzler & Susan J. Armstrong, Environmental Ethics : Divergence and Convergence, New York : McGraw-Hill, 1998.

## ▌동물을 바라보는 몇 가지 시선

- 허핑톤 포스트, "세계에서 가장 잔인한 야생동물 관광상품 10가지", 2016.03.03.

- 조선일보, "동물에게 동물을 입힌다?", 2016.02.24
- 김일방, 『환경윤리의 쟁점』, 서울 : 서광사, 2005.
- 송명규, 『현대 생태 사상의 이해』, 서울 : 따님, 2004.
- 문종길, 『더 좋은 삶을 위한 도덕 주제들』, 서울 : 책과나무, 2013.
- 문종길, "환경윤리학의 이론적 정초", 원광대학교 박사학위 논문, 2006.
- 데자르뎅 지음, 김명식 옮김, 『환경윤리』, 서울 : 자작나무, 1999.

## 생명을 바라보는 몇 가지 시선

- 슈바이처 지음, 천병희 옮김, 『나의 생애와 사상』, 서울 : 문예출판사, 1999.
- 김일방, 『환경윤리의 쟁점』, 서울 : 서광사, 2005.
- 송명규, 『현대 생태 사상의 이해』, 서울 : 따님, 2004.
- 문종길, 『더 좋은 삶을 위한 도덕 주제들』, 서울 : 책과나무, 2013.
- 문종길, "환경윤리학의 이론적 정초", 원광대학교 박사학위 논문, 2006.
- 데자르뎅 지음, 김명식 옮김, 『환경윤리』, 서울 : 자작나무, 1999.

## 환경을 전일적으로 바라보는 몇 가지 시선

- 김일방, 『환경윤리의 쟁점』, 서울 : 서광사, 2005.
- 송명규, 『현대 생태 사상의 이해』, 서울 : 따님, 2004.
- 문종길, 『더 좋은 삶을 위한 도덕 주제들』, 서울 : 책과나무, 2013.

- 데자르뎅 지음, 김명식 옮김, 『환경윤리』, 서울 : 자작나무, 1999.

## 죽음을 바라보는 동양의 몇 가지 시선

- 정준영, 안성두 외 집필, 『죽음, 삶의 끝인가, 새로운 시작인가』, 서울 : 운주사, 2011.
- 임승택, 「죽음의 문제에 대한 고찰」, 불교학보, 제43호, 2005.
- 각묵 스님 지음, 『초기 불교의 이해』, 울산 : 초기불전연구원, 2013.
- 화령 지음, 『불교, 교양으로 읽다』, 서울 : 민족사, 2007.

## 죽음을 바라보는 서양의 몇 가지 시선

- 플라톤, 아리스토텔레스 지음, 최명관 옮김, 『향연, 파이돈, 니코마코스 윤리학』, 서울 : 을유문화사, 2001.
- 문종길, 『더 좋은 삶을 위한 도덕 주제들』, 서울 : 책과나무, 2013.
- 코플스톤 지음, 『그리스 로마 철학사』, 서울 : 철학과 현실사, 1998.

## 형벌과 사형제도를 바라보는 몇 가지 시선

- 체사레 벡카리아 지음, 한인섭 역, 『범죄와 형벌』, 서울 : 박영사, 2014.
- 윤영철, 「체사레 베까리아 형법관에서의 적극적 일반예방 사상에 관한 고찰」, 강원대학교 비교법학연구소, 제41권, 2014.
- 문종길, 『더 나은 삶을 위한 성찰, 인문학』, 서울 : 책과나무, 2015.

- 벤담 지음, 강준호 옮김, 『도덕과 입법의 원칙』, 서울 : 아카넷, 2013.

- 벤담 지음, 신건수 옮김, 『판옵티콘』, 서울 : 책세상, 2007.

- 안진, 「살인범죄자에 대한 인간존엄성 실현 방법으로서 사형」, 전남대학교 법학연구소, 제29호, 2009.

- https://en.wikipedia.org/wiki/Retributive_justice

- http://terms.naver.com/entry.nhn?docId=1152261&cid=40942&categoryId=31622

- 문종길, 『더 좋은 삶을 위한 도덕주제들』, 서울 : 책과나무, 2014.

- 남기호, 「칸트의 형벌이론에서 사형제폐지의 가능성」, 사회와 철학연구회, 제22집, 2011.

## ▍성(性) 바라보는 몇 가지 시선

- 연합뉴스, 2015.12.15.

- 인천일보, 2016.03.03.

- 러셀 바노이 지음, 황경식 옮김, 『사랑이 없는 성』, 서울 : 철학과 현실사, 2003.

- 서울대 철학사상연구소 엮음, 『처음 읽는 윤리학』, 서울 : 동녘, 2013.

- 문종길, 『윤리와 사상, 텍스트와 함께 읽기』, 서울 : 인간사랑, 2009.

- 문종길, 『더 좋은 삶을 위한 도덕 주제들』, 서울 : 책과나무, 2014.

- 우도 슈클렝크 외 지음, 김성한 편역, 『성과 윤리』, 서울 : 아카넷, 2010.
밀 지음, 서병훈 옮김, 『여성의 종속』, 서울 : 책세상, 2011.

## ❙ 옷과 소비를 바라보는 몇 가지 시선

- 이민정, 『옷장에서 나온 인문학』, 서울 : 들녘, 2015.

- 라르스스벤젠 지음, 도승연 옮김, 『패션 : 철학』, 서울 : MID, 2013.

- http://dic.search.naver.com/search.naverwhere=kdic&query=%EA%B3
  %B5%EC%A0%95%EB%AC%B4%EC%97%AD&ie=utf8&sm=tab_nmr

- 마일즈 리트비노프 외 지음, 김병순 옮김, 『공정무역』, 서울 : 모티브,
  2007

- 데이비드 랜섬 지음, 장윤적 옮김, 『공정한 무역, 가능한 일인가』, 서울 :
  이후, 2007.

- 천문선 외, 「문화 성향이 의복소비 행동에 미치는 영향」, 한국심리학회:
  소비자 · 광고, 제7호. 2006.

- 배영달, 『보드리야르와 시뮬라시옹』, 서울 : 살림, 2005.

## ❙ 배아, 낙태, 뇌사와 장기이식을 바라보는 몇 가지 시선

- 마이클 샌델 지음, 이수경 옮김, 『완벽에 대한 반론』, 서울: 와이즈베리,
  2016.

- 로널드 드워킨 지음, 박경신, 김지미 옮김, 『생명의 지배 영역』, 서울: 로
  도스, 2014.

- 임마누엘 칸트 지음, 백종현 옮김, 『윤리형이상학』, 서울: 아카넷, 2012.

  피터 싱어 지음, 장동익 옮김, 『삶과 죽음』, 서울: 철학과 현실사, 2003.

- 한스 요나스 지음, 이유택 옮김, 『기술 의학윤리』, 서울: 솔출판사,
  2005.

## 집을 바라보는 몇 가지 시선

* 박찬국, 『들길의 사상가 하이데거』, 서울 : 그린비, 2013.

* 에드윈 헤스코트 지음, 박근재 옮김, 『집을 철학하다』, 서울 : 아날로그, 2015.

* 이성미, 「대중매체를 통해 본 한국의 아파트 주거 문화 특성」, 박사학위 논문, 2004.

* 박수호, 궁선영, 「동아시아 전통 사상에 근거한 주거공간의 이해」, 『한국 학논집』, 제35호. 2007.

* 임재해, 「주거문화 인식의 성찰과 민속학적 이해지평」, 『비교민속학』, 제 32호. 2006.


## 기업의 사회적 책임을 바라보는 몇 가지 시선

* 데이비드 보겔 지음, 김민주 외 옮김, 『기업은 왜 사회적 책임에 주목하 는가』, 서울 : 거름, 2008.

* 밀턴 프리드먼 지음, 심준보 외 옮김, 서울 : 청람미디어, 2014.

* 문종길, 『윤리와 사상, 텍스트와 함께 읽기2』, 서울 : 인간사랑, 2011.

* 송호신, 「기업의 사회적 책임에 대한 배경과 회사법적 구현」, 한양법학 제29호, 2010.


## 직업과 노동을 바라보는 몇 가지 시선

* 막스 베버 지음, 박성수 옮김, 『프로테스탄티즘의 윤리와 자본주의 정 신』, 서울 : 문예출판사, 1996.

- 문종길, 『누구나 한 번은 알고 싶었던 인문교양』, 서울 : 책과나무, 2014.

- 문종길, 『더 나은 삶을 위한 성찰, 인문학』, 서울 : 책과나무, 2015.

- 윤진숙, 「막스 베버의 프로테스탄트 윤리와 자본주의 정신에 관한 법사회학적 고찰」, 법학논총, 제24집. 2010.

- 이현주, 「막스 베버 사회이론에 대한 비판」, 마르크스21(6). 2010.

## 종교를 바라보는 몇 가지 시선

- 멀치아 엘리아데 지음, 이동하 옮김, 『성과 속』, 서울 : 학민사, 2009.

- 유요한, 『종교, 상징, 인간』, 서울 : 21세기북스, 2014.

- 최준식, 『종교를 넘어선 종교』, 서울 : 사계절, 2005.

- 루이스 포이만 외 지음, 박찬구 외 옮김, 『윤리학』, 서울 : 울력, 2010.

- 김은주, 「프로이트와 종교」, 『철학사상』, 서울대학교 철학사상연구소, 2015

- 윤상훈, 「엘리아데 종교이론의 교육학적 해석」, 서울대학교 석사학위논문, 2010.

## 예술을 바라보는 몇 가지 시선

- 김학주, 『순자』, 서울 : 을유문화사, 2003.

- 작자 미상, 한흥섭 옮김, 『예기, 악기』, 서울 : 책세상, 2007.

- 성윤정, 「존 러스킨의 예술 사상에 나타난 공공성, 공공선 연구」, 한국 디

자인학회, 2009.

- 이하준, 『철학이 말하는 예술의 모든 것』, 서울 : 북코리아, 2013.

- 이주영, 『예술론 특강』, 서울 : 예술문화, 2007.

- 매튜 키이란 지음, 이해완 옮김, 『예술과 그 가치』, 서울 : 북코리아, 2015.

- 호르크하이머, 아도르노 지음, 김유동 외 옮김, 『계몽의 변증법』, 서울 : 문예출판사, 1996.

- 우노 슈클렝크 외 지음, 김성한 편역, 『성과 윤리』, 서울 : 아카넷, 2010.

- 문종길, 『누구나 한 번은 알고 싶었던 인문교양』, 서울 : 책과나무, 2014.

- 주동률, 『현대의 예술과 미학』, 서울 : 서울대학교출판부, 2007.

- 강경희, "'학원 가기 싫은 날'의 논란을 바라보며", 스포츠경향, 2015.05.17.

- 박근서, 「아도르노의 문화산업론」, 현대사상(제8호), 2011.

- http://terms.naver.com/entry.nhn?docId=1711338&cid=43667&categoryId=43667

- http://go.seoul.co.kr/news/newsView.php?id=20151015022004

## ▌ 분배적 정의를 바라보는 몇 가지 시선

- 공자의 문도들 엮음, 『논어』, 서울 : 책세상, 2004.

- 로버트 노직 지음, 남경희 옮김, 『아나키에서 유토피아로』, 서울 : 문학

과지성사, 2014.

• 김한원, 정진영 엮음, 『자유주의 : 시장과 정치』, 서울 : 부키, 2006.

• 롤스 지음, 황경식 옮김, 『정의론』, 서울 : 이학사, 2004.

• 아리스토텔레스 지음, 천병희 옮김, 『니코마코스 윤리학』, 서울 : 숲, 2014.

• 플라톤, 아리스토텔레스 지음, 최명관 옮김, 『향연, 파이돈, 니코마코스 윤리학』, 서울 : 을유문화사, 2001.

• 코플스톤 지음, 김보현 옮김, 『그리스 로마 철학사』, 서울 : 철학과 현실사, 1998.

• 장동진, 「분배 정의와 평등」, 한국정치학회보, 제23(2)호, 1992.

• 샌델 지음, 이창신 옮김, 『정의란 무엇인가』, 서울 : 김영사, 2010.

## 적극적 평등 실현 조치를 바라보는 몇 가지 시선

• 문종길, 『더 좋은 삶을 위한 도덕 주제들』, 서울 : 책과나무, 2014.

• 피터 싱어 지음, 황경식 외 옮김, 『실천윤리학』, 서울 : 연암서가, 2013.

• 김창호 엮음, 『즐거운 삶이 좋은 삶일까』, 서울 : 웅진하우스, 2005.

• 황지섭, 「적극적 평등 실현 조치의 평등심사 방안에 관한 연구」, 서울대학교 법학석사학위논문, 2011

## 시민 불복종을 바라보는 몇 가지 시선

• 존 롤즈 지음, 황경식 옮김, 『정의론』, 서울 : 이학사, 2004.

- 김정오, 최봉철 외 지음, 『법철학』, 서울 : 박영사, 2013.

- 제임스 레이첼스 엮음, 황경식 외 옮김, 『사회윤리의 제문제』, 서울 : 서광사, 1983.

- 앤드류 커크 지음, 유강은 옮김, 『세계를 뒤흔든 시민 불복종』, 서울 : 그린비, 2011.

- 오현철, 『시민 불복종』, 서울 : 책세상, 2001.

- 간디, 소로 지음, 『간디 자서전, 시민의 불복종』, 서울 : 삼성출판사, 1997.

- 제임스 레이첼스 지음, 노혜련 외 옮김, 『도덕 철학의 기초』, 서울 : 나눔의 집, 2006.

- 서석원, 「시민불복종의 헌법적 정당화 가능성에 관한 연구」, 부경대학교 박사학위논문, 2015.

- 이미순, 「법철학적 관점에서 본 시민 불복종」, 이화여대 석사학위논문, 2006.

- 이상수, 「간디의 법 철학 사상 연구」, 인도연구 제10(1)호, 2005.

- 조수동, 「간디의 사회 사상」, 철학논총27, 2002.

- http://terms.naver.com/entry.nhndocId=1717354&cid=43050&categoryId=43050

## 원조를 바라보는 몇 가지 시선

- 피터 싱어 지음, 김희정 옮김, 『세계화의 윤리』, 서울 : 아카넷, 2003.

- 피터 싱어 지음, 황경식 외 옮김, 『실천윤리학』, 서울 : 연암서가, 2013.

- 피터 싱어 지음, 이재경 옮김, 『효율적 이타주의자』, 서울 : 21세기북스. 2016.

- 롤스 지음, 황경식 옮김, 『정의론』, 서울 : 이학사, 2004.

- 김준석, 「국제 원조의 윤리학에 관한 소고」, 한국국제정치학회, 2010.

- 피터 싱어 지음, 함규진 옮김, 『물에 빠진 아이 구하기』, 서울 : 산책자, 2009.

## 배아, 인공임신중절, 뇌사와 장기이식, 우생학을 바라보는 몇 가지 시선

- 마이클 샌델 지음, 이수경 옮김, 『완벽에 대한 반론』, 서울: 와이즈베리, 2016. 146쪽.

- 위의 책, 156쪽.

- 위의 책, 157쪽.

- 로널드 드워킨 지음, 박경신, 김지미 옮김, 『생명의 지배 영역』, 서울: 로도스, 2014.

- 임마누엘 칸트 지음, 백종현 옮김, 『윤리형이상학』, 서울: 아카넷, 2012.

## 실천과 응용으로서 윤리와 윤리학의 이론들

- 황경식 외 지음, 『윤리학과 그 응용』, 서울 : 철학과 현실사, 2012.

- 포이만, 피저 지음, 박찬구 외 옮김, 『윤리학』, 서울 : 울력, 2010.

- 문종길, 『더 좋은 삶을 위한 도덕 주제들』, 서울 : 책과나무, 2014.

- 나이절 워버턴 지음, 최희봉 옮김, 『철학의 근본 문제에 관한 10가지 성

찰』, 서울 : 자작나무, 1997.

- 김상득, 『알기 쉬운 윤리학』, 서울 : 철학과 현실사, 2013.

- 테일러 지음, 김영진 옮김, 『윤리학의 기본 원리』, 서울 : 서광사, 2015.

- 위르겐 하머마스 지음, 『담론 윤리의 해명』, 서울: 문예출판사, 1997.

- 박병춘, 『배려윤리와 도덕교육』, 서울: 울력, 2002.